国家社会科学基金项目"雅斯贝斯艺术家论研究"
（编号：13BWW003）的阶段性成果

斯特林堡与凡·高

与斯威登堡、荷尔德林作比较的
病理学案例试析

［德］卡尔·雅斯贝斯 著　｜　孙秀昌 译

中国社会科学出版社

图书在版编目（CIP）数据

斯特林堡与凡·高：与斯威登堡、荷尔德林作比较的病理学案例试析／（德）雅斯贝斯著；孙秀昌译．—北京：中国社会科学出版社，2020.6（2021.1 重印）
ISBN 978-7-5203-6284-9

Ⅰ.①斯…　Ⅱ.①雅…②孙…　Ⅲ.①雅斯贝斯（Jaspers, Karl 1883-1969）—天才论—研究 ②精神分裂症—研究　Ⅳ.①B081.2 ②R749.3

中国版本图书馆 CIP 数据核字（2020）第 079585 号

出 版 人	赵剑英
责任编辑	郭晓鸿
特约编辑	张金涛
责任校对	王佳玉
责任印制	戴　宽

出　　版	中国社会科学出版社
社　　址	北京鼓楼西大街甲 158 号
邮　　编	100720
网　　址	http://www.csspw.cn
发 行 部	010-84083685
门 市 部	010-84029450
经　　销	新华书店及其他书店

印刷装订	北京君升印刷有限公司
版　　次	2020 年 6 月第 1 版
印　　次	2021 年 1 月第 2 次印刷

开　　本	710×1000　1/16
印　　张	13.75
插　　页	2
字　　数	204 千字
定　　价	69.00 元

凡购买中国社会科学出版社图书，如有质量问题请与本社营销中心联系调换
电话：010-84083683
版权所有　侵权必究

雅斯贝斯与他的精神分裂症艺术家专论[①]*

——代"译序"

孙秀昌

雅斯贝斯（Karl Jaspers）[②]是著名的精神病理学家、心理学家、哲学家，现代存在哲学创始人之一。他于1883年2月23日出生在德国北海岸附近的奥尔登堡，1908年在海德堡大学获得医学博士学位，1909—1915年在海德堡精神病院当助理医生，1916年任海德堡大学心理学副教授，1917年转任哲学副教授，1922年晋升哲学教授，1937年被希特勒纳粹政府免职，1938年被禁止发表作品，1945年纳粹政权垮台后在原校复职，1948年迁居瑞士任巴塞尔大学任哲学教授，1967年退还德国护照成为瑞士公民，1969年2月26日在巴塞尔去世。

雅斯贝斯的学术生涯可分为前后相贯的三个时期，即精神病理学—心理学时期、生存哲学时期、理性哲学—世界哲学时期。1908年，他以《思乡与犯罪》（*Heimweh und Verbrechen*，1909年付印）一文获得医学博士学位，从此步入了学术研究的精神病理学—心理学时期。他在这一时期陆续出版了三部

[①] * 本文最初以"雅斯贝斯'精神分裂症艺术家'思想探微"为题名发表于《福建论坛》（人文社科版）2009年第3期，这里依循"译序"的体例要求作了必要的补充与修订。

[②]［德］雅斯贝斯（Karl Jaspers，1883—1969）：汉译卡尔·雅斯贝斯、卡尔·雅斯贝尔斯、雅斯柏斯、亚斯珀斯、雅斯培、雅士培等，这里统一使用雅斯贝斯，在脚注所列参考文献中尊重原译者译名。

著作——《普通精神病理学》(Allgemeine Psychopathologie，1913年)、《世界观的心理学》(Psychologie der Weltanschauungen，1919年)、《斯特林堡与凡·高》(Strindberg und Van Gogh，1922年)，其中《世界观的心理学》是现代存在哲学的奠基著作之一，比海德格尔(Martin Heidegger)的《存在与时间》(Sein und Zeit)早问世八年，它的出版被伽达默尔(Hans–Georg Gadamer)称为"20世纪初伟大的哲学事件之一：发现了德国理想主义的伟大批判者克尔凯郭尔"[①]。1931年，雅斯贝斯出版《时代的精神状况》(Die geistige Situation der Zeit)一书，他在该书中首次以公开出版物的形式将自己致力的"纯正哲学"明确地命名为"生存哲学"(Existenzphilosophie)，标志着他的学术研究正式步入生存哲学时期。他在这一时期还出版了《哲学》(Philosophie，1932年)、《马克思·韦伯》(Max Weber，1932年)、《理性与生存》(Vernunft und Existenz，1935年)、《尼采》(Nietzsche，1936年)、《笛卡尔与哲学》(Descartes und die philosophie，1937年)、《生存哲学》(Existenzphilosophie，1938年)等著作，其中《哲学》奠定了他在世界哲学史上的重要地位。1947年，雅斯贝斯在沉寂近十年之后出版了《论真理：哲学逻辑》(第一卷)[Von der Wahrheit：Philosophische Logik (Erster Band)]一书，该书沿着《生存哲学》第一讲"存在论"、第二讲"真理论"所示的运思理路深入探讨了"真理""大全""理性"等话题，标志他的学术研究步入了理性哲学—世界哲学时期。他在这一时期陆续出版了《哲学信仰》(Der Philosophische Glaube，1948年)、《论历史的起源与目标》(Vom Ursprung und Ziel der Geschichte，1949年)、《哲学导论》(Einführung in die Philosophie，1950年)、《我们时代的理性与反理性》(Vernunft und Widervernunft in unserer Zeit，1950年)、《大哲学家》第一卷(Die Grossen Philosophen：Erster Band，1957年)、《哲学与世界》(Philosophie und Welt，1958年)、《面对启示的哲学信仰》(Der Philosophische Glaube angesichts der Offenbarung，1962年)等著作，其中《论历史的起源与目标》是他构拟的世界哲学史的导论部分，正是在该书中提出了影响深远的

---

① [德]汉斯–格奥尔格·伽达默尔：《哲学生涯——我的回顾》，陈春文译，商务印书馆2003年版，第191页。

"轴心时代"（Achsenzeit）范畴。雅斯贝斯去世后，萨尼尔（Hans Saner）选编出版了他的一些遗作，如《超越的密码》（Chiffren der Transzendenz，1970年）、《理性与自由》（Vernunft und Freiheit，1970年）、《什么是哲学》（Was ist Philosophie，1976年）、《哲学自传》（Philosophische Autobiographie，1977年）、《什么是教育》（Was ist Erziehung，1977年）、《关于海德格尔的笔记》（Notizen zu Martin Heidegger，1978年）、《大哲学家》遗稿两卷（Die Großen Philosophen：Nachlaß 1 – 2，1981年）、《哲学的世界史导论》（Weltgeschichte der Philosophie：Einleitung，1982年）、《哲学逻辑遗稿》（Nachlaß zur Philosophischen Logik，1991年）、《人是什么？——对人的哲学思考》（Was ist der Mensch？——Philosophisches Denken für alle，2003年）、《书信集》三卷（Korrespondenzen 1 – 3，2016年）等。

雅斯贝斯出版于1922年的《斯特林堡与凡·高》一书既是一份匠心独具的精神病理学研究报告，又是一部探究艺术家生存样态的艺术家专论。作为雅斯贝斯在精神病理学—心理学时期出版的最后一部具有颇高学术价值的著作，它立足于精神分裂症艺术家的生存探源，通过对比分析斯特林堡、斯威登堡（Emanuel Swedenborg）与荷尔德林（Hölderlin）、凡·高的病志与艺术家的世界观及其作品的风格变化，为破解精神分裂症艺术家的天才之谜提供了一种独具人文智慧的阐释视角，从中可以明显地看出雅斯贝斯由精神病理学—心理学领域向生存哲学领域过渡的消息。该书由德国慕尼黑的皮珀尔出版社（Piper & Co. Verlag）初版，至1977年付梓第4版。同年，美国亚利桑那大学（University of Arizona）德语系的奥斯卡·格鲁诺（Oskar Grunow）与大卫·沃洛辛（David Woloshin）将该书译成英文，由亚利桑那大学出版社出版，该书的影响遂逐渐波及英语学界。鉴于汉语学界迄今仍无该书的中译本，我不揣浅陋，以英译版为底本（同时参酌德文版）将其译成中文，依循汉语习惯，对原文中某些序号的写法作了必要的处理。

《斯特林堡与凡·高》一书分为两章。第一章详尽考察了斯特林堡的病志、世界观的发展，为人们提供了一种只能在精神病的诱发下才可能获致的生命图景。雅斯贝斯在引言中便明确指出："关于斯特林堡作为一位作家的意义，本书将不作评判。他作为一位戏剧家的艺术才能以及他的作品的审美结构与美学价值，绝不进入这项研究课题。斯特林堡患了精神病。我打算清晰地展呈他的疾病的性质。"① 很明显，他在阐发斯特林堡的病例时，有意识地将自己的理论姿态限制在精神病理学视域之内。他认为，斯特林堡的"双重性格"（duality of character）是导致他此后患病的始因，在疾病发作期间，构成其世界观基调的怀疑论、神智学神秘主义与反女性主义就此得到进一步的强化。第二章则对比分析了斯特林堡与斯威登堡之间的相似性以及他与荷尔德林、凡·高之间的相异性，并就精神分裂症与创造力之间的关联作了深入的探讨。可以说，第二章乃是该书的精要所在。雅斯贝斯在这一章里分别描述了斯威登堡、荷尔德林、凡·高的病志、世界观的发展与作品风格的变化，并运用比较的方法，将第一章所谈的话题引向对精神分裂症艺术家的生存样态以及相关问题的探讨。

一　两种典型样态的精神分裂症艺术家

精神分裂症艺术家诚然是不可类型化的，但这并不意味着不可在典型的意味上对他们的生存样态进行比较，并在做出区分的同时洞察另一种意趣的"通性"。可以说，《斯特林堡与凡·高》一书在方法论上的最大的特色乃在于对"比较"的运用，这也鲜明地体现在该书的副标题"与斯威登堡、荷尔德林作比较的病理学案例试析"上。典型意味上的"比较"所信守的一个前提是，个性越丰富，通性越深刻；通性越深刻，个性越丰富。通过比较，雅斯贝斯谨慎而郑重地指出："如果限定在本部专论中的几个病例，我们会看到，荷尔德林与凡·高代表着一种典型，它与斯特林堡和斯威登堡表现的那种典型形成了鲜明的对照。在斯特林堡与斯威登堡的作品中所表现出的精神分裂症仅仅关联于其内容与质料才有意义，而对荷尔德林与凡·高来说，受影响的是最内在的形式和创造力本身。事实上，前两位艺术家并未受到现实衰退的影响，他们的文学创作一直持续到了最后阶段；而后两位艺术家的作

---

① Karl Jaspers：*Strindberg and Van Gogh*，translated by Oskar Grunow and David Woloshin，The University of Arizona Press，1977，p. 11.

品则在激烈的精神震荡期间生长,并标示着某种趋向特定的顶峰的态势。从那一时刻起,瓦解的过程就获得了力量。在最后阶段,他俩都失去了创作能力与文学生产的能力。荷尔德林与凡·高的创作在其精神分裂的起始阶段与急性发作的那些年明显达到了辉煌;斯特林堡的作品在90年代的急性发作期是匮乏的,而他的几乎所有有影响的作品都是在最后阶段创作的。"①

由此可见,对斯特林堡、斯威登堡来说,精神分裂症只具有"内容与质料"的意义。他们在精神分裂急性发作期间都没有创作出有影响的作品,病愈后的作品也多是对患病期间伴有的嫉妒妄想、被害妄想(斯特林堡)或者自己亲历的"通灵"经验(斯威登堡)的客观描述,而他们的世界观说到底并未发生根本性的转变。缘此,雅斯贝斯称斯特林堡、斯威登堡为客观表现型的精神分裂症艺术家。在他看来,"斯特林堡与斯威登堡的那些崭新的经验具有客观的属性。如果它们在当时就具有深度的话,那是因为它们是一些客观、有形的东西,当它们已不在场时,给人留下的只是单调、怪异之类的印象"②。相较之下,在荷尔德林与凡·高那里,病情的恶化则加速了他们深刻的形而上学体验过程,诱发他们在激烈的精神运动中创作出震撼人心的作品,且喻示出一种形成独异风格并走向顶峰的趋势。为此,雅斯贝斯称荷尔德林、凡·高为主观体验型的精神分裂症艺术家。"我们谓之极其主观的患者首先在个体生命的深处获得一种富有深度与奇异性的体验,然后以创造性的形式、图画、观念、寓言等将其表达出来。离开体验的深度与奇异性,也就失去了表达的创造性。"③可以说,雅斯贝斯对斯特林堡与斯威登堡的研究仍在精神病理学的视域之内,而其荷尔德林论与凡·高论则已超出了这一视域。正是在这里,雅斯贝斯从后两人的作品中悟察到了精神分裂症艺术家的独特性以及他们敢于将生存所遭际的挫折内化为艺术创造的原动力的生存论意义。此即所谓"肯定的价值须得通过否定的价值来予以获取"④。在此,我们已隐约

---

① Karl Jaspers: *Strindberg and Van Gogh*, translated by Oskar Grunow and David Woloshin, The University of Arizona Press, 1977, p. 194.
② Ibid., p. 129.
③ Ibid., pp. 129-130.
④ Ibid., p. 131.

发现"生存辩证法"的某些踪迹。我们还发现，在客观表现型与主观体验型的精神分裂症艺术家之间，雅斯贝斯显然对后者投以更多的赞许。他说："我承认我对斯特林堡的艺术并不感兴趣，我对他的兴趣只是源自精神病学与心理学研究的原因。"[1] 换言之，他之所以对荷尔德林与凡·高的艺术更感兴趣，并不全然出自精神病学与心理学研究的视域，而是因着他们化入作品之中并敢于同所创造的精神世界一起毁灭的"生存"。

将精神分裂症艺术家区分为两种典型样态——客观表现型与主观体验型——固然颇为必要，不过更为重要的是在共属同一典型样态的不同个体之间作对比，因为这种对比更能够凸显他们丰富的个性与深刻的通性。鉴于此，雅斯贝斯在他所赞许的荷尔德林与凡·高之间进行了深入的比勘。他指出："对人们来说，在荷尔德林与凡·高之间作对比是颇具启发意义的。他俩所从事的艺术创作领域并没有多大不同，不过，二人的秉性则形成了鲜明的对照：荷尔德林是个属意于来世的理想主义者，凡·高则是个关切现世的现实主义者。二人的个性都不易改变，但又有很大的不同：荷尔德林生性柔弱、易受伤害；凡·高则生性强悍，若受到威压与惩戒等刺激，他就会做出强烈的反应。"[2] 由此可见，二人的原初秉性是有着显著差异的，但这并不意味着他们之间就没有相似性，尤其在精神分裂症进展过程中，这种相似性就变得更为明显。主要表现在以下两个方面。其一，精神分裂症过程诱发了他们原初人格中既有的艺术天赋。他们敢于直面生存挫折，并调动起自我意识与之对抗。生存挫折越大，他们的自我意识就越为深刻。在自我意识与生存挫折的较量过程中，他们创造了艺术上的辉煌。"在第一次精神病急性暴发与此后再次发作之间的相对间歇期间，与初期表现出的那种富有哲人态度的激昂状态相伴的，便是一种日趋强化的安全感或自我肯定的恬淡感。与此同时，他们作品的风格也发生了显著变化，这些作品被他们自己也被别人视为其成长与取得成功之目标的顶峰。这时，他们都保持着创造力，创作不受妨碍地持续着，

---

[1] Karl Jaspers: *Strindberg and Van Gogh*, translated by Oskar Grunow and David Woloshin, The University of Arizona Press, 1977, p. 202.

[2] Ibid., p. 193.

并创制出了一些全新的作品。在这整个过程中，自始至终存在着强烈对抗与自律创造之间的巨大张力。他们以极大的努力同越来越增长着的摧毁力量搏斗，并勉力夺取着制高点。"① 其二，精神分裂症过程强化了他们的形而上学体验，神话在他们那里成为当下在场的现实。"在精神分裂期间，那种神秘的感觉与神秘的存在对二人来说都是某种不言自明的东西，无论这种东西究竟是更多地以现实的形态还是更多地以理想的形态呈现自身。与此前相比，他们的艺术与生命都获得了所谓形而上学或宗教的意义，其作品越来越失去优美的色调。荷尔德林诗歌中那缺乏联结的跳跃的节奏与凡·高绘画中那奇瑰刺目的色彩有异曲同工之处。对他俩而言，人们所理解的与生命、自然、世界的亲密感获得了更大的内在实现，并具有了更为丰富的形而上学意义。"②

任何一种区分都是有其限度的，因为"例外"总会存在。"不管在何种程度上对比这两种典型样态，它都通过那些富有显著个性的病例得到了范示，这范示自然是概要式的。我们不能把所有患精神分裂症的诗人、哲学家或艺术家都置于这些范畴之下。"③ 在雅斯贝斯看来，克尔凯郭尔（Soren Kierkegaard）就是一个例外。"假定他可能是一位精神分裂症患者，但是这一假定并不能得到当下的证明，因为就他而言，我们并不知道有关他的那些粗暴的原初症状，所以他不可能属于我们所说的两种典型样态中的任何一种。"④ 例外的存在对任何一种区分都构成某种张力，也使属于任何一种典型样态的生存个体保持其原初的深刻性与丰富性。就此而言，独一无二的伟大艺术只能出于独一无二的伟大生存，尽管在伟大的生存艺术家中能够发现精神分裂症的典型个例，不过精神分裂症对他们来说更多地意味着诱发其艺术创造力的一种契机。"既然显著的精神分裂性人格总是罕见的，人们或许转而会在诸种精神领域中考察精神分裂症患者留下的大量文字、素描、绘画或雕刻，以便能

---

① Karl Jaspers: *Strindberg and Van Gogh*, translated by Oskar Grunow and David Woloshin, The University of Arizona Press, 1977, p. 193.
② Ibid., pp. 193 – 194.
③ Ibid., p. 194.
④ Ibid., pp. 194 – 195.

在他们巨大的变化中发现精神分裂的因素。但是,我们在这里并不能发现稍许只有在伟大的人物那里才能引致那种创造力的精神分裂症的天赋与肥沃土壤。"①

二 精神分裂症与创作的关联

雅斯贝斯在该书第二章深入阐发了精神分裂症与创作的关联。他主要探讨了三个问题:其一,精神分裂症是不是导致艺术创作的一种起因;其二,精神分裂症是不是导致艺术家创作风格转变的一个特定条件;其三,人们能否对艺术品中的精神分裂症气氛作一种总体化的解释,进而言之,那些赋有精神分裂症气氛的艺术品是不是"病态的"。围绕着上述三个环环相扣的问题,他对精神分裂症艺术家独异的人格与创造天赋作了深刻的揭示,这些揭示其实已带有浓郁的生存探源的意味。

1. 精神分裂症是诱发某些艺术家创作天赋的一种肇因

雅斯贝斯写道:"要使精神分裂症作为某些伟大的艺术家创作艺术品的一个先决条件真正成为可能,必须通过艺术创作风格的转变与精神病发展的时间进程和艺术家感觉与行为方式的转变间的巧合来予以说明。尤其是当人们发现一些此类病例时,这种偶然发生的巧合就是最大的奇迹。"② 这里需要注意的一点是,精神分裂症并不是所有伟大艺术家创作艺术作品的先决条件,只是在"某些"原初人格中就具有艺术天赋的伟大艺术家那里,精神分裂症才巧合地成为诱发他们艺术创作天赋的一种肇因。雅斯贝斯就此指出:"精神分裂症自身并不具有创造性的价值,因为只有极少的精神病患者才具有创造性。人总是秉有个性与天赋的,不过这在他们那里是无害的。对这类的个性来说,精神分裂症后来就成为敞开生存深渊的前提(诱因)。"③ 由此可见,精神分裂症与艺术创造并没有必然的因果关联,正如并不是所有的艺术家都

---

① Karl Jaspers: *Strindberg and Van Gogh*, translated by Oskar Grunow and David Woloshin, The University of Arizona Press, 1977, p. 195.
② Ibid., p. 189.
③ Ibid., p. 178.

是精神分裂症患者一样，也并不是每个精神分裂症患者都能成为艺术家。只有在那些具有创造天赋的艺术家那里，精神分裂症才有可能成为诱发其创造天赋与带来创作风格剧变的一种契机，并成全了这种将生存与作品浑化为一体的艺术创作的独一无二性。

2. 精神分裂症是导致某些艺术家创作风格转变的一个特定条件

通过诠解上述第一个问题，我们现在可以肯定地说：对某些伟大的艺术家——譬如荷尔德林、凡·高——来说，精神分裂症确实是导致他们创作风格转变的一个特定条件。人们或许会继续猜测：艺术家创作风格的转变是否也可能是由酒精中毒之类的外在刺激引起的呢？通过对精神分裂症与其他精神病或大脑质变过程作比较，雅斯贝斯断然排除了这些可能。他认为，像酒精中毒之类的外在刺激诚然可以改变一个人，强化患者的某种兴趣，并使患者的作品出现某种意想不到的转变，但是，它并不可能导致艺术风格本身的转向。这是因为，患者的"生命作为未分的整体仍保持着完整。如果确实发生了某种断裂，它也缺乏意义与深度，而是仍然停留在肤浅的表层上"[1]。相较之下，精神麻痹症可产生与精神分裂症相类似的后果。譬如，"尼采伴随第一次精神转变经历了明显的创作风格转向。他也有两副面孔，专家难以立即断定他的某一部作品究竟是第一副面孔的产物还是第二副面孔的产物"[2]。由此可见，无论精神分裂症还是精神麻痹症，这些精神病之所以能够诱发艺术家或哲学家创作风格的某种转变，其根源并不在于外在的原因，而在于他们的生存样态发生了某种裂变。

3. 艺术作品中的精神分裂症气氛与精神分裂症艺术家的独一无二性

在雅斯贝斯看来，也许不必去翻阅凡·高、荷尔德林的病历，人们也能够从他们显著的风格转变中感觉到某种独特的精神分裂症氛围，并试图以概念、范畴给出某种客观化的阐释。为了避免陷入简单化的泥淖，他格外提醒人们，精神分裂症艺术家及其艺术品并不是"病态"的。"如果人们试图阐述

---

[1] Karl Jaspers: *Strindberg and Van Gogh*, translated by Oskar Grunow and David Woloshin, The University of Arizona Press, 1977, p. 190.

[2] Ibid., pp. 190 – 191.

作品中的精神分裂症氛围，那么，这并非意味着那些作品就是'病态的'，这是因为精神乃存在于健康与病态相对立的彼岸。"① 确实，作为原初的人格，"精神"是孕育一切文化创造的土壤，无所谓"健康"或"病态"。同样，以原初的人格为内核而将"心灵、肉体和精神"浑化为一体的"本真生存"，也"存在于健康与病态之对比的彼岸"。对凡·高、荷尔德林而言，其"本真生存"的自然透出便产生了独一无二的艺术品。如果说"本真生存"与"世界实存"之间的张力是导致他们精神分裂的最后的缘由，那么，所谓艺术品中的"精神分裂症氛围"，所寓托着的其实也正是化入作品之中的"本真生存"与"世界实存"所构成的巨大张力。与其说那些内蕴巨大张力的作品是"病态"的，倒不如说它们是"不同寻常"的。"不同寻常"乃是衡鉴一部艺术品是否具有某种独特风格的显著标志。"从那种已被断定为患病过程的土壤中孕育出的作品会具有一种独特的风格，这种特有的风格构成了精神宇宙的一个本质的部分。但是，只有这一过程创造了诸种必要的条件，这种精神宇宙才会在现实中显示其存在。"② 在艺术史上，那些彪炳千秋而恒具人性魅力的艺术品无不具有独特的风格，尽管其中只有一少部分出于精神分裂症艺术家之手，但可以肯定的是，它们都不同程度地内化着创造者的独一无二的生存。对那些将其全部生存倾注于作品的精神分裂症艺术家来说，他们甚至不惜以极端的方式把自己毁灭于自己所创造的精神世界，此类作品在某种意趣上更具震撼人心、唤醒生存、改变人的存在意识的力量与作用。鉴于此，雅斯贝斯对以凡·高、荷尔德林等为典范的生存艺术家们报以更多的敬意，而对那些习惯于以一种贬抑的态度视这种精神分裂过程为"病态"的人则称为"腓力斯人"（Philistine）。可以说，这一褒贬分明的态度对于以"生存"为其学说之内核的雅斯贝斯来说乃是一件自然而然的事。

三　精神分裂症与现代文化危机

如果说该书第一章对斯特林堡所作的考察主要是一份关于精神分裂症艺

---

① Karl Jaspers：*Strindberg and Van Gogh*，translated by Oskar Grunow and David Woloshin，The University of Arizona Press，1977，p. 192.

② Ibid.，p. 192.

术家的病理报告进而对精神病学研究具有深远意义的话，那么第二章对荷尔德林与凡·高直面不可对象化的生存深渊而迸发其艺术创造天赋所作的揭示其实已经透出生存哲学的意趣了。更值得关注的是，雅斯贝斯在该书的最后一节中特别论说了"精神分裂症与现代文化"。应该说，这显然已超出临床病理学界限的文化学阐释，既寓托着他一贯的运思智慧，也使得这一阐释具有了时代处境诊断与批判的文化内涵。

据萨尼尔考察，该书中的时代处境诊断与批判至少可追溯到雅斯贝斯在1912年参观的科隆国际艺术展览："在（1912年）夏季，'西德艺术之友与艺术家联合会'在科隆举办了一次'国际艺术展览'，展览意在'概括绘画中的最新运动的现状'及其'历史基础'。'最新运动'指的是欧洲表现主义，'历史基础'指的是凡·高（van Gogh）、塞尚（Cezanne）和高更（Gauguin）。展出的作品极其优秀，有凡·高的106幅油画和17幅素描、塞尚的26幅画、高更的25幅画、蒙克（Munch）的32幅画、毕加索（Bicasso）的16幅画，共计超过570幅油画和50件雕塑。雅斯贝尔斯参观了展览，10年后在其有关凡·高的病理学研究著述中对这次展览做出了批判。"① 雅斯贝斯在《斯特林堡与凡·高》中认为，在所有这些艺术家中，只有凡·高因其"生存的显示"才是"伟大"而"激动人心"的，相比之下，其他的艺术家却因其"生存"不在场而显得单调乏味。他就此对时代处境展开了文化学意义上的诊断与批判，并就此凸显出那些苦苦觅寻精神出路的"杰出的个体"（精神分裂症艺术家）与不成全人的生命的时代精神处境之间所构成的巨大张力。

雅斯贝斯指出："我们正生活在一个人们不仅活着而且知道自己试图简单地生活的时代。是的，在这样一个时代里，人们既模仿酒神经验，又创造律则，同时具有这两种特性并且都能够圆满地服务于他们的目的。在这样的时代里，精神分裂症在各个方面都可能成为真实性的条件吗？"② 可以说，这是

---

① ［德］汉斯·萨尼尔：《着眼于卡尔·雅斯贝尔斯论哲学与艺术》，收入雅斯贝尔斯等《哲学与信仰》，鲁路译，人民出版社2010年版，第250—251页。
② Karl Jaspers: *Strindberg and Van Gogh*, translated by Oskar Grunow and David Woloshin, The University of Arizona Press, 1977, p. 203.

一个可以在精神分裂症艺术家那里发现现代文化分裂症真相的时代。在这个时代,那些"生存"不在场的"大众"以与日常生活世界完全合模的方式维系着精神的"正常",而那些遥望"神秘的东西"的在世生存者则以个体的精神分裂体证着这个时代的精神分裂,并在个体生存的自燃中透示出一种生命的厚重与悲壮来。譬如,像凡·高这样的生存艺术家的自燃乃是由"生存"与"实存"的巨大摩擦力而自然而然地迸射出的精神火花,并不带有任何表演与藻饰的成分。毋宁说,在一个因丧失"生存"本原而模仿一切的大众文化时代,那些生存不在场的大众化作品正是应该遭到批判的对象。雅斯贝斯痛切地写道:"1912年,在我参观的科隆展览会上,来自全欧的表现主义画作以一种惊人的单调包围着凡·高这些伟丽的作品,以至让我忍不住感到,在如此之多的佯装狂人而实际上却过于正常的人中,唯有凡·高是真正伟大而且不情愿做'狂人'却疯狂了的人。"[1] 与那些"佯装狂人而实际上却过于正常的人"的作品的"惊人的单调"不同,像凡·高这样的"不情愿做'狂人'却疯狂了的人"倾注其全部生存而养润出来的艺术品是独一无二的,而且其真正意义在于唤起我们的生存意识,以使我们以切己的生存去谛听他们的生存呼吁。"只有当我们意识到这些精神分裂症患者的生存呼吁和他们的权利之所在时,他们才会成为有益于我们的人;而且,只有当我们试图在他们的作品中去寻找,就像在具有真正本原的一切事物中去寻找,我们才会意识到那总是处于隐匿状态的绝对之物只在其有限的形式中显示自身。"[2] 因着他们都是独一无二的典型,故而不可被抽象化为某种类型。如欲作一种生存不在场的简单模仿,那只会给后人留下东施效颦式的笑柄:"若要把他们举为某种范型来模仿,这对我们来说是很危险的。正如在先前的时代里某些人曾试图成为歇斯底里患者,人们可能会就此断言,今天也会有人要努力成为精神分裂症患者。然而,只有前者——在有限的程度上——在心理学上是可能的,而后者则是不可能的。因此,那种试图成为精神分裂症患者的努力势必

---

[1] Karl Jaspers: *Strindberg and Van Gogh*, translated by Oskar Grunow and David Woloshin, The University of Arizona Press, 1977, p. 203.
[2] Ibid., p. 204.

会以虚假伪饰而告终。"①

精神分裂症的一个突出的表征是，患者的精神世界与日常生活世界出现了严重的分裂。像凡·高、荷尔德林、斯特林堡这样的有教养的艺术家，他们不仅以其独具的艺术天赋而创造了有别于日常生活世界的形式世界，而且就其绝不与日常生活世界合模的原初人格而言，他们身处其中的这个"虚假模仿的时代"也易于使其患上精神分裂症并给其身心带来巨大的痛苦（"临界"体验），而精神的分裂反过来又可以进一步诱发他们的艺术创造天赋。正是在这个意义上，雅斯贝斯关联着这些分裂症艺术家的创作情况深刻反省了时代精神的"临界"境遇及其分裂倾向："今天，一个明显的事实是，大量有教养的人成为精神分裂症患者，他们以其在多年患病中创制的作品给我们留下了深刻的印象。斯特林堡的影响主要是通过他在第二次患病之后的最后时期所写的那些戏剧产生的；凡·高精神分裂期间的绘画在其一生的作品中最有影响；对荷尔德林来说，只有他起初患病的那些年所写的一些诗广为人知。……确实，我们现在业已懂得，人们要把精神病人创制的艺术视为艺术，而不能仅仅将其当作为开展精神病学研究所提供的心理方面的素材。"② 斯特林堡、荷尔德林与凡·高都是伟大的艺术家，他们最有影响的作品都与精神分裂症有着内在关联，这本身就是一种值得反省的文化现象，而对此的追问说到底是一个关乎人的生存境遇的问题。因此，即便在精神病理学—心理学时期，雅斯贝斯也是极力反对人们在某种贬低的意味上使用"精神病"这一术语的。精神病在本原上并不是一种器质性的生理病变，毋宁说，它在某种特定的意趣上意味着文化上的某种病症在那些极为敏感的个体心灵那里的剧烈回响。在他看来，不同时代的文化病症不尽相同："回顾西方的历史，我们知道，在18世纪以前，并没有精神分裂症患者能像今天这些少数引起我们关注的艺术家那样在他们的时代发挥文化上的重大影响。……然而，我们至少可在中世纪发现类似于精神分裂症的病例，不过这只是在一些并不十

---

① Karl Jaspers: *Strindberg and Van Gogh*, translated by Oskar Grunow and David Woloshin, The University of Arizona Press, 1977, p. 204.

② Ibid., p. 200.

分重要的人中发现的。人物的传记，即使可得到的这类材料少得可怜，仍会引起其是否精神分裂的疑问。在我所阅读的材料中，我还从未看到过有教养的人让我怀疑他患了精神分裂症。另外，我们发现那时占主导的是歇斯底里症。中世纪修道院里——尤其在女修道院里［譬如圣·特里萨（St. Teresa）］——的神秘主义，如果离开歇斯底里的特征是不可想象的。与此相反，我们这个时代则产生不了可能带来歇斯底里的精神证据，而这种情况在很久之前则是居于首位的。大骗子卡里奥斯特罗（Cagliostro）和女先知普瑞沃斯特（Prevorst）都引起了杰·克纳（J. Kerner）的医学兴趣，他们是最晚出现的在其所处的时代便能赢得广泛关注的歇斯底里症患者。"① 雅斯贝斯由此指出："正如歇斯底里症可能是弥漫于18世纪以前的精神空气中的人们的心理症状，精神分裂症从某种角度说则是我们时代的精神特征。"② 那么，在这个具有精神分裂症倾向的时代，艺术上有哪些症候可能与精神分裂的个性相关呢？在他看来，"人们或许认为我们时代的艺术热衷于那些遥远的、陌生的、异常的和原始的事物，譬如东方艺术、黑人艺术、儿童绘画等。事实也确实如此"③。那么，我们时代的艺术又为什么偏偏热衷于那些遥远的、陌生的、异常的和原始的事物呢？换言之，为什么当下的世界图景不能安顿那些生存艺术家们的充满渴盼与不安的心灵呢？可以说，这才是雅斯贝斯在这部艺术家专论中所要追问的最后的问题。正是通过对这一问题的追问，他看到了那些精神分裂症艺术家们的在世生存的挣扎感，并由此喻示了他们对唤醒世人反省我们时代的整体精神处境的文化意义。雅斯贝斯坦言："凡·高之所以令我着迷，或许主要是因为他的整体的哲学和现实主义的道路，同时也是因为在其全部的精神分裂过程中出现的整个世界。……他的世界是非常激动人心的，但它并不是我们的世界。疑问正是从中产生出来的，它以其有益的影响唤起我们的生存，从而使我们发生某种改变。……今天的问题正可从

---

① Karl Jaspers: *Strindberg and Van Gogh*, translated by Oskar Grunow and David Woloshin, The University of Arizona Press, 1977, pp. 200 – 201.
② Ibid., p. 201.
③ Ibid., pp. 201 – 202.

以下事实中找到答案：我们生活的根基已被动摇。时代的问题敦促我们反省终极的问题与我们即刻的体验。只要它们是真实的、生存的显示，我们文化的整体处境就会以不同寻常的方式把我们的灵魂暴露给那些最为陌生的感觉。"①

由此可见，雅斯贝斯对凡·高等生存艺术家的兴趣主要在于他们的作品能够"唤起我们的生存，从而使我们发生某种改变"，进而敦促我们带着对时代根本问题的关切而"反省终极的问题与我们即刻的体验"。这无疑已是对时代精神处境的文化学诊断，诊断的结果是：我们的时代发生了以精神分裂症为表征的文化危机。譬如，斯特林堡相信他的时代普遍弥漫着"魔鬼行动"，于是渴望与诸神重归于好；荷尔德林认为他的时代"神已缺席"，于是把遥远的古希腊作为自己生存的现实；在凡·高那神话现实的画作中，同样透示着一种"紧张的寻找"与对"绝对的真实"的期待。在雅斯贝斯看来，恰恰因为这些较之"常人"更为敏锐的心灵较早地感到"我们生活的根基已被动摇"，他们才在遥望彼处的苦苦觅寻中与日常世界图景保持着某种巨大的张力，甚至在"实存"的毁灭中，以与日常世界彻底断裂的方式透示出永远不可被毁灭的"生存"本原。可以说，独一无二、不可替代的"本真生存"与归约划一、藻饰模仿的"世界实存"之间的张力乃是造成精神分裂症的文化根源。

在雅斯贝斯看来，精神分裂症是西方现代文化颓败的隐喻。这个文化颓败的时代以大众秩序与技术统治为"常态"，在常态的日常世界的边缘，那些敢于自我贞定与承担人类精神命运的艺术家被迫成为"例外"。然而，正是这些例外以其对生存深渊的敞开喻说着"生存的真理"。雅斯贝斯的深刻之处正在于，面对西方现代文化的精神分裂倾向，他并未情绪化地发一顿牢骚了事，更没有像某些怀疑论者那样就此陷入虚无主义的泥淖，而是从那些作为例外的生存艺术家身上发现了人的自我生成的新的可能性。"每一个病人，就像任何其他人一样，也是不可穷尽的。知识永远不能到达这一点，在那里人格及

---

① Karl Jaspers: *Strindberg and Van Gogh*, translated by Oskar Grunow and David Woloshin, The University of Arizona Press, 1977, p. 202.

其隐藏的秘密至少不能被觉察到——尽管它只是一种可能性,如在异常的(本原的人格的)残留物中所反映出来的那种可能性。"① 在"世界实存"的松动处,在"可能生存"的显露处,他从精神分裂症艺术家身上体察到只有"生存"才能体察到的"临界处境"。雅斯贝斯坦言:"人的本质只有在临界状况中才能觉悟。由于这个原因,甚至从青年时代起,我就试图把最极端的东西暴露出来,让自己知道。这是我选择医学和精神病学的动机之一:要去认知人类的潜在性的界限,要去掌握在公开场合容易被掩盖和不受注意的东西的意义。"② 可以说,这段话是理解其全部医学与精神病学研究的文化意义的一把钥匙,也是把捉其精神分裂症艺术家的生存论意义的一条入径。

四 由精神病理学—心理学时期向生存哲学时期过渡的重要路标

仅从方法论看,《斯特林堡与凡·高》一书确实没有超出《普通精神病理学》与《世界观的心理学》的范围,不过若就精神旨趣而论,它显然标明雅斯贝斯已向着他所属意的生存哲学迈出了颇为关键的一步。遗憾的是,这部路标式的著作却没有引起更多人的关注,当年只有海德格尔在致雅斯贝斯的一封信中谈及他对该书的看法,其中直接关涉该书的有如下三段话:"在这部著作中,您把自己的哲学的学术态度更加清晰地表达了出来,特别是从您所尝试的方面来看,将古老意义上的因果性、心理上的事情,置于积极意义上的精神、历史的世界之中去理解";"这一任务的基础是这样的一个问题:我们如何能够依据人生存在和对象的意义,在充满着从原则上来讲统一概念的范畴的生命之中,来'嵌入'诸如患精神分裂症者这一'领域'";"获得了生命对象的根源性范畴结构的任务,在与这一任务的关联性之中,我看到了这些深入调查的原则性的意义,在这些调查中您希望精神分裂症患者以及诸如此类的情形纳入到生命的生存意义之中去"。③ 海德格尔固然敏锐地发现了

---

① [德] 卡尔·雅斯贝斯:《雅斯贝斯哲学自传》,王立权译,上海译文出版社1989年版,第21—22页。
② 同上书,第105页。
③ 海德格尔1922年6月27日致雅斯贝斯的信,收入瓦尔特·比默尔、汉斯·萨纳尔编《海德格尔与雅斯贝尔斯往复书简》,李雪涛译,上海人民出版社2012年版,第114、116页。

雅斯贝斯希望"依据人生存在和对象的意义"将"精神分裂症患者以及诸如此类的情形纳入到生命的生存意义之中"来加以探究的衷曲，并且肯认雅斯贝斯在该书中"把自己的哲学的学术态度更加清晰地表达了出来"，但是从他视作探究之"原则"与"基础"的"生命对象的根源性范畴结构"来看，他与雅斯贝斯看待精神分裂症艺术家的哲学立场其实并不相同。正如海德格尔对《世界观的心理学》一书的评论一样，他在这封信中对《斯特林堡与凡·高》所作的评论在很大程度上依然是在述说自己"从本源上获得存在的意义，并且从范畴那里加以规范"①的基础存在论立场，至于雅斯贝斯所走的克尔凯郭尔式的"生存辩证法"之路以及该书对雅斯贝斯本人精神探索的重要意义却始终未引起这位"独白式"哲学家的兴趣。

这里有一个值得深究的问题，雅斯贝斯本人在其《哲学自传》中对该书也没有着多少笔墨，仅在两处附带性地提及该书的名字："后来（1913年出版《普通精神病理学》一书之后——引者注），由于从事新的工作，又离开了这所医院（海德堡精神病院——引者注），我不再担负独立的精神病理学方面的研究工作，只写过几篇关于病情方面的说明（与斯维登堡和荷尔德林作比较的《斯特林堡和凡·高》，1920年；在1936年出版的《尼采》中论及尼采的病的那一章）"②；"关于《斯特林堡和凡·高》（1922年）和《关于大学的意见》（1923年）这两篇著作，实际上只是对我就任教授之前就已有的那些原稿的修订"③。这里首先需要对关涉《斯特林堡和凡·高》的两个年份——1920年、1922年——作一点必要的说明。据雅斯贝斯生平与著述年表，他于1922年就任海德堡大学哲学教授，当年出版了《斯特林堡和凡·高》一书。从他所说的该书"实际上只是对我就任教授之前就已有的那些原稿的修订"推断，1920年的那份文稿当指"修订"之前的"原稿"；也就是说，他在1920年就已撰写出该书的初稿（原稿），只是到了1922年才经过修订后出版。

---

① 海德格尔1922年6月27日致雅斯贝斯的信，收入瓦尔特·比默尔、汉斯·萨纳尔编《海德格尔与雅斯贝尔斯往复书简》，李雪涛译，上海人民出版社2012年版，第114页。
② [德]卡尔·雅斯贝斯：《雅斯贝斯哲学自传》，王立权译，上海译文出版社1989年版，第22页。
③ 同上书，第40页。

作为"哲学教授"的雅斯贝斯之所以要修订出版这部文稿，显然不可能仅仅因为它是"关于病情方面"的精神病理学著作，其中的原委在于，他的"哲学家"名分在他就任海德堡大学哲学副教授期间就已受到李凯尔特（Henrich Rickert）的质疑，海德堡大学1922年决定聘任他为哲学正教授之前此事又遭到李凯尔特的坚决反对①，即便只是出于维护"哲学家"名分这个方面的考虑他也不可能会出版一部给人授予口实的全然"非哲学"的书。最大的可能是，这部书的原稿确实主要是他根据1909—1915年在海德堡精神病院做医生期间见到的病案撰写的"关于病情方面"的精神病理学著作，不过当他决定正式出版该书时，他在修订的过程中特意强化了它的"生存哲学"的意味。

据雅斯贝斯自述，他修订并出版《斯特林堡与凡·高》一书的时间段不仅与他由哲学副教授晋升哲学正教授的时间段完全吻合，而且更为重要的是，他恰恰在这个时期"站在了人生的十字路口"，出于"为哲学作证"的庄严承诺，终于为自己确立了"登上纯正哲学的高处"的心志。他心目中的"纯正哲学"并不是当时颇为盛行的那种以"科学"自居的学院派哲学，而是"必须理解自己和自己的存在"的新的哲学。他清醒地意识到，"对确为紧要之处的突然的、直觉的洞察，只有通过现已具有一种新特性的工作，才能获得其固定性和一致性。它不能靠获得和积累知识创造出来，只有靠思维方式和操作程序，而这些确实不是能学到的，应在与大哲学家的接触中得到训练。我必须达到另一种思维的层次。这意味着一开始就要有一个新的起点"。于是，雅斯贝斯"决定暂时停止出书"。②

我们看到，《斯特林堡与凡·高》乃是雅斯贝斯"决定暂时停止出书"之后出版的一本书，尽管它只是对他就任哲学教授之前就已有的原稿的"修订"，但这部修订出版的书稿绝不可能与他正在致力的"新的起

---

① 雅斯贝斯自述："早在1920年，当时由于教授职位空缺，我似乎有机会接受聘请，他（李凯尔特）对我说，他认为任命我是绝对不可能的。因为（他说）我不是哲学家，毕竟是站在接受任命的领域之外的。当时我高傲地回答：'我不相信这一点，因为这将是德国大学的耻辱。'"见卡尔·雅斯贝斯《雅斯贝斯哲学自传》，王立权译，上海译文出版社1989年版，第37—38页。

② 参见卡尔·雅斯贝斯《雅斯贝斯哲学自传》，王立权译，上海译文出版社1989年版，第39—40页。

点"毫无关系。从雅斯贝斯对体现于这些精神分裂症艺术家人格中的生存深渊的看重与掘发来看,《斯特林堡与凡·高》一书或许正涵淹着他从精神病理学—心理学领域向"纯正哲学"领域过渡的内在枢机;进而言之,艺术家直观世界的能力正是一种"不能靠获得和积累知识创造出来"的"突然的、直觉的洞察"能力,精神分裂症艺术家在患病期间所直面的"临界处境"正是诱发其独异的创造天赋并使其成为喻说"生存"之旨趣的范例的契机所在。这样一来,雅斯贝斯从这些精神分裂症艺术家身上所获得的灵思就在他勉力"登上纯正哲学的高处"的过程中发挥了不可替代的作用。就此而言,下述的一个推断大概并不会有违于雅斯贝斯毕生精神求索的轨迹:《斯特林堡与凡·高》一书既意味着他精神病理学－心理学探寻阶段的暂告结束,同时意味着他勉力"为哲学作证"进而步入真正意义上的生存哲学探寻阶段的一个"新的起点"。

英译者的话

眼前的这本书是雅斯贝斯早年撰写的一部学术著作,他当时还是一位精神病理学家,尚没有转向生存哲学。雅斯贝斯在精神病理学领域术有专攻,他试图证明精神分裂症会以不同的方式影响各种各样的人。该书的翻译使雅斯贝斯留下的德文文本只剩六部尚未被译成英文。

译者已竭力使译文尽可能地贴近德文文本,尽管如此,为了让该书更适于用英语来阅读,某种程度的偏离还是有必要的,虽然那些基本的思想或引证的事实都没有丝毫的更改。我们相信,我们在试图给读者提供一个忠实于原书的译本方面已经取得了成功。

然而应该申明的是,我们还无法用英语给从事学术研究的读者提供一份斯特林堡的作品清单或与之相关的脚注。其中的原委正如雅斯贝斯自己所申明的那样,目前已有用德语翻译的近乎斯特林堡全集的版本,译者为埃米尔·先灵(Emil Schering),由慕尼黑的穆勒出版社出版。然而,迄今尚没有用英语翻译的这样一部完整、一致的斯特林堡作品集。为了前后一致起见,本书译者决定使用先灵用德语列出的斯特林堡的那些著作。

我们要感谢格尔德·T. 施洛斯(Gerd T. Schloss),他在技术问题上提出了宝贵的建议。我们还要感谢好友查尔斯·F. 沃拉夫(CharlesF. Wallraff),他把翻译权转让给了我们以及卡尔·雅斯贝斯遗产的执行人汉斯·萨尼尔。而且我们要感谢迈克尔·汉布格尔(Michael Hamburger),他欣然应允我们摘

· 1 ·

引其著作《弗里德里希·荷尔德林：诗歌与断片》（*Friedrich Hölderlin: Poems and Fragments*）中的一些资料。最后我们要感谢亚利桑那大学出版社，正是在它的支持下该书才得以出版。

奥斯卡·格鲁诺
大卫·沃洛辛[①]

[①] 奥斯卡·格鲁诺（Oskar Grunow）与大卫·沃洛辛（David Woloshin）是《斯特林堡与凡·高》一书的英文版译者，二人分别于1967年、1957年加入美国亚利桑那大学德语系。格鲁诺出生于德国，在维也纳大学获得博士学位。沃洛辛在亚利桑那大学取得博士学位。——中译者注

作者序

哲学并不要求属于它自身的某一具体研究领域，然而，当对具体事物的研究扩展到我们实存的界限与起源，它就趋向于成为哲学的了。这部书最早出版于1922年，当时作为应用精神病学论文集的一部分，源自探寻人的生命与创造力的可理解性的界限。一切真实的事物，甚至精神存在的事实，都能提供可靠的理解力的界限。我在这里论及的病例与精神疾病的某些方面有关，请允许我们以更可靠一点的方式，凭借着经验来把握这种真实的构成要素，不过，要想实现完全的把握那是不可能办到的。

通过整理出现的问题，对每一个个案进行确凿的考察，并比较它们之间的相通与不同，只有这样做，我们才能得出本质性的答案。我们并不凭借至高的洞察力来推测可能会发现的"真理"，而是凭借提供正确眼光的洞察力从中发现能够被认可的实际问题，只有这样做，我们才能够就我视为我们问题的东西达成一种理解。

卡尔·雅斯贝斯
1949年3月于巴塞尔

目 录
CONTENTS

引　言 ………………………………………………………………… 1

第一章　斯特林堡 ……………………………………………………… 3
　第一节　斯特林堡病志 ……………………………………………… 3
　第二节　斯特林堡世界观的发展 …………………………………… 73
　第三节　斯特林堡的作品 …………………………………………… 93

第二章　斯特林堡与同等智识超群的其他精神分裂症患者的比较
　　　　——兼谈精神分裂症与创作能力之间的关系 ……………… 97
　第一节　斯威登堡 …………………………………………………… 98
　第二节　关于精神分裂症患者之智识的精神病理学经验 ………… 108
　第三节　荷尔德林 …………………………………………………… 111
　第四节　凡·高 ……………………………………………………… 130
　第五节　精神分裂症与创作能力的关系 …………………………… 159
　第六节　精神分裂症与现代文化 …………………………………… 169

· 1 ·

附录一　原始资料 ·· 174

附录二　斯特林堡生平年表 ································ 176

附录三　斯特林堡著作年表 ································ 179

参考文献 ·· 184

译后记 ·· 190

引　言

关于斯特林堡作为一位作家的意义，本书将不作评判。他作为一位戏剧家的艺术才能以及他的作品的审美结构与美学价值，绝不进入这项研究课题。斯特林堡患了精神病。我打算清晰地展呈他的疾病的性质。这种疾病在他的生命中起着决定性的作用；此外，它是导致其世界观（Weltanschauung）① 发生新变化的一个要素，并且影响到了其作品的内容。通过研究这些影响，我们可以获得这种世界观的形成与其作品的形成之间如何相互影响的知识。对斯特林堡的意义做出一种分析诚然是必要的，不过，任何人都不要试图达成某种无所不包的观点。不管他最终是如何被判定的——斯特林堡会不会被认为是很快就遭人遗忘的时髦人物，他会不会被视为伟大的作家而载入史册，他会不会因其一生的症状没有独立存在的永恒意义而广为人知——对精神病理学家来说，无论结果是什么，斯特林堡的情况都将永远具有颇大的启发意义。他对其疾病的细节与独特的复杂性都给出了非常生动的描述。况且，患者自己还能够让我们以几乎毫无偏差的清晰性关注其整全的人生，这就给我们提供了只能从精神病患者身上才能获致的一种极其罕见的传记。研究这种传记是对精神病理学的一种应用，不仅如此，这种异常的心灵史对于精神病理学学科本身同样具有重要的意义。

每一种具体的精神病理学理解都基于比较。为了关联着斯特林堡的作品来检视他的精神分裂症范型，可取的办法就是将它与那些完全不同的范型作

---

① 英文版写为斜体，汉译中采用加着重号的方式来作标示。下同，不再一一标注。——中译者注

对比，通过与斯特林堡的对比，那些范型的精神分裂症也得到了澄清。基于此，第二章除了把斯特林堡与斯威登堡的病例关联在一起加以描述外，还描述了与此迥然有别的荷尔德林与凡·高的病例。

精神分裂症这个术语具有不同的含义。一方面，它意指（除了许多其他的术语外）通常所说的一切精神疾病，这些疾病作为一个过程开始于某个特定的时间，不容许病人恢复到先前的正常状态，无法被视作已知的大脑疾病的临床表现。我们对精神分裂症这个术语的解释，可以而且必须包括本书所讨论的所有异质性的病例。另一方面，精神分裂症意指一个在身心上极具多元面相的心理变化的概念——不管面对的细节有多少或者有多么准确，我们都无法把这个概念精确地描述出来。无可否认，在前一种进行性的概念与后一种心理性的精神分裂症之间依然存在广泛的不完全一致之处。从心理学的观点看，我们这里要讨论的病例在一定程度上代表了两种相反的范型，两者间的差别恰恰是要得到阐明的。一方面，我格外关注斯特林堡；另一方面，我对凡·高以及与斯特林堡的病例相类似的斯威登堡、与凡·高的病例相类似的荷尔德林也给予了格外的关注。

只有能够生动地理解这里所要考虑的精神疾病范型的个体，才能够清楚地读懂患者的病志。对这样的个体来说，始终给其心灵带来相似之处的细节乃是具有意义的，相比之下，那种缺乏必要学识的个体充其量只会遇到一些堆集在一起的怪人怪事。他就像一个囿于书本知识的学生，鲜活的现实却从他身上隐匿了。单纯的书本知识存在太多不尽如人意的地方。当然，通过精神病学的教学课程或临床病例的示范等途径，学习病志也能够经常地扩充见识。不过，除了这些展示接下来会被扩充到一个不相称的程度外，承担此类的事情势必还是不能让人感到满意的。对作者来说，这是一项不可能完成的重任。任何一个想要作为专家加入探讨的人都必须学习精神病理学。然而，一个对人文学科有兴趣的人则会从中理解很多的东西。但是，由于肤浅、茫然或者仅仅由于图解式的思维，他也要不断地冒着误解的风险与曲解的风险。不过就能够意识到上述情况而言，他是会很好地让自己的心灵向事实保持开放的。

第一章　斯特林堡

第一节　斯特林堡病志

一　斯特林堡的原初性格特征

斯特林堡本人已经对其原初性格特征给出了清晰的描述，正如它显示给我们的那样，这种与众不同的情形并没有显露出进行性精神疾病的特征。斯特林堡的经历可能偏离普通人的那些经历，当然，这仅是就它们的进展程度而言的。由于它们的根源潜存于所有人的基本构造之中，所以真正来说，我们将要论及的一些表现形态可能都会被视为歇斯底里。另外，当用"歇斯底里"这个术语的时候，我们不应忘记，每个人在一定程度上其实都有歇斯底里的表现。我们对这些特征必须达成某些理解，以便能够掌握斯特林堡后来之所以出现病症的温床。与此同时，由于斯特林堡不同寻常的经历的独一无二性，其精神疾病的特殊形态将变得愈加明显。就我们能了解的情况而言，斯特林堡的歇斯底里天性并没有为其后来的患病提供预兆。类似的特征并不是伴随精神错乱而出现的，它们显然是更加司空见惯的东西。①*

斯特林堡还是个孩子的时候就极其敏感。他"哭得非常厉害，人们为此给他起了一个特别的绰号。哪怕极小的一点责备都会伤害他的感情；他总是不停地担心自己可能会犯错误"②。仅仅因着须得找警察，他就会产生犯罪之感。③"他带着惊悚之情进入这个世界，并时常怀着对生活和周遭人们的畏惧之心在世生存。"④"他过分依赖于自己在其中发挥过作用的处境，每当重温曾经令他伤心之地，他都会感到一种恐惧。"⑤

这种敏感性致使斯特林堡形成了日益加剧的反应症状。九岁时，青春期意识尚未苏醒，他就喜欢上了教区牧师的女儿，他俩的年龄都是九岁。"他并不想从她那里得到任何东西"，但他"觉得自己的心里装着一个秘密。这令他焦虑不安，痛苦万分，以致他的整个生活都变得暗淡无光了。一天，他在家里取出一把小刀说：'我要切开我的喉咙。'他的母亲认为这孩子患了病。"⑥——十八岁时，他深深地爱上了一位女服务员。斯特林堡送给她一首别人所写的充满猥亵情调的诗。那位女服务员辨认出了他的字迹，只说了一句话："约翰，你太无耻了！"⑦他跑开了，"远离平常走的小路，狂风般地冲进一片树林。……羞愧感使得他丧失了理智，他本能地将树林作为躲藏之地

---

① *我写好斯特林堡原初性格的概要后，正如下面所表述的，某些精神病学专家对天生的个性与精神分裂症之间的直接关系问题持一种肯定的态度，这致使人们试图将青年时期斯特林堡的天性概念与精神分裂的个性概念等同起来。直到他后期的精神病发作，我才察觉到这一点。例如，斯托赫（Storch）（在由威斯巴登市的贝格曼出版社发行的一份讨论有关神经系统与心理问题之间临界症状的出版物中），根据心理学的"理解"撰写了一份斯特林堡的病情记录。这意味着他试图达到与我截然相反的另一种目的，即试图通过理解的方式掌握那些不能理解的东西。虽然我也承认提出性格与精神病之间的关系这一问题的有效性，但是我不仅认为我们迄今为止尚不具备预测某种东西的知识，而且认为目前对这些问题提供某种肯定性回答的倾向是完全错误的。由于持守这样一种错误立场，未曾料想我们却丧失了已经了解的那种实际的精神病过程的本性，也丧失了已经了解的存在于这种症状与正常的人类进展之间的深渊。健康与疾病之间的界限在所谓的精神病病例那里是摇摆不定的，但是它在好像显露出"裂缝"之处却被断然地描绘成了精神病，然而值此之际这条界限毕竟仍是模糊不清的。——原脚注
② 《一个女仆的儿子》（*Der Sohn einer Magd*），第12页。——原尾注
③ 《一个女仆的儿子》，第32页。——原尾注
④ 同上书，第48页。——原尾注
⑤ 《灵魂的发展》（*Die Entwicklung einer Seele*），第23页。——原尾注
⑥ 《一个女仆的儿子》，第43页。——原尾注
⑦ 英译者在此处作了分段处理，德文版则没有分段。本译文据德文版恢复了原貌。——中译者注

"……天已是傍晚。他躺在灌木丛中的一块岩石上,无情地斥责着自己。起先,他只是想假借他人的羽翅让自己出类拔萃,这意味着他已撒了谎。接下来,他对纯洁女孩的美德产生了怀疑。现在,他听到从公园里传来的声音,而且听到人们在呼叫他的名字。那位女孩的声音和他的老师的声音在树林中回响,不过,他并没有去回应……那些呼叫声逐渐停息下来。他继续晕眩地躺在岩石上,屡次重复地念叨自己双重的罪过。黑夜深下来了。灌木丛中一阵沙沙声传来,他感到震惊,猛地吓出了一身冷汗。他起身,走到自己曾坐过的一张条凳旁坐下来,就这样一直待到拂晓。清晨的露水令他直打寒战;他于是起身回家。"①② 二十一岁时,他第一次观看自己的一部剧作在舞台上演出。"约翰感到像似触了电。每一根神经都颤动起来,连双膝都在发抖,与此同时眼泪从脸颊滚落下来,他实在太紧张了。他意识到自己的作品并不完美并为此深感羞愧,于是,戏还没有演完他就跑出了剧场。他要崩溃了……一切都很好,除了他的戏剧。他在湖畔徘徊,寻思着淹死自己。"③——同一年,他目睹了一位熟人的自杀,这个熟人甚至还不是他的朋友。"目前,约翰无法摆脱死亡想法的困扰;他害怕回到自己的卧室就寝,睡觉时须得有朋友相伴。一次,他在一位朋友家过夜,坚决要求屋子不能黑下来;由于感到无法入睡,他把朋友叫醒了好几次。"④

二十四岁时,斯特林堡已开始借钱。他遇到了还债或财产遭没收的压力。他期待中的收入并没有兑现。"他感染了胃热病。在烧得直说胡话的状态下,他的思想始终围绕着一间大房子和一个红印章旋转。天花板上浸渍出的斑点对他来说就意味着政府的银行……即使他能够再次起床之后,他仍没有摆脱感冒发烧的困扰,这种病在他身上持续了好多年,一直在消耗着他的力量……"⑤ 这很可能是疟疾的一种症状,而且短暂的情况会极大地影响发烧的性状和程度。

---

① 《一个女仆的儿子》,第285页之后。——原尾注
② 英译者在此处作了分段处理,德文版则没有分段。本译文据德文版恢复了原貌。——中译者注
③ 《一个女仆的儿子》,第408页之后。——原尾注
④ 同上书,第427页。——原尾注
⑤ 《灵魂的发展》,第91页之后。——原尾注

不久后，他就与一位女管家生活在一起（"模拟三天的婚姻生活"）；然而，她很快就被证明是不忠实的。这就使他陷入一阵嫉妒的状态之中。①"他走进森林寻找休憩之地，然而，周围的风景已不再能够像以前那样给他带来欢乐……对他来说，大自然是死寂的……他漫不经心地走着，穿过乡间，绕行河畔，跨过草地，步入那片树林，轮廓和色彩开始在眼前交杂、消溶，好像透过泪水看到的迷蒙一片……他的痛苦酵发并放大了他的自我；他须得与邪恶力量作斗争的观念正激发他的反抗意识趋于沸点；他渴望为着对抗自身的命运而战斗。没有再去考虑任何东西，他就从矮树丛中拽出一根长而尖的枝条。在他手中，那根枝条变成了长矛与棍棒。他挥舞着棍棒，披荆斩棘闯入树林的深处，就好像在同一个邪恶的巨人搏斗。他踩踏着毒菌，好像那里有许多侏儒的头骨。他大声地喊叫着，'嗨！嗨！嗨！'好像一个人偶然遇见了狐狸和狼，他的喊叫声在繁茂多松的树林间回荡。最后，他来到危险而几乎直上直下的断崖边，它就像一堵墙，封堵了他的去路。他用手中的棍棒敲打着，好像在努力将其击倒。然后，他冲上去，徒手扯断那些盘踞的灌木并将其抛入山下。岩石开始出现松动，旋即滚下深渊；他把那些带刺的小树踩在脚下，抽打着它们，直到它们躺在那儿就像似遭到践踏的牧草。在那种狂怒的状态下，他横冲直撞地攀升，直至达到山巅。它们就在那儿：岛屿，以及外边的大海，远到他的视野所及，都尽收眼底。他深深叹了一口气，好像只是到了此刻他才恢复了自己的呼吸。然而，在山巅之上矗立着一棵粗壮的松树，依然比他还高。他爬了上去，手中总是擒着那根棍棒，直到爬到宛若马鞍般伸展开来的树顶。他双腿叉开跨立于上……现在，除了天空，已没有任何东西比他再高了。然而，底下则是松林，树挨着树，就像似即将猛攻他的城堡的军队；大海从远处向着他席卷而来，浪连着浪，就像似披着白袍骑在马上的军官指挥下的骑兵部队；乃至更远一点的白色岛屿，石叠着石，就像似一支由战列舰组成的完整的舰队。——过来！他大喊道，随即挥舞起棍棒。数百个一起过来！数千个一起过来！他大喊道。

---

① 英译者在此处作了分段处理，德文版则没有分段。本译文据德文版恢复了原貌。——中译者注

接着，他踢打那高高的木马策其飞奔，同时挥动着木棒。九月的风从海面吹来，太阳已沉入地平线。下面的森林变成了低声喃喃的一大群人。他想要跟他们讲话！……黑夜降临；恐惧压倒了他。于是，跳马回家。——他疯了吗？没有！他是一位诗人，正徜徉在森林中创作诗歌，而不是趴在书桌上写作诗歌。与此同时，他又有点儿希望自己会成为疯子。他意识到了生命的无意义，这令他不希望再看到它。他宁愿活在自己的幻觉里，就像一个孩子想要相信自己正在恢复健康，因此他就这样地希望着！他可能会疯的想法使得他的良心之痛变得麻木起来，因为一个疯子是不能够承担责任的。他确信自己在山上遭遇的事件是一次精神错乱的发作，最后他就真的这么相信了；那种情况持续了好多年，直到他读到一种心理学的新方法，这种方法才证实他的心智乃是正常的。一个疯子永远不会如此合乎逻辑地看待森林和草地，也不会如此成功而彻底地将它们与内在的自我对应起来，因此，只有像斯特林堡这样的人，他的经历才能够为其成功地创作一首诗提供素材，假如再安排得好一点儿的话，那么写在纸上的诗看起来就会显得相当不错。无可否认，一个疯子本该看到隐藏在树后的敌人，而不是他感觉到的敌人；请注意，人要提防的是那些真正名副其实的敌人和凶手。他或许也会像现实中的人一样看到那些敌人，不过，丧失的记忆则不可能使其看到的东西与真实发生的东西相一致。他本该看到黑人和霍屯督人（Hottentots），换言之，他本该看到那些与现实没有任何逻辑关联的形象，而且这些形象本该具有现实中人的形状，而冷杉树却从未向他呈现出这般的外形。可以说，斯特林堡只是在作诗，仅此而已。"[1]

斯特林堡自己后来的想法确实是正确的。他并没有患精神疾病，而且他自己还提及了某些呈示出不同于真正的精神病的事情。然而，整个事件的真正特征是，他自己情愿表现出狂态，这种自我操控的狂态纯粹指向半是构想（half-conceived）的目标。有几次，他曾讲述他需要把自己看成一个有趣的人[2]，或者——所有这一切都或多或少具有相关性——他具有自我折磨的倾

---

[1] 《灵魂的发展》，第 97—101 页。——原尾注
[2] 同上书，第 105 页。——原尾注

向，从青少年早期开始，这种倾向就已经存在了：还是个孩子的时候，他就腼腆害羞、缄默少语——"当分发好东西的时候，他远远地躲在后面，而且，他对这种被忽视的处境十分沉迷。"① "他也被一阵阵突然袭来的自我折磨所困扰。譬如，他宁愿缺席一顿已经邀好的午餐，待在自己的房间里，忍着饥饿，一直到晚上。"②

据斯特林堡自己说，他因其特定的自我中心特征而做出紧张反应的最后一个例子发生在二十六岁时。他爱上了一位已婚的女人（他未来的妻子），当时，已有必要离开斯德哥尔摩（Stockholm，他俩已在那里同居），然而，一到船上，他就陷入不安之中。"完全无望的现实闯入了我的大脑……我的大脑在高压之下狂热地运转：每分钟就会塞入上千种想法；受到压抑的记忆一齐涌回我的脑际，相互间推来撞去。在这种混乱的状态下，痛苦在袭击着我，就像牙疼那样的感觉，然而我却不能够将其确定下来或者描述出来。轮船启航离岸越远，这紧张就越厉害……我觉得自己的双脚好像正在离开甲板，而且，孤独正以一种对所有的事物都感到莫名的恐惧袭裹着我。"——他询问自己："强迫你离开的东西是什么呢？假如你返回的话，谁会有权利批评你的行为？……没有人！可是呢！……羞愧，荒谬，我的荣誉！不，不，我必须放弃一切希望！另外，这艘船在到达勒阿弗尔（Le Havre）之前不会停泊靠岸。因此，要充满勇气往前走。"旅程计划的是十天。他像是服用了麻醉药，迷迷糊糊地睡着。"当我醒来时，我连一个梦也记不起来了，不过，我被一个固执的想法纠缠着，好像它在我的梦中就已经暗示给我了：让我再看一次男爵夫人吧，否则我就要发疯了。"他打了个寒战，从睡榻上跳起来。外面的风景于他是陌生的：散落的岛屿和石块堆积的海岸。接着，他知道的一个度假小镇映入了视野，一艘向导船在靠近，发动机停止运转。"我像只老虎一样跳过台阶，跑进桥楼，直面船长断然地要求：——马上让我下船，不然我就要发疯了……五分钟后，我上了那艘向导船……假如需要，我会显出又瞎又聋的样子，并很欣赏这种非凡的能力。我已踏上回旅馆的路，并不去注意那些可能

---

① 《一个女仆的儿子》，第13页。——原尾注
② 同上书，第306页。——原尾注

会伤害我自尊心的事物:我既没有去注意来自领航员们的扫视,他们可能已经觉察到我的秘密;我也没有去注意来自搬运我行李的那个人的小声的议论……我是否疯了?我恰好在当时当地感到了危险的迫近才不得不离开轮船的吗?……我对自己一生中遇到的相似事件进行了分析。"他在这里又一次描述了已经提及的某些事情。"我得出的结论是:我当时至少在遭受短暂的疯狂的痛苦。我该做些什么呢?"转告实情,还是撒谎?① "我想在森林中找到一个藏身之地,我可以在那里摆脱监视和死亡,就像一头感受死期步步逼近的野兽……我纵身冲入茂密的森林。风在树木间吼叫,树木越大,发出的吼叫声就越低沉。在绝望的极点,我被痛苦折磨着。于是,我大声呼叫,泪水同时从双眼涌了出来。我继续行进,就像一只发情的麋鹿,踩踏着毒菌和蘑菇,把小松树连根拔起来,踢打周遭的大树。我想要什么?我也不知道!我周身涌动着一种不可思议的欲望;一种渴望再次见到她的无限情欲战胜了我……现在,这一切都完结了,我只想去死,因为,没有她,我根本无法活着!不过,通过感染肺炎或类似的病,我想以疯子的狡猾死得体面一些:因此我宁愿卧病在床几个星期,能够再看她一次,与她道个别,吻吻她的手。"他走到岸边。"我十分当心地提醒自己不要把这个阴险的计划透露给任何人。我裸着身子;我把衣服藏在一丛赤杨木下,把手表放进中空的石头洞中。已是十月时节,风粗烈地刮着,水几近于冰点。"他一头栽进水里,游向远海的深处;开始感到疲累之际,他返身游回海岸。他蜷身蹲坐在一块直接暴露于风中的岩石上,又湿又冷。"最后,我确信自己做的已够了,于是匆忙穿好衣服。"——接着,他给那位男爵夫人发了一封电报,然后躺到床上等待疾病的到来。然而,他并没有得病。不过,男爵和男爵夫人还是来了。他已经取得了胜利。②

  从青少年早期开始,斯特林堡就已断断续续地显示出一种精神瞬间不正常的状态,即阶段性地出现大起大落的情况。二十三岁在乌普萨拉(Uppsala)时,他"讨厌这种省城生活,在那里,他一开始就感到不自在"。"他的

---

① 英译者在此处作了分段处理,德文版则没有分段。本译文据德文版恢复了原貌。——中译者注
② 《一个愚人的自白》(*Die Beichte eines Toren*),第91页之后。——原尾注

心灵极其敏感,时常处在一种解体的状态,就像烟一样飘浮不定。这个灰暗肮脏的城市使他备受折磨,周围的事物也使他备感苦恼。""他思忖着自身,就像所有惯于自我反省的人一样,他得出的结论是:他一定是精神失常了。有什么要做的事呢?如果那些事应该把他锁闭起来,他确实会变得精神错乱。他对此确信不疑,并且认为较好的做法也许就是抢先采取行动以避免精神错乱的发生。他记起曾经有人当面谈及乡下一个私人开设的精神病院,于是就给院长致函",那位院长终于缓解了他的病痛。① 此时此刻,我们已难以在内源性决定能力与应激性累积作用之间画出一条界限。

二十岁时,斯特林堡第一次对自己的创作能力有了切身的感受。作为演员登台演出的失败令他心生厌恶,他便思忖起如何能够帮助自己的问题来。"躺下来的时候,他感到周身异常兴奋;在这种狂热的状态期间,他的大脑忙乱地运转着,试图把过往的记忆梳理出个头绪,以便消除某些东西并添加其他某些东西。新的人物随之涌进脑际;当这些人物变得活跃起来时,他看到了他们的形象,听到了他们的谈话。他们好像正在舞台上演戏。几个小时后,他就在脑海里创作出了一部完整的两幕喜剧。换言之,如果说'努力'是用于描述这种状态的恰切术语的话,那么这种努力既是痛苦的,也是可以带来感官满足的;就这种努力而言,所有的一切都是蓦然间得到领悟的,对他来说既没有任何计划,也没有任何紧张。"②

斯特林堡的一个性格特征是格外明显的:非常敏感的自我意识,对任何压力的过度反应,与此同时,优柔寡断,变化无常。他一方面显得温和、顺从,易受各种处境的影响,另一方面却又显得盲信而倔强。他时常忧虑自己与他人——既包括优越于他的人,也包括不如他的人——的关系情况。他渴望引起人们的关注,却又总是因着怨憎而准备退回其自身。以斯特林堡的诚实品性,他对这些特征不可能不进行辨识与描述。

"他秉具这样一种意志,这意志致使他时断时续地投入工作,然而又让他陷入狂热之中。与此同时,他对自己的未来没有任何筹划:他是一位相信自

---

① 《一个女仆的儿子》,第450页之后。——原尾注
② 同上书,第366页。——原尾注

己坏命运的宿命论者，然而又怀着希望欲求一切事物。他在父母家里时冷若冰霜，然而又表现得温柔体贴乃至流露出一定程度的多愁善感之情；他能够脱下自己的外套送给一个穷人，也能够为一种不公正的状况流下眼泪。"① 他是这样看待自己的："性格中既有雄心勃勃的一面，又有优柔寡断的一面；需要某物之时不顾及他人，不需要某物之时则显得温和顺从；拥有强大的自信，却又伴有深深的不满足感；头脑时而清醒，时而又陷入非理性之中；态度时而坚冷如冰，时而又柔和似水。"② 他的自我诊断结果是"双重性格"。由于可理解的一切事物都具有双重性，所以这种特征也是每个人都具有的。但是，在下述情形下，这种双重特征就会变得愈加极端明显起来——当差异悬殊的因素碰到较低程度的调和能力时，某种无关紧要的欲求就会来塑造一个人自身的生命。这时，各种突如其来的念头就易于闯入脑际，与此同时，接连不断的差异性因素在他的脑海里与现实生活中都被毫无保留地容纳下来，然而没有迹象表明他对富有内在关联并合乎逻辑发展的断言具有强烈的意识。斯特林堡的情况就是这样的。他易于被瞬间涌现的那些念想感动得激情澎湃。对于这种激情，他只是通过拒绝来加以平抑。这就为他缘何会一个接着一个地从事许多种职业提供了解释。没有人能够让他感到满意。他做过学生、教师、记者、图书管理员、医师助理和演员。不管瞬间的满足如何，他那觅寻着的心灵却从未能够找到实现人生的答案。周围的人们之所以会批评他，就是因为他的变化无常。他自己也意识到了这一点，不过他同时意识到寻求成功、克服困难、树立雄心壮志的积极价值。他对各门科学的癖好是百科全书式的。任何事情都能引起他的热情，每件事情也都遭到了他的质疑。这样的生命并不喜欢固守一隅、忠贞不渝与连贯如一；由于斯特林堡的这些缺点，他甚至没有忍耐的秉性。行动一个接着一个；住所变动不居；想法来了又去。很少有"固定的观念"作为其思考与创造的对象贯穿于他的一生——只是到了晚年，下述问题才格外显而易见起来：当然有婚姻与性的问题，另外还有权力的问题、压迫与支配的问题、相互

---

① 《一个女仆的儿子》，第 137 页。——原尾注
② 《灵魂的发展》，第 31 页之后。——原尾注

折磨与阴谋诡计的问题。斯特林堡的个人经验是他思考这些问题的基础。他的性欲以及他对认可与地位的渴望，在形成其个性的过程中起了决定性的作用。此后，在他罹患精神疾病的时候，这些因素就作为嫉妒狂情结与受害狂情结的组成部分再次呈现出来。不过，目前要讨论所有这一切为时尚早。寻索持续变化期间的真实情况，他呈现出了两种典型的样态：渴望中毒带来的迷醉与一门心思想做演员产生的陶醉。前者导致了酒精中毒，不过他很快也就形成一种恐惧酒精的心理，可以说这对他产生了强烈的影响。最后，酒精在他的生命中已不再占有支配地位。他曾谈及自己想成为一名演员的欲望："那或许是一种文化上的渴望，一种自我扩张的渴望，渴望着使自身志得意满，并与其他更杰出的虚构人物保持一致。"写作最终取代了渴望演戏的位置。斯特林堡后来反复思考了他起初将演员与诗人这两种角色混为一谈的问题。

二 嫉妒狂躁症

斯特林堡一生结过三次婚：从 1877 年到 1892 年，他与第一任妻子生活在一起；从 1893 年到 1895 年，他与第二任妻子生活在一起；从 1901 年到 1904 年，他与第三任妻子生活在一起。每一次婚姻最后都以离婚而告终。关于他的第三次婚姻，公众几乎不了解其间发生的任何事情[①]*；至于他的第二次婚姻，看来是由斯特林堡的妻子斩断的，它所导致的一个可理解的后果就是斯特林堡精神错乱症的急性表现。然而，嫉妒并没有介入进来。对他的第一任妻子，斯特林堡则是自己主动起诉要求离婚的；只是从这一方面来看，他的嫉妒与第一任妻子的不贞才具有了意义。在《一个愚人的自白》（*Die Beichte eines Toren*，写于 1888 年）中，斯特林堡给我们讲述了第一次婚姻的开始及其进展的情况。这是一部典型的自传体作品，它在精神病理学上属于

[①] *在此期间，哈里特·鲍斯（Harriet Bosse）所著的《奥拉夫·莫兰德》（*Olaf Molander*）（莱比锡：海瑟尔出版社 1922 年版）已经出版。这部著作含有斯特林堡写给他第三任妻子的信，信中谈及他俩离婚之后仍保持着友好的关系。虽然这些信并没有关于二人结婚与离婚的具体信息，但是依然对我们的研究具有价值。——原脚注

众所周知的嫉妒妄想类型。①*

人们或许会这样来推断，如果斯特林堡具有嫉妒的倾向，而且如果这种嫉妒是反常的并且超出正常的界限而进入一种疯狂的状态，那么就可以认为他在自己的全部婚姻生活中都会充满着嫉妒。然而，鉴于他只是在第一次婚姻生活中才表现出了嫉妒，因此，我们有足够的理由从他妻子的行为中追索这种嫉妒的肇因。翻阅他的记述，他的妻子看起来可能具有同性恋倾向。② 我们在某处读到，他的妻子应该已经坦白了。③*④ 因此，人们可以断定他的妻子确实不忠贞，斯特林堡的反应乃是可以理解的，尽管他的反应越来越强烈，不过这正是斯特林堡的典型特征。

从另一方面看，斯特林堡确实没有摆脱典型的嫉妒狂躁所带来的困扰，尽管它不仅仅是发源于内心未知原因的精神错乱的病症，但是这种嫉妒狂躁还是作为一种症状间或露出苗头来。由于他的精神错乱是在某个特定的时间开始发作的，因此这种在类似的病例中表现出来的嫉妒综合征就使嫉妒自身在某个特定的时间变得清晰可见，在最后的分析中，他的嫉妒狂躁已不再受其妻子行为的支配。我们根据他们的想象与行为，了解到这些秉具嫉妒个性的人们已接近于明显的精神错乱状态，不过，他们事实上并没有遭受任何一种病症所带来的痛苦。这些并没有真正患病的人，总是由于各自的处境、特殊的经历以及整全的个性之类可理解的关系，他们在任何时间而且对任何一个属于自己的女人都可能表现出嫉妒来。总而言之，这些呈现出接近精神错乱征兆的人们的症状是完全不同的。他们以一种打破心理平衡的方式变得嫉妒起来；他们从没有改过自新；他们从没有忘记过去；可是，他们后来却不再以同样的方式做出反应。确实，正如斯特林堡的症状一样，他们可以再婚，

---

① * 斯特林堡在创作《一个愚人的自白》期间（这一时期，他的嫉妒情结已达至顶点），阿克瑟尔·伦德加德（Axel Ludegard）正在撰写《回忆斯特林堡》（*Memoirs of Strindberg*，大约1887—1888年）。见于《德国戏剧散叶》（*Blätter des deutschen Theaters*）1920年9月第1卷第7期（其中含有斯特林堡写于1887年11月12日的遗书与遗嘱）。——原脚注

② 《一个愚人的自白》，第275、355、362、383页等。——原尾注

③ *《一个愚人的自白》，第388页。关于他妻子的某些线索亦见于：奥拉·汉森（Ola Hansson），第1537、1539页；保罗（Paul），第170页之后。——原脚注

④ 英译者在此处作了分段处理，德文版则没有分段。本译文据德文版恢复了原貌。——中译者注

却没有表现出任何嫉妒的迹象。这正是我们的研究课题，目的在于描述这类精神病的独特症候。①*

斯特林堡在《一个愚人的自白》中谈及妻子的不忠贞，根据对这个断言的仔细观察，人们遇到了大量可疑的事实，这些事实反而是缺乏真实性的。②精神病的所有症状都是通过它们的具体化和起源的方式——而不是通过它们的内容——来显示自身的特性的。在《一个愚人的自白》中，玛丽（Maria）——他的妻子的化名——的行为是显而易见的，但是根据推测所了解的其他那些人的行为则是可疑的；一些描述已悄悄给出了间接的暗示。恰当的一些例子很容易就能找到，譬如：当玛丽探望她的前夫（她与斯特林堡结婚，他是她的第二任丈夫）归来，她整理自己的裙子，喋喋不休地唠叨，态度很不自然，还在背地里梳理自己的头发。③她显露出淫妇的一切特征；她的肉欲热情减弱了。④"陌生的反射"在她的面部表情上显现出来；她对自己的丈夫态度冷淡。⑤——在她的脸上，他探察出一种狂野淫荡的表情。⑥

在与斯特林堡外出旅行的时候，她对任何事情都不感兴趣，而且对所有的话都充耳不闻……她像是在渴望着什么事情，或许是一个情人？⑦——还有一次，与通常的行为恰恰相反，她彻底地投入了他的怀抱；她对自己可能怀孕的担心消失了；不久，她却流产了。斯特林堡就此断言，她欺骗了他，毫无疑问，她与他们在旅途中遇到的一位工程师偷过情。⑧——她到医生那里做过可疑的按摩治疗，当他询问此事时，她的脸色变得苍白起来。"她的嘴唇直打哆嗦，脸上带着无耻的笑。"⑨ 秋天期间，她把一个陌生男人称作"美男

---

① *精神病学的推论基于对类似的病例进行比较。这些病例（还有其他范型的病例）已见于我发表的论文《"嫉妒狂躁症"。对这个问题的一篇文稿："个性的发展"还是"累进的过程"？》（"'Jealousy Mania'. A contribution to the question：'Development of a Personality' or 'Process'?"），载于期刊《神经病学与精神病学》(Neurologie und Psychiatrie) 1910 年第 1 卷，第 567 页之后。——原脚注

② 英译者在此处作了分段处理，德文版则没有分段。本译文据德文版恢复了原貌。——中译者注

③ 《一个愚人的自白》，第 206 页。——原尾注

④ 同上书，第 209 页。——原尾注

⑤ 同上书，第 283 页。——原尾注

⑥ 同上书，第 284 页。——原尾注

⑦ 同上书，第 317 页。——原尾注

⑧ 同上书，第 286 页。——原尾注

⑨ 同上书，第 345 页。——原尾注

子";那个男人看来已经听到了这个说法,便与她取得联系,并通过欢愉的对话来吸引她。① ——在吃客饭期间,她与一位上尉互抛"媚眼"。② ——当斯特林堡质询此事时,她流露出一种"过于明显的恐惧"。③ "她私下偷偷地花钱。"④ ——想要调查此类说法的准确性大概不会有什么结果。真实的情况可能是,这个说法或者那个说法都有可能是正确的。然而,这里所提供的各种原因的总和却会让人心生疑窦。除了引起人的怀疑外,妻子无事可做;无论可能选择哪种举止,她都有可能表现出来;她善于让自己惹人注目。他发烧后康复调养,如果她漠不关心的话,他就会感到很纳闷;如果她充满深情的话,他就会从中看出欺骗性的谄媚来。用斯特林堡自己的话来说,即"这类事情没有一件是足以让此前的判断站得住脚的证据,不过,对我来说,这些就已足够了,因为我太了解她了。"⑤ ——由于所有这些断言都涉及一个女人,因此有人就可能会倾向于相信斯特林堡是正确的。暂且假定他是正确的,不过,与怀疑同时发生的精神错乱的根源其实也还基于另外一些原因(而且涉及其他人);接着往下看,这一点就变得更加明显了:斯特林堡怀疑玛丽的第一任丈夫继续与她保持联系,正如他想的那样,那家伙为了转移他的视线,企图"明显地欺骗"他;举例来说,他想知道妓院的地址,"无疑是因为他想欺骗我"⑥。——给他妻子按摩的那位医师总是让他自己惹人注目:两人进入按摩室,他们的脸上都露出轻浮之相。⑦ 在法国,一位熟人千方百计地挽留斯特林堡,也许是因为他知道了这位女人的不贞,因此想来帮助他。⑧ ——每个人的脸颊上都露出虚情假意的笑。⑨ ——其他一些迹象也给他以间接的暗示。一家旅馆里有一部画集,是著名的斯堪的纳维亚人(Scandinavians)的漫画

---

① 《一个愚人的自白》,第 365 页。——原尾注
② 同上书,第 363 页。——原尾注
③ 同上书,第 386 页。——原尾注
④ 同上书,第 312 页。——原尾注
⑤ 同上书,第 391 页。——原尾注
⑥ 同上书,第 209 页。——原尾注
⑦ 同上书,第 284 页。——原尾注
⑧ 同上书,第 319 页。——原尾注
⑨ 同上书,第 332 页。——原尾注

集。他的画像也在其中:"它饰有触角,这触角是偷偷地用我的一绺头发做成的。绘制这幅画的艺术家是我们最好的朋友之一。这让我断定,我妻子的不贞是臭名昭著的;每个人都知道这件事,除了我仍被蒙在鼓里。"① 看来,易卜生(Ibsen)在其戏剧《野鸭》(*The Wild Duck*)里是把他描绘成了摄影师艾克达尔(Ekdal)的形象。每件事情都要检查到最后的一个细节;没有检查到的地方,斯特林堡至少觉得自己尚行进在正确的路途中:第一个孩子不是他的。"摄影师"指的就是斯特林堡,因为他是一个自然主义者。②

鉴于所有这些怀疑的理由仍不够充分,斯特林堡遂展开了调查。他刺探有关他妻子的谣传,不过每个人都凭《圣经》发誓,说自己并没有听到任何传闻。③ 他给巴黎的朋友写信,恳求他们能告诉他所有的事情。④ 他已询问过几位朋友,"自然,没有任何收获"⑤。他来到哥本哈根(Copenhagen)查问有关他妻子的事情。"查问?简直像撞上了南墙!有个人听我说明来意,便微笑和蔼地盯着我,好像我就是一头稀有动物。我从那里没有得到一丁点儿的线索。"⑥ 事情已经过去,迄今为止,别人都已知道了,就他一人还蒙在鼓里。因此,他须得改变策略,去直接监视取证。他必须当场捉住妻子,以便能够让她知道自己的立场。碰巧,他偶然偷听到他的妻子与医生的一次谈话。他发现,他俩时而大笑,时而低语,言语间像似掩饰着什么。⑦ 有一次,他写道,他不能把自己贬低成一个密探,而且他并不需要任何证据。⑧ 不过,这种想法并没有持续多久。1886 年,他"在一生中第一次"从事了监视活动;有一次,他透过锁眼偷窥,察看妻子如何"用目光剥去女仆的衣服"⑨。他还拆看寄给妻子的信件。他发现了什么?她的一位女性朋友以轻蔑的语气写及他

---

① 《一个愚人的自白》,第 344 页。——原尾注
② 《一个愚人的自白》,第 346 页之后;亦见于保罗,第 40 页。——原尾注
③ 同上书,第 345 页。——原尾注
④ 同上书,第 355 页。——原尾注
⑤ 同上书,第 379 页。——原尾注
⑥ 同上书,第 386 页。——原尾注
⑦ 同上书,第 284 页。——原尾注
⑧ 同上书,第 293 页。——原尾注
⑨ 同上书,第 367 页。——原尾注

的精神失常。① 她编造了一封"名副其实的求爱信",向他的妻子表达了喜爱之意("我的小宝贝""我的小猫咪")。②

他的盘查范围以及大量没有正当理由的怀疑与缺乏事实根据的情形形成了鲜明的对照。他三番五次地把妻子称作放荡的女人,认为她伙同形形色色的男女背叛了自己。有时,他觉得她任意地追逐身边遇到的每一个人。值得注意的是,这种怀疑——它也流行于相似的精神错乱病例之中,不过,直到后期才在这样的病例中变得明显起来——是浑然不觉的,他甚至怀疑他的孩子并不是自己的。他觉得自己之所以更为大女儿所吸引,"或许是因为在小女儿出生时,他已经开始对妻子的忠贞心存怀疑"③。如前所述,易卜生的《野鸭》致使他怀疑第一个夭折的孩子并不是他自己的。④ 他觉得自己在相对早一些的时候就已有这类的想法:"我担心我的后代出问题;我在全世界面前公然怀疑使用我的名字的孩子是我自己的。"⑤

无论他的怀疑已达到多么深广的程度,在缺少可靠事实的情况下,所有的事情都依旧保持着晦昧不清的状态。从主观上讲,他是确信无疑的;毕竟,证据就摆在那儿了。然而,他却始终怀疑着。在这里,我们须得讨论多年来构塑其精神错乱的那种极其典型的晦昧不清状态。这种不确定的东西,比任何一种确定的东西更令人感到困惑,无论那种确定的东西有多么糟糕。于是,他想让任何事情都摆脱这种不确定的状态。他写到了这一点;他声称,早在1885 年他就对妻子说道:"你已经背叛了我……承认它吧,我会原谅你的。……向我谈谈这些阴暗可怕的想法,这些想法一直萦绕在我的脑际!……承认它吧……"⑥ 1886 年,他写道:"我在爱抚她之际,也在责怪着她,如果她终究不想坦白有关她的朋友的事情,我就一直质问她……什么?并没有什么要坦白的。如果她在那一刻恰好承认了所有的事,我宁愿原谅她;

---

① 《一个愚人的自白》,第 352 页。——原尾注
② 同上书,第 357 页。——原尾注
③ 同上书,第 341 页。——原尾注
④ 《一个愚人的自白》,第 347 页之后。——原尾注
⑤ 同上书,第 294、395 页。——原尾注
⑥ 同上书,第 350 页。——原尾注

我会为她的良心饱受折磨而深感同情,不管发生了何种事情,我都会深深地爱着她……"① 1888年,他写道:"然而,我心存疑窦。我怀疑一切——妻子的忠诚度,孩子出生的合法性;这些疑虑持续地折磨着我,毫不留情,——无论如何,到了该了结它的时候了,到了该停止思虑这类充斥大量无聊琐屑的问题的时候了!我必须有所确信,否则我将会死掉的!要么是曾经犯下了卑鄙的罪孽,要么就是我疯了!真相必须出现!想一想我是一个罹遭背叛的丈夫!如果我恰好了解了真相,那么这件事就无关紧要了!倘那样的话,我可能就是第一个对此事一笑置之的人……正是这个意思:一个人一定要有所确信!"——"然而,我能了解确切的真相才是最为根本的。为了实现这一目标,我将彻底、周全、科学地探究自己的人生。我将使用各种新兴的精神病学手段;我将回应他人的意见、心术和精神折磨。与此同时,我不会拒绝那些众所周知的老式手段,譬如抢取、偷取、截取信件,伪造署名——我将全都尝试一下。""这是偏执狂吗?这是精神病人的崩溃吗?这并不是由我来判定的。"②

  迄今所谈的一切都还仅仅涉及他对妻子不忠的怀疑和嫉妒。有人可能依然试图理解这类源自秉有过敏性神经气质的人的所有表现,这种人的过敏倾向已超出正常尺度。在亢奋的状态下,谬误和不正当的推论纷至沓来,甚至主观地确信某些失常的东西——事实上,所有这一切都还不能说是精神错乱。然而,到目前为止,上述所谈的这一切的总和,将会让了解相似病症的精神病学家做出这样的推断——看样子精神错乱是有可能的。斯特林堡甚至还想确定自己的推想是正确的。于是,他会通过研究与嫉妒综合征基本上没有合理关联的其他那些症状来使自己消除疑虑。而且,他还会致力于建立起一个显示症状依次出现的年表,以便使越来越加剧的病情以及暂时可识别的症状与患者此前生命性状的对照变得显而易见起来。

  着手于此类的问题,我们就有必要依时间顺序建立起一个嫉妒症的年表,可迄今关于这一问题的记述却依然没有注意到这个情况。例如,如果把《灵

---

① 《一个愚人的自白》,第368页。——原尾注
② 《一个愚人的自白》,第413页之后。——原尾注

魂的发展》(*Die Entwicklung einer Seele*，写于 1886 年) 与《一个愚人的自白》（写于 1888 年) 作比较，我们就会发现，他对妻子的看法与评价前后存在明显的不同。1886 年，他撰写的著作是反对妇女解放的。诚然，他反对所有的妇女，唯独没有反对自己的妻子。回顾他的一生，他曾声称"命运恰好让这种美好的婚姻来到他的身旁，从而让他得以免受强烈的失望之痛"①。1884 年，他写了一部关于妇女的书（《结婚集》），涉及了他所谈论的对象，正如他所写的："他自己正处在那种快乐的性爱状态之中，这种状态通过使人恢复活力的夫妻生活以及使整个家庭和谐美满的三个孩子的到来而让人变得高贵和美好，因此，直到那时他尚没有反思夫妻关系的想法；他的婚姻生活在现实中是非常愉快的，他认为并没有理由去思虑自己对夫妻关系的态度。"② 他让自己的妻子承诺，请她别读这部书。③ 由于亵渎性的言辞，这部书遭到了妇女的指控，最后他还是赢得了这场官司——在他看来，这是因为一个男人的帮助。"这件事导致某些人试图破坏他的家庭生活，不过所有这一切都已被他预料到并预先讨论过了，因此，他避开了那些人的攻击，他们的企图也便以失败而告终了。"④

可是到了 1888 年，他却通过另一种眼光重新打量截止于 1886 年的这段时期。可以说，这种深刻的变化肯定就发生在这两年期间。譬如，当描述曾遭受妻子的虐待时，他写到了 1881 年的情况："我会为这个不同寻常的女人唱赞美诗，创作不朽的传奇，当年她通过上帝的恩典闯入了诗人悲伤的生命……然而，这个该诅咒的人却被批评家们饰以不应得的光环，这些人从不厌于赞美一个悲观的小说家的守护神……而且，我越是在这个粗暴的女祭司手下受苦，我就越勉力给圣母玛利亚饰以金光灿灿的光环！现实越是把我往下拖拽，我就越为这个钟爱的女人的幻觉所围困！……这就是爱！"⑤

由此可见，斯特林堡在创作过程中，其 1886 年的作品与 1888 年的作品

---

① 《灵魂的发展》，第 333 页。——原尾注
② 同上书，225 页。——原尾注
③ 同上书，第 236、244 页。——原尾注
④ 同上书，第 238 页。——原尾注
⑤ 《一个愚人的自白》，第 279 页之后。——原尾注

之间存在巨大的反差。类似的情况让我们一再发现,精神病人在发疯的状态下对过去发生的种种事情会给出截然不同的解释,或者,他们甚至会为过去的"经历"注入此前从未有过的各种经验。

后一种情况在斯特林堡的病例中无法得到证实。尽管如此,前面提及的那些大量的怀疑情况,可以说就是他对过去的重新解释,这类解释与发生的时刻相比,其见解可能已有全然的不同。①* 或许他在过去也曾遭受嫉妒之苦,不过那仅是暂时的,他并未拿它当回事,而且这些暂时的影响尚不足以改变他的整体性格。这就是他后来(1886年之后)探寻记忆中的怀疑之因由的原委所在,于是他现在又记起了很多先前已经忘记的东西。② 我们可就此得出如下结论:斯特林堡失常的嫉妒状态虽然在1886年到1888年达到了成熟阶段,不过此前那些片刻的火花作为即将到来的预兆可能袭击他已有多年了。正如通常的病例总是首先伴有轻微难辨的预示疾病即将到来的迹象,我们也难以断定这些片刻的火花会正常到何种程度及其带来的合乎情理的反应的程度,或者断定它们已成为疾病的组成部分的程度。因此,当我们试图探究疾病的原初阶段时,我们须得寻找其他的症候。根据他自己的描述,他在1885年就看到过带着触角的肖像。因此,这或许就是他的嫉妒狂躁症最早表现出来的怀疑症候。

  若想指出疾病开始的确切日期,那是不可能的。对一个人来说,我们之所以在实际上无法得到其疾病开始的确切日期,乃是因为其嫉妒狂躁症的实质内容是缓慢形成的,而疾病自身则是跳跃式发展的。此外,我们不可能按照便于使用的顺序来排列手头可用的资料。据斯特林堡记述,他在法国农民中间度过了10个月之后,于1886年5月返回瑞士(《灵魂的发展》,第297页)。然而,马蒂尔德·普拉格(Mathilde Prager)

---

① * 有时候,他自己谈及此前发生的事,那时他并未心存疑窦,如见于《一个愚人的自白》,第332页。怀疑出现后,又一次消失,再度复发后,其表现已发生变化。见于《一个愚人的自白》,第312、338页。——原脚注

② 《一个愚人的自白》,第346、384页之后("塞德特利耶的妓女"["*Dirne von Södertelje*"])。——原尾注

则告诉我们，他在 1886 年 4 月造访过维也纳（Vienna），斯特林堡自己却把这次维也纳之行放在了 1887 年（《一个愚人的自白》，第 381 页）。马蒂尔德·普拉格声称，1886 年 12 月他曾在维也纳接待过"父亲"（Der Vater）①——这是他动不动就嫉妒的真正偶像。人们应考虑到，他在《一个愚人的自白》中给出的所有解释都已粉饰了自己的观点，而且受到了他在写作时的那种兴奋状态的影响。鉴于此，有人可能会怀疑后来经过粉饰与加工的所有事实。这部手稿倘若能被看成是纪实的底据，只在于它的写作时间（即 1888 年）和它所保存下来的那种独特的痛苦感与不安感，这类的感觉需要确实可靠，并且需要以一切可利用的手段来寻求它，然而最终却无法找到这种确定性。应该说，1888 年他已彻底精神错乱了，至于准确地确定它肇始于过去的哪一年则是不可能的。无论如何，在写作《灵魂的发展》（1886 年）的时候，他还没有精神错乱。至多，他当时只是出现了前面提及的那些轻微侵袭的迹象。②

三　可能发病的问题

经常可以看到的是，斯特林堡式的精神病人罹患了身体疾病并出现了剧烈的痉挛性麻痹状况，这些状况虽然并不总是出现，但是患者们还是将其断定为中毒的症状。在《一个愚人的自白》（1888 年）中，斯特林堡声称某些症状可回溯至 1882 年，这是最早有确定年份的一个提示，我们可以就此认为 1882 年正是精神分裂症过程刚刚开始的年份。

斯特林堡当时独自一人住在乡下，有一次他在那里生了病。他认为自己就要死了，便给妻子发电报唤她过来一趟。然而，当她赶来后，他已经康复了。③ 不久，他又病了："头痛，神经紧张，胃功能失调。"起初，他将其归咎于精神过度紧张，不过，他也将一连串的症状与怀疑联系起来。他声称自

---

① 这里的"父亲"是一种譬喻的用法，指的是"父亲式"的偶像。——中译者注
② 在德文版与英译版中，这段文字的字体与正文中的其他文字有所不同，这里用仿宋体以示区别。——中译者注
③ 《一个愚人的自白》，第 285 页之后。——原尾注

己只是在造访了一位老朋友的实验室之后，才患上了这种不可思议的怪病。他从实验室里偷偷拿走了一瓶氰化物，以备自己可能会决定自杀。他把这个瓶子锁在属于妻子的一个橱柜里。"我麻痹乏力，被病击倒，于是躺在沙发上，一边看着孩子们玩耍，一边想着过去那些美好的日子，同时做着自己去死的准备。但是，我并没有以书写的方式留下任何东西，因为我不想透露我的死因或者我那深重的怀疑。"① 过了一段时间，他恢复了健康，不过，轻微的身体不适在随后的那些年里仍一再重现。1883 年，他经常声称自己患了病，"神经衰弱和胃功能失调"，"越来越不舒服"，"神经紧张不安"，"虚弱乏力"，某种程度上他觉得自己的死期就要到了。② 1884 年，他谈及胃寒已恶化得非常厉害，自己只能靠喝汤来维持生命；晚上醒来，他会伴有剧烈的胃痛和难以忍受的烧心。③ 然后他又认为，他由于戒酒正失去所有的力量，而且担心自己会像一块破布一样无法再支撑下去。④ 1885 年，他再次觉得自己的工作生涯行将结束，觉得之前并不知晓的那种精疲力竭的状态即将把他击垮。⑤ 1887 年，他又一次病得非常厉害，这让他认为自己正濒于死亡的边缘。⑥ 这一年的年底，他再次遭受——从 1882 年第一次开始就不断遭受痛苦——甚至更加严重的疾病侵袭，他以一种典型的方式对此作了描述：⑦ "我坐在桌旁，手里正握着笔，这时，我突然崩溃了；一阵发烧袭来，猛地击倒了我。十五年来，我还没有病得如此厉害过，这次意外的发作让我感到很害怕。……我烧得直发抖，就像有东西在摇晃着羽毛被褥；它掐住我的喉咙，令我感到窒息；它将膝盖顶在我的胸口上；它令我头脑发热，直到我的眼珠子即将胀出眼窝。就这样，我在顶楼的卧室里，独自与死亡相伴……然而，我不想去死！我越发顽强地反抗着、斗争着。我的神经变得紊乱起来，血液在脉管里悸动着。我的头脑烦躁不安，就像一条在醋缸里挣扎的章鱼。我突然意识到，我

---

① 《一个愚人的自白》，第 291 页之后。——原尾注
② 《灵魂的发展》，第 202、207、213 页。——原尾注
③ 《一个愚人的自白》，第 330 页。——原尾注
④ 《灵魂的发展》，第 237 页。——原尾注
⑤ 同上书，第 247 页。——原尾注
⑥ 《一个愚人的自白》，第 387 页。——原尾注
⑦ 英译者在此处作了分段处理，德文版则没有分段。本译文据德文版恢复了原貌。——中译者注

第一章 斯特林堡

终将是一位与死亡伴舞的失败者;我于是松弛下来,向后倒下,屈服于那个怪物的怀抱。顷刻之间,我蓦然感到一片无以言表的宁寂,一种昏昏欲睡的倦怠感攫住了我的四肢,我的身心彻底归于平静……我是多么强烈地希望这就是死亡啊!活下去的欲望渐渐地离我而去。我停止分析,不再感觉或思考。我变得神志不清起来。"[①] 一觉醒来,妻子正坐在床边,他同她兴奋地探讨有关二人关系的根本问题。翌夜,他睡得很香。第三天,他感觉非常好:"我休息得很好,我那负担过度的大脑感觉非常清晰,好像我在先前的整整十年里就没有睡过这么好的觉。我的思想先前总是在混乱中驰奔,现在,则以一种合乎秩序的方式措置了其自身,就像一支强大的军队按照战略部署有序地排列开来。"[②]

这样的描述使那种假定精神分裂过程伴随第一次轻微的发作开始于1882年的说法似乎是最合理的,也使过去发生的那些个别事件以及他所产生的带角的肖像(1885年)这种错觉变得易于理解起来。不过,直到1886年或1887年,才出现了第一次真正严重的发作。在这一年,不仅出现了那些剧烈的生理上的侵袭,同时出现了那种无常的嫉妒所带来的痛苦,这一切控制了他的全部个性。另外,这时出现了不同类型的症状。我们现在就来谈谈这些症状。

如果按照适当的顺序来阅读《灵魂的发展》(写于1886年)和《一个愚人的自白》(写于1888年),人们便可从1886—1887年的危机中得到一种可靠的描述。人们会感到一种不同的氛围,这种焦躁不安的氛围不仅越来越明显,而且属于不同的类型——固着于一种特定的观点,最后灾难性地"意识到"他的妻子的不忠(可是后来立即就把它忘光了)。这种不合常理的表现不仅在精神病患者中是被夸大的并是可理解的,而且一个真正"发疯"的人也带有这种轻微的表现,只是难以在其早期阶段捕捉得到。人们看到,《一个愚人的自白》的后半部分尤其给这种新的氛围提供了证据,同时最后关于1886年以来的这段时期的描述也提供了确定性的症候。

[①] 《一个愚人的自白》,第390页之后。——原尾注
[②] 同上书,第404页。——原尾注

要在疾病与正常状态之间做出区分是困难的，从疾病开始出现到不断发展，这个过程会经历漫长的岁月。很自然，在这段时期内，通常可理解的嫉妒与精神分裂症的疯狂之间，或者可料到的不信任与那种精神分裂的受害妄想之间将变得混淆不清、难以区分。外行并未意识到，那些与己有关的人病了，或者甚至更晚，病情实际上已变得明显了，很多人仍认为他们是正常的。那些与患者关系最为密切的人可能会对患者的疯狂心存疑窦，但他们并不能把捉真相，相比之下，那些非常"明显"正常的人的熟人和朋友则不赞成他们的观点。假如患者愿意毫无保留地回答提问，精神病专家就能通过仔细检查准确地诊断这类疾病。然而，即便如此，疾病刚开始之时患者的回答可能仍是在催问之下才做出的。除此之外，他也很少能有办法来判断这种症状，因为简单的原因就是，在疾病刚刚开始之时，他并不会去找医生看病。因此，长年以来，一个人在整体上可能是相当正常的。只是偶然间闪电般出现的那种症候会显露出一点端倪，这点端倪在此后的岁月里将用它的魔爪把他彻底攫住。即便到了那时，这类疾病的内容与关联依然是完全能够理解的，因此，这类疾病并不能通过解释其内容和行为来予以充分的证实，也无法通过识别最后阶段彻底合并的综合症状来予以证实。从心理学上看，这些症状彼此之间是完全孤立的，但作为一个整体却揭示了疾病的性质。斯特林堡的病例清晰地显示了这类精神病的症状能够孤立地保持多么久的时间。先前的过程能让我们最容易地识别出疾病来。不过，我们首先有必要把长年以来相对少见的征兆仔细搜寻一遍，这些征兆可能会为我们提供证据；即使分开来看它们并不能证明什么问题，但整体来看仍还是有效的。由于这些症状完全嵌入其他那些无害的且在心理学上正常、可理解的症候之中，因此，当一位外行直接面对某个个别的现象时，他首先就会惊讶地询问它是如何能够与精神疾病关联起来的。我之所以有意地谈及这些长期以来瞬息出现的现象，就是为了依其所是的样子揭开真相。为了诊断疾病，仅仅列出最近发生的那些颇为显著的症候是比较容易的，与此同时，对过去那些开始进入不确定状态的症候进行归类也是比较容易的，不过，至少对我来说，这种做法并不怎么令我感兴趣。一个人今天不正常、明天精神错乱，对此并无法单靠这种或那种症候就能予以说明，而只能靠长期的转变才能显示自身。斯特林堡的病例就是这样的：只有阐明疾病发展的各个阶段，我们才能获得一个真实的病志图景。

四 迫害与出逃

有个顾虑一再攫住斯特林堡，即妻子想要除掉他，因此盼着他死掉。1882年，他就怀疑她在毒害他，不过，直到1888年他才直接谈及自己的疑虑，这在当时可能还只是临时性的。确实如此，他后来回顾说，妻子打算让他死掉这件事最迟可追溯到1880年："她的全部性行为已决定了我肉体与精神的毁灭，我的复仇女神会带着吃力不讨好且令人难堪的使命把我折磨致死。"① 从1884年，我们读道："她取得了胜利。我就要成为一个弱智者，而且，我首次感到受害狂躁症的征兆。狂躁症？为什么要称作狂躁症？我正受到迫害！因此，我那种感觉方式绝对是合乎常理的。"②

这种烦躁不安的紧张感不时地攫住斯特林堡，周遭环境的压力变得痛苦难耐起来，以至于他以逃离的方式寻求解救；为了解救自己，他凭着本能外出旅游，事先却没有任何预想的计划。早在1882年，他就打算"从一个泼妇（他妻子的一位朋友）和那些受骗的朋友们所把守的堡垒中逃离出来"。他建议妻子一起出国旅行，这次旅行实际上发生在1888年，这致使他们在瑞典之外的国家度过了四年的时间。③ 1885年，他在《婚姻的故事》（*Ehegeschichten*）中攻击女性，瑞士的报纸对他展开了极其猛烈的抨击④，他在瑞士的逗留已变得无法忍受了。那么，他是如何看待这种处境的呢？"他们禁止出售我的书，从一个城市到一个城市追捕我，我逃到法国躲避。之前巴黎的那些朋友们抛弃了我。他们伙同我的妻子一起来反对我。我像一头被逼到绝路的野兽，不断更换着活动的场地，最后，我几乎身无分文地来到靠近巴黎的一个艺术

---

① 《一个愚人的自白》，第272页。——原尾注
② 同上书，第331页。——原尾注
③ 同上书，第295页。——原尾注
④ 据拉格尔克朗斯的《斯特林堡传》记述，斯特林堡因其1884年的《结婚集》（*Heiraten*）而遭到瑞典当局的查封以及报纸的攻击。参见拉格尔克朗斯《斯特林堡传》，高子英译，外国文学出版社1983年版，第167—181页。——中译者注

家聚居区，找到了一个中立的避难之所。"① 不过，所有这些事件都还只是征兆。直到 1887 年，这种仓促逃离的冲动才成为其疾病的无可置疑的症状。"为了逃避像是罩在戴绿帽子的男人身上的阴影所带来的嘲弄，我逃往维也纳。"② 然而，对自己曾经喜爱的女人的回忆，依然萦绕在他的心头。他的爱情之火重燃起来。于是，他怀着对她的渴望再次返回。"我们在一个迷人的春季度过了整整一个月的美好时光。"③ 不久之后，他来到哥本哈根，为的是收集关于她的消息——却没有成功。④ 他又一次返回：两个月后，"我在酷夏第四次逃离，这次去的是瑞士。但是，捆绑我的锁链并不是用铁做成的：我无法砸断它！它是用橡胶做成的绳索，不断地延伸开去……我又一次返回原地"⑤。很快，他再一次偷偷离开。他简直不能离开以神奇的力量吸引他的女人。当汽船出发时，他独自抽泣，几欲窒息。⑥ "一种异常的剧痛攫住我，刺透了我的心。我觉得就像一只正被蒸汽机蒸得散架的蚕蛹，……我就像一个胚胎，脐带已被过早地切断；……我在康斯坦茨（Constance）上了火车……如今，火车发动机把我的肠子、脑回、神经、血管、内脏都给搅乱了，当我到达巴塞尔时，我只剩下了一副骨架。在巴塞尔，燃烧着的欲望突然征服了我，我想再看一看我俩一起在瑞士造访过的所有地方……我在日内瓦度过了一周，在乌希（Ouchy）待了一天，我被自己的记忆驱使着，焦躁不安地从一个宾馆搬到另一个宾馆，无休无止地搜寻着，就像一个遭到诅咒的灵魂，又像一个永世流浪的犹太人。"⑦ 经过几番苦恼之后，他终于再次返回原地。⑧

五 1888 年之后的岁月

嫉妒狂躁症的发展是疾病的最后阶段，或者通常的状态几十年保持不变，

---

① 《一个愚人的自白》，第 343 页。——原尾注
② 同上书，第 381 页。——原尾注
③ 同上书，第 382 页。——原尾注
④ 同上书，第 386 页。——原尾注
⑤ 同上书，第 387 页。——原尾注
⑥ 英译者在此处作了分段处理，德文版则没有分段。本译文据德文版恢复了原貌。——中译者注
⑦ 同上书。——中译者注
⑧ 《一个愚人的自白》，第 389 页之后。——原尾注

上述情形是很少出现的。狂躁症无法根除。较少的精神分裂症范例会有偶尔发作的情况，不过并不会出现新的暴发或者持续的缓慢增长。①* 毋宁说，在多数病例中，过程是持续进展的；斯特林堡的症状就是如此。1887 年之后，他的疾病已呈现出一种突发式增长的态势。在接下来的年份里，这种疾病在缓慢地发展着，时而停歇，时而发作，直到 1896 年，我们再次看到疾病的急剧恶化，这次急剧的恶化超出了此前所发生的一切情况。

虽然早在 1887 年斯特林堡就产生了某种严肃的离婚想法②，并且已经完成《一个愚人的自白》的手稿，不过，他当时依然是与妻子生活在一起的。

1888 年，乔治·勃兰兑斯（Georg Brandes）曾在哥本哈根见到过斯特林堡。③ 有一次，斯特林堡对勃兰兑斯说："我想，你是知道我那令人伤心而荒谬可笑的婚姻早已解体了？"此后不久，勃兰兑斯惊讶于孑然一身的斯特林堡竟然渴望租住一套六居室的寓所。斯特林堡以其有一位妻子、三个孩子为由作了反驳。当勃兰兑斯对此表示诧异时，他答复道："我虽然已经结束了与我夫人之间的夫妻关系，不过我还要与她保持情人关系。"根据各个国家的法律，斯特林堡的情人很快又可成为他的妻子，因此，勃兰兑斯对此感到诧异之际，这件事好像并未给斯特林堡留下深刻的印象。1889 年，斯特林堡的妻子参加了他的独幕剧《贱民》（Paria）与《朱丽小姐》（Fraulein Julie）的演出。斯特林堡津津有味地分享着她的成功。他在发给奥拉·汉森（Ola Hansson）的电报中称："谢幕达八次，观众呼喊着斯特林堡夫人的名字，呼喊着剧作者的名字。斯特林堡夫人讲了话，赢得了雷鸣般的掌声。"据奥拉·汉森的说法，当时斯特林堡对她是怀有一份感激之情的。两周后，他诚然再次谈及离婚，不过他又一次食言了。④ 直到 1892 年，他俩才彻底离婚。⑤* 人们对

---

① * 在我此前提及的探讨嫉妒狂躁症的著述中，克鲁格（Klug）就属于这样的病例。——原脚注
② 《一个愚人的自白》，第 389 页。——原尾注
③ 勃兰兑斯（Brandes），《德国—罗马月刊》（German. - roman. Monatsschr）（第 6 卷），1914 年，第 326 页之后。——原尾注
④ 奥拉·汉森，第 1545 页之后。——原尾注
⑤ * 日期不详。参见保罗，第 34、59 页；汉森，第 1728 页。——原脚注

其间的细节一无所知，对这些年的情形也没有更多的记述。① 1892 年 10 月，奥拉·汉森在第一期的《未来》（Zukunft）中曾替斯特林堡说过情，称斯特林堡当时发现自己在经济上正处于极端拮据的境地，于是他就写了一些其他的事情："斯特林堡仅仅为了孩子的缘故才坚持活下来。他并未听见这些孩子们说过什么，也并未见过他们。根据瑞典法律，由于他须得与孩子们的母亲相隔离，只要他们尚未长大成人，他就要与孩子们分开住。"②

这表明，斯特林堡在这些年里的处境发生了变化，他时常表现得焦躁不安。1890 年 1 月，他写道："这样的局面，周遭的环境；日常的食物，已经把我置于多少有点呆滞无趣的平和境地，不过，重复先前的舞台，吸入难闻的空气，与心胸狭窄的人交往——所有这一切都是压抑沉闷且令人挣扎的……我觉得时代处境和生活在这个时代的人们都不正常。"三周后，他写道："生命的每个方面都是痛苦的！我在逐渐地死去，最重要的是，我想睡去！"③ 1890 年 9 月："我厌倦死亡，感到自己精疲力竭；我最近感到残余的幻觉已经消失了，四十岁的男人，已经到了不惑之年，这时，一切都像玻璃做的那样变得明晰起来。""当我从早到晚都在旅行之时，我写不了任何东西。我到达旅馆，汗涔涔，累乎乎，脏兮兮，到了第二天早晨，又开始重复这一切。"他做了一次"闪电般的旅行，穿越瑞典全部著名的乡村"④。1891 年 5 月："自从我离开你，日子变得好苍白，好可怕！昨晚到达伦马尔岛（Runmarö）时，我好孤独啊！当时，我再次看到了小红屋，绿草坪，最近一个夏天，我还与孩子们在那里玩耍过！！！你不知道！——我住在一间屋子里，这间屋子是我青年时代的一位朋友两年前曾住过的地方。他跳进水塘，结束了自己的生命，因为他的妻子带着他们的孩子抛弃了他。我睡在同一个房间里，他曾在那里度过最后一个夜晚，一联想到那个水塘，我好害怕啊！我的梦很现实：一群

---

① 在《一个愚人的自白》之后，斯特林堡直到 1892 年底才又继续自传写作。他写于 1902 年的《分裂》（Entzweit），谈及自己的第二次婚姻。其间的中断之处填充的是发表过的书信和奥拉·汉森、勃兰兑斯的记述以及 A. 保罗始于 1892 年 11 月的记述。——原脚注

② 保罗，第 34 页。——原尾注
③ 同上书，第 1550 页。——原尾注
④ 同上书，第 1727 页。——原尾注

陌生人闯进房间，在肉体上羞辱我，于是，我打开灯，把装满弹药的来福枪放到床边，就这样等待着黎明。一小时后，黎明到来了。我从未做过如此栩栩如生的梦……"①

汉森注意到，斯特林堡的信件绝未受到他自己的——汉森的——那些回信的影响。他的字迹有修饰、润色与有意加工的痕迹。"它看上去字迹清楚，容易辨认，而不是相反。像一个人透过放大镜所看到的那样，它时而伸展变大，时而收缩变小。有些信件给人的印象……是用颤抖的手写成的。斯特林堡有时写信粗心大意，就好像诸种想法突然闯进他的脑海一样；虽然这种情况并不常见。更为常见的情况是，所写的内容预先都经过了考虑，以便能适合于纸张的尺寸，并没有进行修改，就像一个抄件那样整洁干净，所有这一切都让人莫名其妙地想起他那深深的痛苦以及各种深刻的印象。有时，他的那些优雅的短笺是以一种具有女性气质的秀娟字体写成的。"②

六 受害狂躁症的发展

19世纪80年代中期，斯特林堡曾以为妇女们正在将他视为反女性主义者而密谋反对他。至少，他将这一点解释成妇女们基于所谓的诽谤宗教而诉讼他的根源。尽管他的想法显得怪怪的，但是这还不是真正的受害综合征。那时，他确信自己的妻子也卷入了这件事，认为她想弄死他。值得注意的是，这些想法曾深深地触动了他，不过旋即就忘掉了，并未形成任何一种结论。这就是该种疾病初始阶段的特征。此外，他至少怀疑自己就要受到恐吓并迫使他屈服，这种态度深深地根植于他的本性之中，只是到了后来才作为其疾病的一种症候显示出来。1888年，他在哥本哈根造访勃兰兑斯时，曾告知自己刚从罗斯基勒市（Roskilde）的比斯特鲁甫（Bistrup）精神病院出来，在那里，他已征询过主任医师，要求对方证实自己并没有罹患精神病。"原委在于，我担心自己的亲属正在筹划某些恶毒之事来反对我。"这位医生要求他住院观察几周，就这点来看，说他已然患病的证据并未当即提供出来，于是斯

---

① 汉森，第1733页。——原尾注
② 同上书，第1738页。——原尾注

特林堡决定忘掉这件事。① 当时，他已得到尼采（Niezsche）写的那些明显带有精神错乱气息的信件，他对这些信件的第一反应是，要去洞察自己所不相信的一切事物的奇异本质。1889年1月，他致信勃兰兑斯："现在，我相信我们的朋友尼采是一个疯子，而且更为严重的是，他已然能够让我们所有的人都感到难堪，除非那是狡黠的斯拉夫人（Slav）想要愚弄大家而拿我们来开玩笑。"② 可能在1888年以后，他感到自己正遭受虐待，这种想法的迹象已间或显现出来。事后，他在《地狱》（Inferno）中描述了发生于1891年或1892年以来的此类事件：一位生活在斯德哥尔摩群岛的一个岛屿上的朋友，认为他的自我受到了斯特林堡一部小说的伤害。这位朋友邀请斯特林堡前去造访，实际上是想设个圈套捉住他，以便能够把他押送精神病院。不过，斯特林堡明朗的应诺让他赢得了这位凶手的善意，此人很快就须得为胆敢做此类危险的事而付出严重失败的代价。③ 这就是斯特林堡如何从其彻底疯狂的视角来看待这件事的方式。然而，这个故事中势必会有一些真实的因素，保罗和汉森就此记述了一次新的阵发性受害狂躁症发作的情况。④* 11月份，斯特林堡抵达柏林。劳拉·马哈尔姆（Laura Marholm）与她的丈夫奥拉·汉森通过他们发表在《未来》上的文章来为斯特林堡筹措一笔款项，当时他们正为他牵线搭桥。他此次来德国的目的是寻求自己戏剧事业的成功，没过多久，劳拉·马哈尔姆就成为操纵其命运的幽灵。然而，正如保罗所说的⑤，她以这样一种方式来摆布他，致使他变得非常害怕见到她！他宁愿与汉森待在一起。仅仅几个星期，劳拉·马哈尔姆——"玛拉"（the Mara）⑥，这是他对她的称呼——在他的眼里就变成了所能想象得到的穷凶极恶的罪犯。她想"毁灭"

---

① 勃兰兑斯，《德国-罗马月刊》（第6卷），第326页。——原尾注
② 致勃兰兑斯的信，第1494页。——原尾注
③ 《地狱》（Inferno），第85页之后。——原尾注
④ *诚然，这两份记述颇为不同，不过，既有的妄想症这一事实是清晰可辨的。与汉森一家住在一起究竟是由斯特林堡主动提出的，还是如保罗所说的那样由劳拉·马哈尔姆（Laura Marholm）主动提出的，这对我们的研究目的来说关系并不大。——原脚注
⑤ 保罗，第28页。——原尾注
⑥ Mara 既可指女子之名"玛拉"，又可指梵语中的"魔罗"（Māra），简称"魔"。"the Mara"在这里乃是一语双关，结合上下文语境，当特指后一种意味，可理解为"魔障"——中译者注

他和所有的男性。为了证明雄性个体的低劣,她想用他来作试验品。她想把他押送精神病院。由于嫌麻烦,他连自己的随身物品也没有带,就匆匆忙忙地从她那里逃了出来,住到了柏林的另外一个地方。汉森自己记述了斯特林堡的下述行为是多么难以理解:①随着时间的推移,斯特林堡越来越自我幽闭,这也致使他人逐渐疏远汉森一家。令汉森夫妇吃惊的是,有一天晚上,已经很晚了,斯特林堡却出现在他们家,手里拿着个吉他,嘴角露出胜利的微笑,眼里闪着热情的光芒。他在地板上踱来踱去,间或弹奏一两个和弦,吟唱了几节诗文,同时跳了几个舞步。他送给他们两幅画,都是他绘制的。第二天早晨,他就走了。又过了一些时候,从柏林来的一位搬运工拿着写好的单子,把属于他的东西打好包装,然后就都搬走了。保罗对此作了更加详尽的记述:②③"从一开始,奥拉夫人就给他一种可怕的感觉……他拼命地摆脱了婚姻生活的束缚,难道还会让另一个女人来控制自己吗?绝不!……他说:'她是危险的。她窃取其他男人的思想精华,将其当作自己婚姻生活的果实呈现出来!她自身乃是贫瘠的,却拥有黑色人种身上的那种极端仿造的能力……为了证实自己是一位堂而皇之的例外,她宣称其他的女性作家都是低劣的!……于是,她甚至通过生育孩子……一个真正适合潮流而生的孩子……来驳斥这样一个公理——从事写作的女人的不育乃是她们艺术才能的驱动力……在此期间,我一直在宣扬女人的低劣性。因此,她现在想通过我来奴役智人(Homo sapiens)中的男性代表,并想表明我们是低劣的!于是,便有了那篇发表在《未来》上的乞讨性的文章!……只有通过她,我才有权进入这个世界!唯有感谢她,我才能享受成功的喜悦!她甚至想让我与别的女人产生瓜葛,以便看我遭受奴役的窘态!她想压制我,为的是证明我所主张的全部有关女性的哲学都是一位偏执狂的发泄!她想阻止其他一切人来了解与判断他们自己的事情,并且逐渐地暗示他们我是一个疯子,至少需要把我送到一家精神

---

① 汉森,第1736页。——原尾注
② 保罗,第44页之后。——原尾注
③ 英译者在此处作了分段处理,德文版则没有分段。本译文据德文版恢复了原貌。——中译者注

病院去。'"① "蓝胡子②夫人"（Mrs. Bluebeard）把他当成"囚犯"给看管起来了——这是斯特林堡告诉汉森一家所有的熟人的话。"他让自己的怨恨在适当的场合发挥作用。有些人继续对他们保持着忠诚，多数人则与他们断绝了关系。"汉森一家并不愿意诉诸抵抗，他们放弃了自己刚刚在柏林确立起来的地位，第二年就离开了这个伤心之地。由于保罗错误地相信了斯特林堡所讲的那些"恶意"的话，汉森与保罗的关系也遭到了破坏。——非常突然，斯特林堡有一天来找保罗说："我目前已与'玛拉'断绝了关系。"他当时已逃离"弗里德里希斯地狱"（Friedrichshölle），把自己所有的东西都抛在了身后，完全相信自己在那里遇到了最为严重的危险。"这个女人是一名罪犯！现在，我确信了这一点！昨天，她泄露了秘密，让人留意我的手里有尼采的信（他错误地认为劳拉·马哈尔姆已经偷了这些信）！确实到了必须离开那儿的时候了，否则的话，只有上帝才知道我还要在那个收容所里受多久的创伤！"

斯特林堡越来越相信自己受到迫害并招致了敌意。他对精神病院害怕得要命。③他愿意将那些尚未被发现的猜疑表达出来。当"敌人"尚保持沉默而不是采取相反的措施时，他感到很失望；而且，他愿意累积起一种难以遏制的憎恨，在这种憎恨的笼罩下，每个受害者都须得为他剩下来的那些日子而承受痛苦。④在柏林的日子里，他那年轻气盛的傲慢"已带有一种特殊的气息！他对别人的猜疑，他累加在别人身上的不公，他那侮辱别人的意识，他对别人报复的担心——所有这一切，都变成了这幅画面的一部分！他的奇思怪想总是把自己陷于失败之地。为了朋友，他能够把自己最后的一分硬币赠送出去，但仅仅因为一个梦，他就会掉过头来对朋友做出最坏的打算，随之而来的结果就是对朋友进行恶意的攻击"⑤！"没有友谊，无论如何亲密，也无法避免他在其中发现某种值得猜疑的诱因，这种猜疑极其难料，它会以最

---

① 英译者在此处作了分段处理，德文版则没有分段。本译文据德文版恢复了原貌。——中译者注
② 蓝胡子（Bluebeard）：法国民间故事人物，杀死6个妻子，意指连续杀妻者或虐待妻子的丈夫。——中译者注
③ 保罗，第46、99、185、196页。——原尾注
④ 保罗，第48页。——原尾注
⑤ 保罗，第59页。——原尾注

为恶毒且毫无理由的诽谤形式突然地爆发出来。"①

"阿斯帕西娅"（Aspasia）②、普日贝谢夫斯基（Przybysczewski）与里德弗斯（Lidforss）③，这三个人最近成为他长期萦怀于心的受害妄想的诱因。斯特林堡是那两个男人的朋友；在他再一次订婚之前，那个女人已成为他的情妇。他料想这三个人都在憎恨与报复自己，尤其是在他订婚以后。他通过巧施阴谋、散布流言蜚语的伎俩提出了抗议。在《地狱》中，他在波波夫斯基（Popoffsky）这个名字下所提及的那位波兰人，就在迫害他的人们中间起了主导的作用。

算得上熟悉斯特林堡的人们中，没有谁能够弄清楚他的行为。这些人在其判断或解释中无论如何也达不成一致。有的人怀疑他的恶行出于蓄意算计、巧设骗局、精心筹划与耍阴谋诡计；另有一些人将这些怪异的行为断定为根深蒂固的猜疑所导致的结果；还有一些人则将其看作无关紧要的、没有特色的东西而完全忽略不计。显而易见的是，自 19 世纪 80 年代中期以来，就有一部分人怀疑斯特林堡可能疯了，认为有的事情并不应该是那个样子。不过，他们甚至无法得出某个明确的结论，这是因为，斯特林堡所说的或所做的每一件事毕竟看上去似乎都是合理的；显而易见，他有着作为一名作家的声誉；外行并不熟悉精神病学，而与精神病发作密切相关的症状则是无序、紊乱、不可理喻的，这些症状必须完全掌控了一个人的心灵。一个总是显得镇定、主动、优越的人，只需"具备充分掌控自己心智的能力"。对斯特林堡来说，那种可能认为他会精神失常的看法是无法容忍的。无论何时何地流行这种看法，他都能立即觉察得到，而且在尚不明显之际他就猜想到这一点了。斯特林堡责怪第一任妻子对待他的态度就像对待疯子一样，并且指责她散布了他的发疯之类的谣言。在此可以发现一个足可理解的原因，他真的害怕被关进

---

① 同上书，第 99 页。——原尾注
② 阿斯帕西娅（Aspasia）：古希腊的高级妓女，是著名政治家伯里克利的情妇，以其智慧、机智、美丽而著称。她的智慧为苏格拉底所赏识，但长期受到公众攻击，常常成为希腊喜剧讽刺的对象。这是斯特林堡给一位可憎的女性朋友起的绰号。——中译者注
③ 保罗，第 99 页之后，第 120、136、164、191 页。亦见于致勃兰兑斯的信，第 1507 页之后。——原尾注

疯人院里。然而，这不是持续的忧虑，而且很快就变成了一种妄想症，总是觉得有人在试图诱捕他，接着就把他监禁起来。

正如在相似的病例中所看到的，斯特林堡的行为中同样存在一种不可分割的混合体，这种混合体从一个方面看具有充分的根据与可理解的联系，但从另一方面看却又含有无法理解的疾病因素，此类的疾病因素只有在其因果关系中才能得到断定，这就策励着患者以一种与众不同的品性（这是一种迥然不同的品性）对此做出超出常人最为简单的反应能力的精神反应。面对各种各样的相似病例，人们要么忽视了这一方面的情况，要么忽视了那一方面的情况，总是再三做出这样或那样的误判与误诊，这就将患者置于令人困惑难解的境况之中。患者却未被识别出患了病，结果就造成了各种极其荒唐的情况。他的第二任妻子的反应正表明了斯特林堡这种病例的颇具特色之处，她在1893年写道："对于他，我看不到希望，无路可走——因为我无法理解其他更多的东西。"[1]

七　科学研究

甚至在青少年时代，斯特林堡就对几乎所有的事物都感兴趣，尤其在科学领域更是如此。因此，随着他从事科学研究的倾向日益明显，这种倾向从1893年至1897年几乎占据了他所有的时间，可以说这是不足为怪的。不过，这种行为方式颇具特色。最迟可追溯至1884年，他就在动笔撰写的《在法国农民中间》（*Unter französischen Bauern*）[2] 一书中透露了那些含有科学（社会学）成分的自然而逼真的观察结果。不过到了19世纪80年代末，情况却发生了某种变化。1889年，斯特林堡在写给汉森的信中谈到了坡（Poe）："1849年，正是我出生的那一年，他就能够透过大量的媒体一路传到我这里，这是有可能的嘛！"这种话是与他就起伏于别的灵魂中的脑波振动所做出的那些发现密切相关的，因此他认为那"肯定是一颗永远跃动着的灵魂"[3]。还有

---

[1]　保罗，第162页。——原尾注
[2]　斯特林堡作品年表中，该书出版于1886年。——中译者注
[3]　汉森，第1540页之后。——原尾注

一次，他发现了"人与祖先的联系"，举个例子来说，我们所处的这个时代，人们写作的时候仍在使用阿拉伯字母。① 在柏林居住期间（1892 年 11 月至 1893 年 5 月），他忙于研究化学以及自然科学的其他诸多学科，尝试着证明元素的可转移性；他还试图铸炼出黄金来。② 在随后的年份里，他继续以异乎寻常的强度从事这方面的研究与观察。他把这些研究与观察的结果书写下来，尤其在《反野蛮》（*Antibarbarus*）与《木林集》（*Sylva Sylvarum*）中有详细的记述。③* 人们可以把他从事这种科学研究的做法大致描述如下：他并不是一位专业化的科学工作者，不过他的心灵却总是被一切事物的终结问题占据着；他并不是一位职业化的学者，不过他却是一位哲学家。他对发现如何铸炼黄金这种事并不怎么感兴趣，他所感兴趣的乃是元素的可转移性；他并不怎么关心植物的组织学问题，而关心所有生物的有机结合（基于此，他认为自己已经在植物中发现了神经和血管）。可是，这些带有哲学色彩的倾向毕竟不是那么哲学化的，他既没有做过批判性的比较，也没有做过整理或编纂工作，更没有抓住全体，大致说来总是停留于细节的描述：这类的细节始终是古怪反常、神秘莫测的东西，就其原则而言颠覆了迄今一切现有的科学。他总是发现各种革命性的新东西，但是这些新东西并不是某个整体的构成要素，而只是各种"固执观念"的混合物。他以狂热而固执的态度从事实验性的研究。他总是处于迷狂之中，强迫自己投入各种有害于身体健康的实验。不过，这些实验并未经过周密的思考与严格的控制。他反其道而行之，采用蒸煮各种各样原料的方法进行快速的观察与测试。这种原始的尝试在总体上带来了诸多模棱两可、粗制滥造的结果；不过，这是符合他的那些期待的。他立即就会确立起一种"因为……所以"的关联，并在事实上确信自己做出的革命性的发现。他根本就没有考虑定量的方法。这些想法仍旧保持着孤立的状态；确实，它们似乎是说得通的，不过它们并没有与那些已知的事实结合为一体。相反，他得出的结论仍然是些"谬论"。这些"谬论"并非没有反映他思想

---

① 汉森，第 1542 页。——原尾注
② 保罗，第 43、72、142、149 页。亦见于《地狱》第 4、11、19、22–24、28 页等。——原尾注
③ *参见斯特林堡为数众多的科学出版物概览。见于《木林集》，第 163 页之后。——原脚注

的相互联系与深度。是的，它们完全可以是正确的（例如，作为元素转移性的那种观念）。不过，它们在此情况下也只是碰巧正确的；斯特林堡采取的这种碰巧正确的方法乃是一种完全不同的方法。就这类的研究工作来说，起决定作用的在于所取方法的形式以及为那些观点与发现提供的证据。

确实，这类的科学研究并非只是适用于精神分裂症，它也被某些反常的人物［例如那些痴迷于创造欲的人，或者那些不必罹遭疾病之害的神智学者（theosophists）］所践行。不过，这种症候却经常出现于那些属于精神分裂症患者的妄想狂病人的历史中。在斯特林堡的病例中，重要的东西在于这种特定的活动是与疾病的其他症候同时开始的，它伴随疾病的发展而持续地增长着，当它达到巅峰时，就最终控制了斯特林堡的思想。这就是"客观型的妄想症"对缓慢延展的疾病来说之所以只是一种附加的症候的原委所在。

开始的时候，这些科学研究几乎专门处理自然科学方面的问题，但是很快就呈现出一种指向神话与形而上学的趋势。总的说来，对历史、人乃至形上世界的类似观察很快就牵扯了进来。当然，这并不排除有些想法从他患病之前就一直在延续着，只是现在才呈现出质的不同以及更加固定、更加绝对的形式（例如，他就女性或者性别关系所提出的那些理论）。

随着研究范围的不断扩大，他的想法也就成为当下重要的东西；之后，他在此基础上又加进了由疾病引起的主要经验，我们对此还可这样来描述：日益增长的无意识的兴奋，一种解释他当下观察结果的狂热。在这一点上，那些"观察"只包括对此类精神分裂症经验所作的描述。

1894年，《反野蛮》发表，这时，斯特林堡非常渴望被人赞为出色的自然科学学者。这种赞誉非但没有出现，某些人反而把他贬低成一名业余爱好者，其他的人则指责他是"一位过后会变成傻瓜的淘气鬼"[①]。斯特林堡想尽办法让报纸发表对他有利的评论。[②] 他还力图获取各种健康证明。当收到海克尔（Haeckel）——他宣布没有在斯特林堡身上发现精神错乱的迹象——的信时，他欣喜若狂。他起初想发表那封信，可最后还是决定不发表了，因为那

[①] 致勃兰兑斯的信，第1500页。——原尾注
[②] 见于致勃兰兑斯和保罗的信。——原尾注

封信中的一个句子可能会给他带来伤害。令他满意的是，他从法国人写的书中发现了诸多相似的内容，于是断言自己已经"发现了步入主流的道路"①。

八　疾病发作

除了我们已谈及的那些生理的混乱外，精神分裂症患者还经历着各种短期发作的性格改变（意识改变）、主观性麻痹、心不在焉等。斯特林堡也曾谈过这类的个人经历，尽管他是从完全不同的观点来看待它们的。他对最早出现的这种情况描述得尚不太确切，大体可追溯到1892年12月（给保罗的信）："上床睡觉，没有吃午餐，正如所预料的那样，我同样无法让自己在旅店主人的陪伴下消磨我的时间，因为那人的背后还尾随着三名服务员以及其他人等。我一直躺在床上，直到现在，五点半了，饥饿，冰冷。由于连饿带冻可能会死在这间屋里，我逐渐变得僵硬起来（伴随着害怕），无法按铃告诉某个人我想要的东西。"② 在柏林暂住期间（1892—1893年），斯特林堡又一次遭受疾病的侵袭，这是一次典型的精神分裂症发作：在奥古斯丁啤酒坊（Augustiner Beer Hall），他当时正在同一位熟人聊天。他突然停止说话，"意识处于半清醒状态，尚未完全失去意识，还能坐在自己的椅子上。这时，虽然非常清楚地知道自己眼下所在的地方，但是他却开始感到心不在焉。他已忘记谁正坐在自己的对面，而只是一个劲地对那人说：'等一等！我正在奥古斯丁啤酒坊，然而我却非常清楚地知道我在别的某个地方。不要说话……我虽然无法识别你，但我却知道我知道你。我在哪儿？——不要说话。这种感觉极其有意思。'他看见了雾气，一片模糊不清的阴影的背景，某件东西从天花板上掉了下来，就像那戏剧舞台上落下的幕布……"③ ——1893—1894年，当时正暂居阿尔达格（Ardagger），他怀有一种梦一般的感觉，觉得正漂到某个遥远的国度，简直太强烈了，看起来就像真的一样。"突然，我听到某种嘶哑的尖叫声，这时发现自己正立在地板上，一只夹钳正拧着我的脊柱，就像

---

① 致勃兰兑斯的信，第1505页。——原尾注
② 保罗，第66页。——原尾注
③ 《传奇》（*Legenden*），第291页之后。——原尾注

在拧一个螺栓一样。于是，我无意识地瘫坐在椅子上，后背感到某种无法忍受的疼痛。"①

九　第二次婚姻期

来柏林前不久，斯特林堡的第一次婚姻终于以离婚而告终。根据保罗的记述，他在柏林短暂停留期间有过"五次奇遇"。② 1893 年 5 月，他第二次结婚。③* 在第二次婚姻生活期间，他的嫉妒并没有如在第一次婚姻生活中那样发作。事实上，婚姻不再是他生命中唯一重要的因素，而仅仅成为受害狂躁与受损狂躁的一个成分。从一开始，他就在片刻之间感觉到这个女人想证明她的优越性。④* 她在餐馆付账，这样做是为了让他"丢脸"。⑤ 爱情与首次的憎恨征兆相伴而来。他从她那里得到了初吻，这初吻却不是他给予她的——这再一次"羞辱"了他。"尽管她是有爱的，却无法隐藏这样一个事实：她无情地认为他在自己的控制之下，而且一有时机就会把这种控制欲表现出来。"⑥ 他俩在赫尔戈兰岛（Helgoland）结婚后，很快就开始争吵不休。问题终于得到了解决，第三者被宣告有罪。过了一段短暂的幸福时光后，斯特林堡描述了当时的处境："每个人都放弃各自的身份，他们就成了一个整体……人格中的自我保存欲望一旦被激发出来，每个人都会索取属于自己的那份权利，值此之际，争吵就会不断地升级，直至瓦解成狼藉的碎片。"⑦ 不久之后，斯特林堡独自来到伦敦，这时，"他感觉自己紧张的神经逐渐稳定、平静下来，他又能意识到自己的身份了，尤其意识到了那些独立存在的特殊之物。他的人

---

① 《传奇》，第 289 页。——原尾注
② 保罗，第 58 页之后。——原尾注
③ * 在自传作品《分裂》[写于 1902 年（德文版写为 1903 年——中译者注），涉及的是 1892—1894 年间的事，因此他通过后来的观念在形式上对它进行了润色]中，他的记述向我们诉说了第二次婚姻的情况。另可参见保罗的重要记述和斯特林堡的信件。——原脚注
④ * 见于保罗，第 156 页之后、第 162 页，其中载有他对女人的客观看法以及她的信件。——原脚注
⑤ 《分裂》，第 19 页。——原尾注
⑥ 同上书，第 52 页。——原尾注
⑦ 同上书，第 61 页。——原尾注

格开始聚焦于内在的世界，而不再耗散于外部的世界了"①。与他的愿望恰恰相反的是，他的妻子却抓到了《一个愚人的自白》的把柄，这部书里无情地记录了他的第一次婚姻生活。自此以后，斯特林堡觉得她发生了巨大的变化。"她并未说一句话，不过他从她的表情中能够觉察到这意味着两人间的和睦关系终结了，这个女人绝不会就此罢休，直至摧毁他的名誉并且逼迫他自杀为止。"②她很快就要求削减他们的开支，要求他们本该为一居室感到满意。她给他吃的只是粗茶淡饭。他的憎恨之情在不断地增加着，直到超出了他所能忍受的极限，有一次，他觉得自己忍不住想要淹死她。③他认为她简直就是一个吸血鬼，正在吮吸他的灵魂，监视他的思想，拒绝放开他的灵魂和肉体。④他意识到，她想让他明白自己只是她手里的一名囚犯。这间房子看起来就像个猪圈，做的饭菜故意让他恶心。⑤他继续旅行，先是到了汉堡（Hamburg），在那里，他想去吕根岛寻找"助手伊尔马里宁"（Ilmarinen）。

斯特林堡当时写给保罗的那些信件表明，他对柏林的居民及其文学世界的状况还是怀有热情的。不过，他对这期间的婚姻生活却守口如瓶⑥，在任何地方都未曾谈及过。由于"高温与烟尘"，他离开了伦敦。他的妻子可能在14天后随他一起去吕根岛（Rügen）。

尽管如此，他在汉堡时还是陷入了暂时的困境。"当时的情境似乎令人心醉；每个人要么住在乡下，要么在外旅行。"他手头没钱了，于是打电报要钱，他的妻子却没有把钱寄来。"他觉得陷入了困境之中……在持续的愤怒中，他软弱无力地对抗着某个看不见的人，这人看起来对他心怀恶意。他麻木无力，不敢再费一点气力来改变自己的命运……他沦为一种执念——他再也不能离开这个令人讨厌的城市——的牺牲品。这种印象变得越来越强烈，他甚至想在那间阴森可怕的旅馆客房内结束自己的生命。"⑦ 当时的那些信件

---

① 《分裂》，第66页。——原尾注
② 同上书，第71页。——原尾注
③ 同上书，第74页。——原尾注
④ 同上书，第75页。——原尾注
⑤ 同上书，第78页。——原尾注
⑥ 保罗，第122页之后。——原尾注
⑦ 《分裂》，第83页之后。——原尾注

通常可以证实这里的记述。① 不过与此同时，他依旧颇为关心阿斯帕西娅的风流韵事。

然后，他抵达吕根岛造访了保罗［在《分裂》（*Entzweit*）中称作伊尔马里宁］。他发现"伊尔马里宁变了，变得冷漠无情、局促不安"。斯特林堡觉得好像"受到了诅咒。他当初提升了这个无足轻重、缺乏教养的伊尔马里宁的地位，把他从一个纯粹无关紧要的人物介绍进自己的圈子，并且给他提供吃住……现在，助手离开了主人，因为他觉得已从主人那里得到了自己所能得到的一切"②*。在吕根岛的其他各种事情也都让他很生气。"招待的饭菜就像喂猪的泔水……每样东西都掺了假，就连啤酒也是如此。"③ 他当时住在顶楼的一间屋子④里，太阳在镀锡铁皮覆盖的屋顶上燃烧着。到处都是日光和松软的沙子，目前正值夏季最酷热的时节，一到白天就变得非常炎热，甚至在晚上也凉不下来。"随着日子一天天的推移，伊尔马里宁越来越让人讨厌；他想知道自己的妻子何时会到来；他认为两个星期一过，她就会离他而去。" 与此相矛盾的信件则来自他的妻子。"明智地回复这些信件是不可能的。""这种混乱的局面持续了整整一个月。在此期间，他向往在汉堡度过的那段时光，与当前的处境相比，那似乎就像是一段难以形容、愉快爽心的美好回忆。"⑤ 他的岳父邀请他前往乡下的家，直到这时他才得到了救助。他终于离开了保罗。保罗的描述圆满地补充了斯特林堡的记述。⑥ 斯特林堡把自己的房间既用作起居室，又充当实验室……"没有一句话曾涉及他的婚姻生活。他从未谈及自己的蜜月突然结束这件事，也从未说过有关两人分手的事。"斯特林堡总是心情不好，这让周遭的每个人也都心生不满。"他有一种糟糕透顶的办法，可以让别人在他对生活不满和憎恨的情况下感到痛苦。没有任何事情能令他

---

① 保罗，第143页之后。——原尾注

② *《分裂》，第84（德文版标注为"87"——中译者注）页之后。保罗在这一点上提供的记述明显是错误的。——原脚注

③ 《分裂》，第88页之后。——原尾注

④ 德文版写为"Bodenkammer"，译为"顶楼房间"。英译版第50页写为"a room in the garrett"，其中的"garrett"系印刷错误，当为"garret"，译为"顶楼"。——中译者注

⑤ 《分裂》，第91页之后。——原尾注

⑥ 保罗，第147页之后。——原尾注

感到高兴，因此，周遭的人们也都没有任何高兴的权利。"保罗觉得，斯特林堡到达柏林后，他再也没有重获那种曾经充盈其生命的精神之爱。他不断地抱怨伙食；譬如，供应的鱼只有"泥鳅"，"竟然是用掺假的动物油煎炸的！在丢进煎锅之前，渔民们甚至还用那涂油防水的高到腰部的靴子践踏过它们"。文学对他来说已毫无意义。"只有科学才是有价值的。"然而，最重要的问题是，自从来到吕根岛，斯特林堡就认为自己陷入了最大的危险之中。他担心保罗的报复，当然，保罗稍微淡出他的生活乃是可以理解的事。此外，他还怀疑芬兰诗人塔瓦斯特谢纳（Tavaststjerna）——同样是一位吕根岛的来客——正密谋着置他于死地。保罗曾提供了一个有关斯特林堡恐惧感突然爆发的例子：过去的某个时候，斯特林堡曾以完全有失绅士风度的举止对待过这位芬兰人的妻子。他预料会遭到报复，然而这位芬兰人并未露出报仇的迹象："那简直不可思议！那是一个卑鄙、阴险的家伙……塔瓦斯特谢纳待他越友善，斯特林堡就越心神不安。"这位芬兰人只是在等待时机！"在返回住所的途中，我们离开了度假区酒店的花园路，为的是拐入那条通往住所的隐蔽小路。斯特林堡突然开始奔跑起来，我过去还从未看到有人这样奔跑过！他仓皇地向远处跑去，鞋底带起尘沙，外套随风飘动，很快就被漆黑的夜色吞没了。第二天，他做了这样的表白：塔瓦斯特谢纳只是在等待时机，以便在某个夜晚将他击毙——在黑暗之中！当他表达自己的这一确信时，态度非常沉着镇静，人们已无任何能改变他的心思的办法了。"

斯特林堡先是在月亮湖（Mondsee）与岳父一家住了不长的一段时间，接着来到了靠近柏林的潘科（Pankow），然后来到了布隆（Brünn）。在岳父家居住时，他再一次感到"陷入了困境"[1]，觉得自己"遭到了监视"，认为正在"被隔离审查"。[2] 有一次醒来，他"明显感到掉进了一个蛇洞，撒旦正在那里诱惑他"[3]。他的妻子非常专横跋扈，甚至无法容忍她父母的权威。[4] 于

---

[1] 《分裂》，第99页。——原尾注
[2] 同上书，第101页。——原尾注
[3] 《分裂》，第103页。——原尾注
[4] 同上书，第107页。——原尾注

是，他匆匆忙忙离开，"脱去了穿了 8 天之久的婴儿服"①。在潘科，他"吃惊地看到，人们正透过窗户，用那狂野、变态的眼神偷偷地监视着异乡人，很快就又藏到窗帘后面去了"。在这个地方，在这些房子里，他们正在看管着精神病人，因此，他又一次感到陷入了困境。"他不断地担心正在受到监视，这令他非常沮丧，以至于在每个地方都能看到监视的眼神或者感到某种预谋中的陷阱。由于自己的敏感，整个村庄在他看来都喷射出精神失常的病态流体；他变得心神不安起来，担心自己也会发起疯来。不过，为了一件事情——因为他预料到会在火车站被人抓住，而且预料到自己的妻子很快就要到来——，他并未打算离开这里。"② 当她真的到来时，他起初非常高兴，不过很快就又发现她的"专横跋扈的态度简直无可容忍"③。他再一次离她而去。他想到了自杀。他躲在旅馆里，左轮手枪就搁在桌子上。"与眼下的这次流放相比，汉堡、伦敦、吕根岛的那些遭遇似乎就像是一段令人愉快的回忆。他无法理解命运怎么总是能够发明出各种新式的刑讯室来，每一个刑讯室都比此前的那一个更为可怕。他所住的旅馆房间简直就是一个自杀之地，凄凉、不适、怪异兼而有之。那种熟知的强迫症又一次征服了他：我将无法活着离开这个房间。"④

  1894 年并未带来什么好转。对他来说，妻子就是他的狱警；他怀有明显的猜忌之心，认为她扣留了寄给自己的信件。为此，他要求朋友们寄挂号信，或者将收件人写成别人的名字。⑤ 他还认为妻子正把那些有损于他的事情写给他的朋友，而且他曾就此事质询过勃兰兑斯："尽管如此，这种做法对我来说终究是十分痛苦的：当你收到我妻子的信时，请最好把它归还给我。你应该知道，我正在收集这些信件，因为她有点热衷于给我相识的所有著名人士写信，而且我已注意到，她目前也在盯着你。她想让我免遭那些未知的危险，

---

  ① 同上书，第 116 页。——原尾注
  ② 《分裂》，第 122 页之后。——原尾注
  ③ 同上书，第 136 页。——原尾注
  ④ 同上书，第 148 页。——原尾注
  ⑤ 保罗，第 176 页。——原尾注

好像我会遇到此类的危险似的，其实，那些危险我毕竟都已经经历过了！"①

从一开始，斯特林堡就为自己树立了对立面，不过他进行对抗的方式往往只是诉诸密谋、质询与致函。然而，他也清楚地意识到了自己的报复及其力量："不，他们并不能摧毁我，我反倒能够消灭这些敌人。"② 最终，在没有任何正当理由的情况下，他与保罗也翻了脸，他写信（1894年7月31日）说："你将再也没有安宁的时刻了。"针对这一点，他的妻子从巴黎给保罗写信（接近1894年年底）说："亲爱的保罗先生，我那可怜的丈夫从未告诉我为什么会对你生这么大的气，不过我可以解释一下给你听听！他对许多人采取的也是同样的方式。他们都是他的朋友，而且他知道，当不信任征服他的时候，这样的事终有一天会发生。对他来说，起初只是有所怀疑的东西很快就变成了事实。试图说服他是没有希望的，否则，他就不会做出这种事了。他一辈子都固守于自己的信念，这会让他自己备受痛苦的煎熬。他突然之间就不再提起你，宣布你是他的敌人；——直到很晚的时候他才告诉我，说你曾在《堕落的先知》（*Der gefallene Prophet*）中描述过我们的婚姻生活。"③

十　疾病过程图式

正如到目前为止所提供的研究成果，我们的报告可能会引起人们这样的假定：随着时间的推移，疾病会持续不断地得到加剧。然而，如果我们特意将注意力转向依年份顺序发生的变化，我们就会非常惊讶地发现，当斯特林堡似乎能够再次享受纯粹的幸福生活时，那愈加剧烈的发作时期乃是与愈加稳定的宁静生活交替发生的。精神病理学根据变态症候依年份顺序发生的变化来辨识这些种类的疾病状况：首先，疾病的发展有所谓的各种推力，也就是说，这些推力可以加剧疾病的进程，进而带来某种持续的变化，尽管那些剧烈的症候会逐渐减弱下去；接着，患者出现阶段性症状或者发生诸多改变，不过这并不会影响人格的持续变化；最后，外部环境与经历引致了各种反应

---

① 勃兰兑斯，第1504页。——原尾注
② 保罗，第195页。——原尾注
③ 保罗，第208页之后。——原尾注

性症状,这些反应性症状在正常人那里也是存在的,只是因着患者持续的发病状态有其特殊性,它们才在形式与内容上出现了差异。从理论上看,这三个方面彼此之间迥然有异,不过,它们在个别的病例中并不总是容许轻易地诊断出来;事实上,它们联合起来发挥作用的可能性是非常大的,譬如,当阶段性症状让位于某种反应性症状时,情形就是这样的。

1887年和1896年,斯特林堡似乎遇到了明显的推力。在这两个年份里,他出现了一种急性发作且新近形成的基本症状。阶段性症状究竟是如何蔓延到其他周期中去的,关于这一点目前还相当不清楚。让我们列举一些可作证明的资料。在柏林时期的开始之年(1892年),他好像经历了一次恢复活力的过程。1893年8月,他在信中写道:"休息一会儿后,我就觉得恢复了镇静,多么不可思议呀,我竟然可以工作了!一切都很顺利!"① 这个断言可以适用于某一天,或者至多可以适用于某几天。不过,也有一些时间更长一点儿的恢复期:1893年秋季期间,他与妻子在柏林的一家寄宿旅馆居住下来。他曾谈及这段日子:"两个月,难忘的两个月,没有一片阴云。绝对的信任,没有一点儿嫉妒的迹象。"② 关于1894年春季的情况,我们读到:"现在,在这间小屋里,夫妻之间开始过上两个月的最为美妙的伴侣生活。"③ 另有一次,他写到了1894年的事:"现在,他是第二次结婚,是一个可爱的小女孩的父亲,而且看起来比实际的年龄要年轻十岁。"④ 虽然1894年与1895年之交的冬季期间(当时正在巴黎),他的病情非常严重,但是1895年的夏天却似乎有所不同:"尽管一切都事与愿违,不过,我还是把这个夏季和秋季(1895年)算作我命运多舛的一生中最幸福的一段时期。凡是我所开始的一切,结果都会好起来的;陌生的朋友送来了食物……金钱简直就是源源不断地涌来。"⑤

这里所显示的极其古怪异常的东西,毕竟与那种在特定的条件下有机发

---

① 保罗,第162页。——原尾注
② 《分裂》,第135页。——原尾注
③ 同上书,第162页。——原尾注
④ 《一个愚人的自白》,结束语,第420页。——原尾注
⑤ 《地狱》,第31页。——原尾注

展的疾病进程有关，它所依赖的便是精神病患者的反应。毫无疑问，我们可以反复地看到，当幻觉妄想症患者逃到陌生的环境时，究竟是如何在短时间内失去他们的各种幻象的。无论如何，这一点同样适用于斯特林堡。出逃经常可以帮助他，不过并不总是如此。保罗谈到，斯特林堡在结束逗留于吕根岛期间那种运气不佳的旅居生活之后，又"恢复了老样子"，性情变得开朗起来，重新过上了幸福、乐观、进取的生活。"他深深地吸了一口气，就像某人逃过了一次严重的危险。"① 后来，他的疾病变得愈加严重之后，出逃所带来的这种效果就变得更为奇特了。②

十一 在巴黎的第一年

1894年11月，斯特林堡的妻子离他而去；她在（1895年）1月份提出了离婚诉讼。他又成为一名孤家寡人，整日不知疲倦地忙于化学实验，主要的目的是想在硫黄里发现碳，使用的基本方法是长时间高温燃烧（考查他那相当草率的实验，由于污染，根本不可能有什么结果）。对斯特林堡来说，要素转移的重大问题已得到了解决；他确信自己已推翻了那些占支配地位的化学定律，而且为自身赢得了不朽的声名。③ 在做实验的过程中，他的双手受了伤。于是，他在1895年1月至2月前往医院治疗。在与其他人的关系中，他觉得自己越来越孤立无援了。"寂寞与孤独蔓延开来……没有人来造访我，我也无法去看望任何人，因为我把他们都得罪光了。"④ 1894年圣诞节，他是与一个斯堪的纳维亚人家庭一起度过的："一种令人反感的亲密，在动作和神情中表现出来，很难有那种在家似的氛围——所有这一切，让我感到一种无以名状的沮丧。"——"我沿着那条可怕的德·拉·盖蒂大街（rue de la Gaieté）行走，人群里散发出的那种矫揉造作的欢愉气氛刺伤了我。"被娼妓们拉扯着，"就好像正在遭受复仇女神（Furies）的死缠硬逼"。他先是到了一家陌

---

① 保罗，第158页。——原尾注
② 《地狱》，如第95、101、179、347页。——原尾注
③ 《地狱》，第4、11页之后，第19、22—24、28页等。——原尾注
④ 《地狱》，第5页之后。——原尾注

生的咖啡馆，然后就回了家。① 在医院，他觉得好像就是一个囚犯。② 他曾造访过一个家庭，"我被迫忍受着我想要避免的状态：表面的礼俗，放荡的品行，有意的恶毒"③。他渴望孤独，认为自己的心灵"天生就是那种敏感脆弱的类型，我与大众在一起相处，仅仅是为了表明我也是一个群居的社会人，否则，我就会被称为忘恩负义的人，我害怕这一点"④。1895 年 3 月，克努特·哈姆生（Knut Hamsun）⑤在致保罗的信中写道："你说他做了违逆你的事。不过，我不知道他还没有带着怨恨之情违逆过谁。他也不喜欢我。他断言我的性格对他来说过于强硬了。事实上，人们几乎不可能与他进行交往。我并不在意他的态度，因为他毕竟是奥古斯特·斯特林堡（August Strindberg）。"⑥

斯特林堡变得越来越孤独，某种难以理解、含糊不清的东西带来的印象也就随之增多了。街道的名称以一种特殊的方式引起了他的注意：先是阿里贝尔大街（rue Alibert）——他在自己的硫黄标本里发现了阿里贝尔石炭——"它诚然只是一个概念，不过，我却始终无法排除某种奇异之物留下的印象。"接下来是上帝大街（Rue Dieu）——"如果上帝已被共和国废除了的话，那么他为什么还在这里呢？"然后是布赫佩尔大街（Rue Beaurepair）——"这是流氓们逍遥自在的游荡之所。""我是在被魔鬼引领着行走吗？我不再看这些街道的名字了，我迷路了，于是转过身来顺着来路往回走……我害怕那未知的力量；我先是向右拐，接着又向左拐，最后钻进了一条脏兮兮、黑魆魆的死胡同……是谁为我设下了这个陷阱，而今让我背对世界和人们？一定是有人让我掉进这个陷阱的！他在哪儿？我想跟他打一架！"⑦

在一家咖啡馆里，斯特林堡觉得自己被贬到了乞丐的地位："当我思忖自己的命运时，我再一次意识到正是那只看不见的手在惩罚我。"⑧ "只要我一

---

① 《地狱》，第 7 页之后。——原尾注
② 同上书，第 9 页。——原尾注
③ 同上书，第 19 页。——原尾注
④ 同上书，第 20 页。——原尾注
⑤ 克努特·哈姆生（1859—1952），挪威作家，诺贝尔文学奖获得者。——中译者注
⑥ 保罗，第 212 页。——原尾注
⑦ 《地狱》，第 14 页。——原尾注
⑧ 《地狱》，第 16 页。——原尾注

犯罪，马上就有人公然地来抓捕我，惩罚紧接着如期而至，毫无疑问，惩罚的手腕无非是使用那些强力进行干涉，而且执意要纠正我的错误。我逐渐地熟悉了这个陌生人：我与他谈话，我向他征求忠告……这种得到他救助的感觉让我充满力量，并获得了一种安全感。"① "人类仍在争吵不休，我则复活于另一个世界。在那个世界里，没有人能够尾随我。那些毫无意义的事件吸引着我的注意。"譬如，有个橱窗上含有他的名字的起首字母。这些字母在银白色的云层上飘动，它们之上则是那虚无缥缈的彩虹。"我接受了这种预兆。"②

1894 年与 1895 年之交的冬天是糟糕的，随之而来的 1895 年夏天和秋天则是美好的，他将其算作一生中最欢乐的一段时光。他顺利地完成了每一件事情。他沉溺于"一团杂乱无章的宗教感之中，这些感觉差不多都凝结成了思想"③。他据此写成了《木林集》。④* 斯特林堡对这一时期的结束并没有任何详细的描述，之后他的宗教信仰就崩塌了。接下来便出现了持续不断的精神错乱症状，与此相对的是，过去已经发生的一切又出现了，就像是随意出现的一桩小事。1895 年到 1896 年的冬天带来了变化，1896 年这一年，他的精神病过程达到了顶点。

十二　疾病过程的顶点

即使在那些美好的日子里，他对人们的反感之情依然没有发生改变。最近，他在一家乳品店（crémerie）结识了一些人，但仅仅由于各种没有意义的分歧，他与这个交往圈子也决裂了。很快，他就陷入了彻底的孤独。"孤独带来的直接后果就是我的心灵无可名状地膨胀起来……我认为自己拥有无穷的力量，总是设想着让自己努力创造某种奇迹。"⑤ 他认为心灵感应可以通向那

---

① 同上书，第 20 页。——原尾注
② 同上书，第 21 页。——原尾注
③ 同上书，第 32 页。——原尾注
④ * 在《木林集》开始部分，他以独特而井然的笔触描绘了自己的偏执狂经历和近乎幻觉的体验。——原脚注
⑤ 《地狱》，第 34 页。——原尾注

些不在场的朋友。他充满着一种新的渴望——渴望能够再次接触自己的妻子和孩子。一场灾难，孩子的某种疾病，就可以造成这种接触的机会。他尝试着对孩子的头像施加神奇的影响，立即就产生了一种"无法解释的不安"之感，这是一种"遭受不幸的预感"。① 透过显微镜的载玻片，他在核桃仁里看到了两只如同石膏一样洁白的小手，举掌合十像是在做祷告，伸展开来则像是在召唤鬼魂。② 他顿时吓呆了。现在"不幸已经发生了"。目前，一切都发生了改变，那位匿名的朋友也走开了。《木林集》的校样便是在这种糟糕透顶的混乱状态下印刷出来的。

1896年2月份出现了某种新的情况，现在，迫害明显而直接地指向了他，这还是他第一次遇到这种情况：突然，隔壁的宾馆房间里放进了三架钢琴。这是"住在这家旅馆里的斯堪的纳维亚女子们一个明显的阴谋。早晨，他被突如其来的噪声吵醒了，原来是隔壁房间的墙上揳进了一个钉子"。接着，正当他餐后想去打个盹时，壁龛上方却传来了喧闹声。他针对这件事情向旅馆老板提出了抗议。"但是嘈杂声并没有就此停下来，我知道，这些女子是想让我确信大家正在对付那些喧闹的厉鬼。多么傻啊！""与此同时，乳品店的那些伙伴们也都改变了对我的态度。从他们鬼鬼祟祟的一瞥和阴险狡诈的言谈中，我觉察到了一种隐而未宣的敌意。"③

他连自己的随身物品都没有带，就急匆匆地搬到了奥尔菲拉（Orfila）旅馆（1896年2月21日）。这家旅馆的房间是供天主教学生寄宿的，并不允许女人居住。他喜欢隐居式的生活和某种神秘的氛围。然而，他却发现自己并没有得到安宁；与此相反的情况则是："若干迹象开始出现了，若不考虑与那些未知力量进行合作，我就无法解释它们。从那一刻起，我就开始做记录，逐渐形成了定期写日志的习惯。这里所记述的东西，就是从日志中摘录出来的。"④

---

① 同上书，第36页。——原尾注
② 同上书，第37页。——原尾注
③ 《地狱》，第39页之后。——原尾注
④ 《地狱》，第43页。——原尾注

开始的时候，他体验到若干怪异的独特感觉。

他依旧热衷于炼制金子。散步时，他的注意力被用炭精棒写在石灰墙上的某物所吸引：那交缠在一起的字母 F 和 S，（在德语中）是铁和硅的化学符号。他还发现地面上有两个铅灰色的印记，中间用一条线连在一起，其中一个显示为字母 V 和 P，另一个则显示为皇冠的样子。"我返回了巴黎，虽然并未试图解释这次冒险，但是所目睹的那种神奇之物肯定给我留下了深刻的印象。"①

壁炉中的余烬呈现出奇异的形状来：一对沉醉的小鬼，一尊"文艺复兴前的雕塑杰作"；一幅"拜占庭时期怀抱孩子的圣母像"。"在惰性物质与火的作用下确实存在某种东西。"②除了许多错觉外，他并未看到什么东西：枕头看起来就像以米开朗基罗（Michelangelo）风格雕刻而成的大理石头像。巨人似的宙斯（Zeus）站立在壁龛的阴影内。"这肯定不是什么巧合，此乃因为，在某些日子里，枕头看上去就像一群丑陋的怪物，这是一群神祇般的飞龙。有一天晚上，我在外面狂饮作乐，在返回家的路上遇到了正在迎候我的魔鬼，那个家伙长着一颗公羊头，就像是在中世纪里所描绘的那样。他从未害怕过，可以说，这只是某种不合常规的东西与某种超自然的力量所留下的印象，这类的印象依然连接于我的心灵之中。"③ 窗户上的三色紫罗兰图案看起来就像是某种"削弱我的力量，突然，他看到它们仿佛变成了许多张人的面孔"④。他在荣军院圆顶教堂（Dome des Invalides）的穹顶上看见了拿破仑（Napoleon）及其将帅们的影像。⑤ 他在镀锌木桶的侧面所看到的风景，是通过蒸发含铁的硫酸盐而形成的。⑥

有天下午，他在一家咖啡店里，某些事情总是显得很糟糕：他的座位被人抢占了。一位醉汉恶意地盯着他，还带着鄙夷的神色。烟囱里燃烧的火灰

---

① 同上书，第 44 页。——原尾注
② 同上书，第 45—46 页。——原尾注
③ 同上书，第 58 页。——原尾注
④ 同上书，第 59 页。——原尾注
⑤ 同上书，第 60 页。——原尾注
⑥ 同上书，第 78 页。——原尾注

掉进他的杯子里。邻桌坐的那家人举止粗俗，一直在用喧闹声包围着他。一位年轻人放在他桌子上一个苏（sou）①，那人把他当成了乞丐。空气中弥漫着一股恶臭的硫化铵的味道。②

6月15日，他又发现了某种新的情况："伏尔泰大街（quai Voltaire）在我的脚下颤动……这一天早晨，颤动延伸到了杜伊勒里（Tuileries）公园园区，接着又延伸到了歌剧院大街（rue de I'Opéra）。"③

在这段时间里，过去的受害狂躁症变得更加严重了：他看到摆在宾馆大厅桌子上的那些信件隐藏着一种阴谋，这是受人策划来反对他的。譬如，他从中读出了妻子居住的奥地利村庄的名字，或者普日贝谢夫斯基的化名，或者一个瑞典人的名字（这是他在家乡的一个敌人）。有一封信来自一家化学实验室："这意味着他们一直在监视我，试图控制我的黄金合成。"有一封信搁的地方"非常惹眼，这仅仅意味着他们想要让我看到它"。他就化名的事询问过服务员，得到的"只是一个荒唐的答复，说那是从阿尔萨斯（Alsace）寄来的"④。

整体的处境对他来说是含糊不清的。"面对变化无常的处境，接连不断遭受报复的威胁足足折磨了他六个月。"⑤不久之后，他就能够较为清楚地看待周遭发生的事情了。⑥他听到窗下有人在弹奏舒曼（Schumann）的《飞翔》（*Aufschwung*）。那人正是普日贝谢夫斯基！"他从柏林来巴黎杀我……这是为什么呢？……因为命运安排在他还没有认识他的现任妻子之前，她就已经成为了我的所爱。"乳品店的所有朋友都怀有敌意地盯着他，把他说得一文不值。他向人打听波波夫斯基（普日贝谢夫斯基在《地狱》中的化名）的情况，人们都否认他在巴黎。乐声持续了整整一个月，每晚从4点到5点就在他的耳畔响起。他在卢森堡公园（Jardin de Luxembourg）发现了两条细枝，

---

① 苏：法国旧时的一种铜币。——中译者注
② 《地狱》，第70页之后（德文版尚有第80页之后——中译者注）。——原尾注
③ 同上书，第75页。——原尾注
④ 《地狱》，第46页之后。——原尾注
⑤ 同上书，第47页。——原尾注
⑥ 《地狱》，第63页之后。——原尾注

它们构成了字母 P 和 Y 的形状。那是波波夫斯基名字的缩写。这些力量正在试图警告他。①

内在的紧张与含糊不清的预感不断地增加着。到了 6 月底，一种"新出现的心神不安"征服了他。"我总觉得好像有人正在某地琢磨我……"他听说仇人波波夫斯基正在柏林坐牢，当然不可能触及正在巴黎的他；然而，这依然令他痛苦不已，就好像遭到了强烈的电击。② 有些时候，他预感到存在一种"新近破解的阴谋"。他在 7 月 1 日写道："我预料会发生爆炸、地震或雷击，却不知道它何时会到来。我感到了危险，就像一匹看到狼群正在逼近的马一样躁动不安。我收拾好手提包，准备逃离，却动弹不得。"③ "我预料会发生一场大灾难，却说不出它究竟是哪一种。"④

自 7 月初开始，可以说他受到攻击的感觉对他来说再一次变得愈加明显了。⑤ 一个陌生人住进了隔壁的房间："无论如何，这个人很古怪，当我挪动椅子时，他也挪动椅子；他重复着我的活动，好像他想要通过那类的重复来戏弄我。这种情形持续了三天。第四天，我发现了这样的情况：当我打算上床睡觉时，另一个人却在我桌子的另一侧躺下来；然而，我一卧床，就能听见他走进自己的卧室躺到与我相邻的床上。我能听见他是怎样在与我平行的那张床上伸展身子的……换句话说，他把两个房间都占据了。两面受到夹击的境况是不舒服的。"

不过，直到 7 月 18 日，这种攻击才真正地变得严重起来，并且在随后的一段日子里持续地发展着：⑥ "我沮丧地跌入扶椅；一种异常的郁闷令我心灰意冷（正是在这个时候，他第一次开始怀疑自己的科学研究工作）；好像有个磁场正从墙体中辐射过来；睡意压倒了我。我积攒起浑身的气力起身下床，为的是离开这间屋子。当走下楼道时，我听见与我的饭桌相毗连的隔壁屋内

---

① 另可参见《地狱》第 76 页之后。——原尾注
② 同上书，第 78 页。——原尾注
③ 同上书，第 80 页。——原尾注
④ 同上书，第 88 页。——原尾注
⑤ 《地狱》，第 89 页之后。——原尾注
⑥ 英译者在此处作了分段处理，德文版则没有分段。本译文据德文版恢复了原貌。另：英文版在此处作注，这里依据汉语习惯将注释号移至引文之后。——中译者注

有低语声。他们为什么低语？毋庸置疑，他们是想对我隐瞒什么。我沿着阿萨斯大街（rue d'Assas）走着……我只能拖着脚步行走。我从臀部到脚部都麻痹了。我瘫软地坐在一条长凳上。我已经中毒了。那还是我第一次出现这种想法。波波夫斯基真的来了……我应该去报警吗？不能！如果我没有证据，他们会把我当作傻瓜关起来的……"（第二天晚上）"我周身充满松弛的感觉：我隔壁的两间屋子正在跑电，我因而在遭受着电击。精神越发紧张……他们正在谋杀我！"①②他起床，要求当晚就换房间。但是，所换的那个房间恰好正在他的敌人房间的下方。第二天，他仓皇逃走，先是搬到了巴黎植物园（Jardin des Plantes）附近的住宅区。从此开始，他总是持续不断地从一个地方逃到另一个地方。

有一阵儿，他在花园房找到了慰藉。"这是我在逃离之后出现的平静，这种平静证明我并没有患病，不过我的敌人仍在搜寻我。"③ 然而，他一旦把转寄的地址提供给奥尔菲拉旅馆，那平静就离他而去了。④ 毗邻的房间里正在堆积物体，分辨不出是些什么东西。他听到上面传来的嘈杂声：绳子系紧了；人们用锤子敲击物体发出砰砰的声响，好像他们想要安装一种该死的机器。女房主改变了对他的态度，企图试探他的底细，并以一种挑逗的姿态同他打招呼。他预料会发生最坏的事情，而且会就此告别这个世界。第二天晚上，这些强烈的打击达到了极点。他只记起了其中的一部分。每一件事情都是陌生的、吓人的、无法理解的。后来，他也曾有过同类的经历，不过那时他对这些事情都已司空见惯了。然而，这次却是一个充满危机的夜晚。当他回家时，他总感觉眼前站着一个人。"我虽然看不见他，但是我却知道他就在那儿。"一切都变了，不过好像有某个东西正想以这种方式让它看起来难以为人所觉察。他的自尊心并不容许他逃之夭夭。两个工人正在附近的屋顶上盯着他的玻璃门。人们在小声地说话，用手指指点着他的门口。"晚10点关灯，

---

① 《地狱》，第91页。——原尾注
② 英译者在此处作了分段处理，德文版则没有分段。本译文据德文版恢复了原貌。——中译者注
③ 《地狱》，第95页。——原尾注
④ 《地狱》，第96—102页。——原尾注

我安静地睡着了,就像一个要死的人。我醒来;挂钟指向凌晨两点。门是关着的,于是……我起床,就好像是让抽吸我心脏的一个泵举起来的一样。当我提脚站立时,一股电流骤然击中了我的颈部,并把我击倒在地板上。"他穿好衣服。他首先想到的是:报警。前门是锁着的。"我可能会迷路,可能会遭到误解,在这种思想的引导下,我又返回自己的房间。""我拉着一把椅子来到院子里,坐在繁星点点的夜空下,沉思着刚才发生的事情……"

"我病了吗?不可能!……在我无意中说出我的化名之前,我一直是好好的。有人在试图谋害我的性命吗?这是毋庸置疑的。我亲眼目睹了仇人的准备工作。另外,这个庭院是敌人伸手够不着的地方,我重新获得了安全感……"

第二天,他逃到迪耶普(Dieppe)的朋友那里。① 同样的事情处处都在重复地发生着。譬如,在凌晨2点:② "我感到一股电流般的东西袭来,最初还很微弱。我看了看我的罗盘针,我已准备好用它来做个实验,不过并没有偏离的迹象:因此,目前还没有电流。然而,紧张感在逐渐地增大;我的心脏跳得很厉害;我抵抗着,但是如闪电那么快,一股流体很快就充满我的周身,令我感到窒息,并吸食着我的心脏……我跌跌撞撞地冲下楼梯,来到一层的会客厅,那里已为我准备好一张简易床,我应该是需要它的。我躺下来喘息了五分钟,在脑海里重现着刚才发生的事情。那是电辐射吗?不,不可能是,因为磁针并没有异常的表现。身体不适是由第二次受到惊吓引起的吗?也不可能,因为我并不缺乏抵抗侵袭的勇气。那么,我为什么还要燃起蜡烛吸引那未知的流体来伤害我呢?没有找到答案,心陷于无尽的迷宫,试图强迫自己睡觉,但是重新爆发的一次侵袭如狂风暴雨般席卷而来。它把我从床上扭起来,开始四处追捕我。我蹲伏在墙根下,躺卧在门框下,或者跑到壁炉前,但是,不管我躲到哪里,复仇女神都能发现我。极度的痛苦击垮了我;对万物与虚无的恐慌与畏惧支配了我,以至于让我从一个房间逃到另一个房间;最后,我来到无人的阳台蜷缩了起来。"

---

① 《地狱》,第101页之后(德文版标注为第102页之后——中译者注)。——原尾注
② 英译者在此处作了分段处理,德文版则没有分段。本译文据德文版恢复了原貌。——中译者注

在迪耶普，他在镜子中观察自己的脸：①"我的脸上带有一种令自己可怕的表情。那既不是死亡，也不是堕落，而是其他的某种东西……""那是恶鬼留下的印记。"②③*

从此以后，各种重要的事件还在持续地发生着，甚至还在加剧地增长着。直到1898年，他总是接连不断地旅行，而且在各地逗留的时间更久了。1896年7月底，他抵达迪耶普。过了一些日子，他来到瑞典，在隆德（Lund）附近住了三十天。8月份，他住在柏林，然后来到多瑙河（Danube），12月份，又回到了隆德。④* 1897年8月，他返回巴黎住了八周。从1898年起，他在瑞典逗留，先是住在了隆德。他在这里庆祝了自己五十岁的生日（1899年），瑞典当时也以许多充满善意的形式酬答了他。在此激励下，他搬到了斯德哥尔摩⑤，在这里，他一直住到了生命结束（1912年）。

肇始于1896年的那种可怕的焦虑并没有复发；相反，我们看到了一个逐渐弱化、调整的过程。他的那些幻觉渐渐消失了，极度的紧张与不安也逐渐消除了。1897年到1898年，他描述了自己的经历。1898年，他在《到大马士革去》（*Nach Damaskus*）一剧中对这些经历进行了戏剧性的表现。现在，"最后阶段"开始了。

对随之而来的这个过程，我无法依年代的顺序进行描述。感兴趣的读者通过阅读他的自传性作品［《地狱》、《传奇》（*Legenden*）、《孤独》（*Einsam*）］就可以轻而易举地看清这些事件。不过，我们却更喜欢根据某些系统的观点来整理病理学方面的现象。

---

① 英文版在此处作注，这里依据汉语习惯将注释号移至引文之后。——中译者注
② 《地狱》，第103页。——原尾注
③ * 他的相貌变化是很明显的，在这一点上可用其一生中各个时期的大量照片来作证明，这些照片附在了其德文版著作中：二十岁时，他看上去健康而强壮；1884年，他在某种程度上已露出疲倦而苦闷的表情；19世纪90年代初，他虽然表现得精神饱满，但其表情在某种程度上已不那么自然。专家在1897年的照片中发现了典型的"妄想狂表情"。急性发作末期之后的那些照片则显得舒缓起来。——原脚注
④ * 乔治·勃兰兑斯在1896年11月遇见过他，并记述了这次会面。见《德国-罗马月刊》第6卷，第329页之后。——原脚注
⑤ 保罗，第216页。——原尾注

十三　概述他所体验的客观意识

我们首先通过系统列举斯特林堡直接经历的各种所谓重要的事件，以及这些事件在未经反思之时是怎样因着精神分裂过程而发生并变得显而易见的，借此来阐明斯特林堡经由精神分裂过程逐渐形成的那种世界。对斯特林堡来说，关系到他的个性、情感或者冲动的任何根本性的东西在其轮廓上都是模糊不清的，人们或许就将其看成了精神分裂症的表征。不过，斯特林堡自己，而且也只有他自己才能把他的客观意识的属性以及这种客观意识显示自身的方式告诉给我们。这里，令我们感兴趣的共同之点并不在于"好像"感到某物可能如此（譬如异在力量的影响、心灵感应术的作用等）而出现的征兆，而在于那些直接、真实的经历，这些经历只有基于事后判断才可以被称为错觉。根据这些"好像"之物，我们虽然可以轻而易举地想起种种能够增强兴奋感的征兆，却无法"真实地经历它们"。正如我们的感知能力之于我们的表现一样，斯特林堡精神分裂症的表现对他来说同样是直接的、有限的。

（1）感官幻觉。a. 通过接触与整体感知：他脚下的路面大幅地前后移动着，就好像站在轮船甲板上一样。他费了很大气力才爬到卢森堡公园的小山丘上。① 我们已经谈到过磁电影响。他与所谓挤压胸部与刺痛背部的电击搏斗。② "一股电流击中了我的心脏；我的肺功能丧失了；如果我想逃脱死亡的话，那么我就必须起床。"③ "在恍惚打盹之时，好像雷电击中了我，我变得麻木僵呆，不过并没有被电死。"④ 他觉得被一条"电腰带"所环绕。⑤ 身体遭受摧毁的威胁驱赶着他从一个旅馆搬到另一个旅馆。⑥ 他甚至遭受了直接攻击的痛苦："当马车经过村外的路障时，我突然觉得有人从后面走来紧勒我的胸部，好像他正在用膝盖顶住我的后背，这幻觉极其真实，我转过身来，想

---

① 《地狱》，第340页。——原尾注
② 同上书，第157页。——原尾注
③ 同上书，第161页。——原尾注
④ 同上书，第322页。——原尾注
⑤ 同上书，第406页。——原尾注
⑥ 同上书，第186页。——原尾注

看看从后面袭击我的敌人究竟是谁。"① "夜间，我遭受着可怕的梦魇之苦。有人紧紧地顶住我的后背，一个劲地摇晃着我的肩膀。"②

b. 味觉与嗅觉：所有的食物都令他感到恶心，就好像腐烂变质了一样。③ 他担心空气可能下了毒。④ 他经常觉察到空气稠密，好像里面已经含了毒，不得不开着门窗工作。⑤ "空气令人窒息，即使开着窗户，也预示着这将是一个难熬的夜晚。"⑥

c. 视觉："深褐色的乌云呈现出怪异可怕的形状，这加重了我的绝望情绪。"⑦ 木料的纤维嵌出的形状，"就像通常一样，奇形怪状。譬如，眼前的这个就是一只被专横地处死的公羊的头颅"⑧。他在岩石上辨认出了动物、帽子、头盔的图案。他试图将这些图案展示给考古学家："不过，可以料想的是，我并不能把这种魔法展示给那位学者，因为他根本就看不到任何一个图案；而且，就连我的眼睛也好像被戳瞎了，再也无法从岩石中区分出任何一个类似有机体的图案来。但是第二天，当我再一次走到同一个地点时，当下就只有我自己一个人，我又看到了整个的兽群。"⑨ 他看见"飞行的火焰，看上去就要掉落在他的脸前"⑩，在光天化日之下，鬼火（Will-o´-the-Wisps）正在忽隐忽现地燃烧着。⑪ 有一次，他曾看见一位妇女进入等候室，她要是离开，他不可能注意不到，但是后来却发现她并没有在那里。⑫

d. 听觉。"我一搬进旅馆，地狱之门就全部打开了：双脚费力行进，家具正在移动……我刚在餐厅的饭桌旁坐下，一种隆隆的嘈杂声顿时就响了起

---

① 《地狱》，第235页。——原尾注
② 同上书，第252页。——原尾注
③ 同上书，第348页。——原尾注
④ 同上书，第149页。——原尾注
⑤ 同上书，第157、160页。——原尾注
⑥ 同上书，第252页。——原尾注
⑦ 同上书，第106页。——原尾注
⑧ 同上书，第120页。——原尾注
⑨ 《地狱》，第253页之后。——原尾注
⑩ 同上书，第193页。——原尾注
⑪ 同上书，第322页。——原尾注
⑫ 同上书，第237页。——原尾注

来"（向别人询问此事时，他认为自己能够确定他们同样听到了这种嘈杂声）。① 他常常谈及"那种通常的嘈杂声：人们在搬动家具和跳舞"。② 他还谈及从自己头上传来的那种"通常的隆隆声"③，谈及"楼上通常就像魔窟一样混乱嘈杂"（他侦查后发现："一个大厅——那就是我在那儿发现的一切，里面并没有幽魂"）。④ "突然，我听见一只无形的爪子正嚓嚓地抓挠我头上贴近天花板的壁纸。"⑤ "自从我离开奥尔菲拉旅馆，我耳朵里响起的嘈杂声就一直在折磨着我，那嘈杂声就像是水车发出的巨大声响。"⑥ "你的耳朵听到嘈杂声了吗？那声音听起来就像是从使用水车的磨坊那里传来的。"⑦ 只是在极少的情况下他才会听到这些声响，而且这些声响也只是当他醒来时才会听得到。有一次，"一个陌生的声音叫道：卢特哈特药师"（Druggist Luthardt）⑧。另一次，有人大叫了一声"阿尔普"（Alp），他顿时就醒来了。⑨*

（2）超感官幻觉。虽然并没有特定的感觉器官介入其中，但还是直接而真实地意识到有某种东西在场。"我感到有人在场……我虽看不见他，但我却知道那人就在现场。"⑩ "我感觉有人在暗中追踪我，触碰我，摸索着我的心脏，不停地吮吸着。"⑪ "我经常感到有人站在我的椅子后面。值此之际，我用一把尖刀状的东西猛地刺向背后，想象自己正在同敌人搏斗。"⑫ "当我开门进屋时，我感觉屋子好像已被怀有敌意的活物所占据。它们充斥了整个房间，我似乎是从人群中挤过去，最后才来到我的床边。"⑬ "现在，那看不见

---

① 《地狱》，第 185 页。——原尾注
② 同上书，第 227 页。——原尾注
③ 同上书，第 233 页。——原尾注
④ 同上书，第 234 页。——原尾注
⑤ 同上书，第 239 页。——原尾注
⑥ 同上书，第 110 页。——原尾注
⑦ 同上书，第 200 页。——原尾注
⑧ 同上书，第 116 页。——原尾注
⑨ *《地狱》，第 106 页。对斯特林堡来说，醒来的时间就像对类似的患者一样，使他有机会遇到那些导致其苏醒的许多现象，如电振动、噪声等。——原脚注
⑩ 《地狱》，第 99 页。——原尾注
⑪ 同上书，第 110 页。——原尾注
⑫ 同上书，第 158 页。——原尾注
⑬ 同上书，第 161 页。——原尾注

的幽灵正在我的身上滑动。我猛地从床上坐起来。"[1] "晚上回到你的房间，你会发现有人正在那儿；你不能看见他，但你却会觉得那人分明就在现场。"[2] "有些晚上，我确信有人就在我的房间里。我非常害怕，突然吓得发起烧来，出了一身的冷汗。"[3]

（3）原发性妄想。到目前为止，我们已经讨论了斯特林堡的感觉情况。现在，我们将谈论他的精神状况并对此做出阐释；然而，这些状况与那些真实观察到的东西也是有关系的，我们在阐释这些情况时同样将其当成与患者的自我意识有特定关系的直接证据。在单纯的阐释与最有说服力且最为显而易见的经历之间，看来存在某种过渡性的联系。不过从原则上来说，这两种现象之间必然存在某种断裂。他乐意认可的臆断总是通过很明显就可得到理解的套话表达出来的，例如："顺便提一下，每件事都令我心烦"[4]，或者"不知怎地，我就感到局促不安"[5]。雷雨期间，他说："对我来说，这就像是人身攻击：每一道闪电都在击向我，万幸没有击中。"[6] "阵阵狂风以其自身特有的方式把我们抛来掷去，摔倒在地；它们拽起我们的头发；它们掀起我们的上衣后摆。"[7] 在人群中间时："正谈着话，我蓦然感到恶心难耐，并伴有头痛；我突然沉默下来，说不出一句话。而且，我觉得自己不得不离开人群，他们肯定会因着摆脱了一个乏味无聊的人而显露出兴高采烈的神色。"[8]

"我感觉受到了威胁。到底是谁在威胁我？我也不知道。"[9] 我们需要更多地注意在奥尔菲拉旅馆里所发生的那些事件，这些事件在前面的章节中已经谈过了。——其他的人总是将每件事都解释成某种"巧合"。"遇到这种恶魔似的事总是偶然的巧合。"他走进入住的房间。沙发朝向没有帘子的窗户。

---

[1] 《地狱》，第162页。——原尾注
[2] 同上书，第199页。——原尾注
[3] 同上书，第252页。——原尾注
[4] 同上书，第149页。——原尾注
[5] 同上书，第228页。——原尾注
[6] 同上书，第146页。——原尾注
[7] 同上书，第228页。——原尾注
[8] 同上书，第348页。——原尾注
[9] 同上书，第160页。——原尾注

窗户向着暗夜敞开着，黑漆漆的轮廓倒映在他的脸上，豁开了一道道裂隙。"我诅咒这类经常存在且无法避免的巧合，这种巧合总是持续地摊在我的身上，明显的意图就是要激起我的受害狂躁。"① "他每次试图向考古学家展示岩石上的动物图案，那通道都会碰巧被那怪得难以说清的障碍物堵得死死的"；靴子里的一根钉子变松了，刺痛了他的脚；门口堵着一堆垃圾，肯定是有人出于嘲讽的念头而扔在那里的。②

（4）综合幻觉。这些体验只是在描述过程中才被人为地孤立起来的。在现实中，它们经常有其具体的语境，这种语境隐藏着某种连续性、新的秘密与意义；它们也经常陷入混乱无序的状态之中。语境可以再次瞬间呈现出来，甚或可以直接、明显地呈现出来；或者，它只能经由反思性的阐释才在事后显露真相。下面所举的事例就是他瞬间经历的神奇语境，这些语境大多是通过好几种感官觉察到的："我走进自己的房间，直打寒战，发起烧来。我脱掉外套，听到壁橱门自己打开了。有人在屋里吗？没有回答！……最后，我总算愉快地躺在床上，取来一本书，试图转移注意力。就在那时，一支牙刷莫名其妙地掉在地板上！瞬间过后，便盆盖提了起来，砰地一声落到地上，那一切恰恰都是在我眼前发生的。本来是不会有震动或摇晃的，这究竟是怎么了？黑夜寂静得要命……我害怕，非常害怕……这时，一点火花或者是鬼火从天花板上掉下来，正落在我的书上，熄灭了……"③ 另一个例子："吃晚饭时，空气中弥漫着一种不祥的宁静……接着，一阵狂风强行撞开虚掩着的窗户，怒吼着，就像从单簧口琴（Jew's Harp）中发出来的声响。接着，一切又归于静寂……"到了十一点钟，"空气沉闷得令人窒息。我打开窗户。一股气流涌进来，吹灭了油灯；我赶紧把窗户关上。油灯开始丝丝作响，发出叹息与啜泣之声。然后又是一片沉静……"④ 还有一次："晚上十点钟，一阵狂风咣咣当当地撞击着房门，一直吹向走廊。我把木楔子搋进门的下方，试图钉

---

① 《地狱》，第162页。——原尾注
② 《地狱》，第253页。亦见于第188、208页之后，第249、258、300页。——原尾注
③ 《地狱 – 传奇》（*Inferno – Legenden*），第321页之后。——原尾注
④ 《地狱 – 传奇》，第159页之后。——原尾注

牢它。但是无济于事；它还在咣当作响。接着，窗户也开始发出咔哒声；火炉像狗一样嚎叫起来；整个屋子就像左右摇晃的一条船。"①

有经验的精神病学专家总是能够通过与他所熟悉的那些表现形式作比较，进而把感知中出现的各种各样的现象整理出一份详细的清单来，这份清单使他能够记起那些相似的病例。在这方面，显而易见的一个事实是，有些现象得到了高度的发展，而其他现象则几乎没有出现（例如，斯特林堡耳朵失聪，这在通常的病例中也很常见，不过我们在他那里并没有发现假性幻觉症状）。关于疾病中出现的其他不同样态的相似症状及其分布的多样性，无疑已经得到了研究，不过，迄今为止还不可能从中得出任何确定的结论来。有一种肤浅的解释认为，人的大脑皮层中不同部位的病变是导致上述差异性表现的原因，不过，用总体化的方式所做的这种解释并没有什么价值；只要还没有在与特定的症状有着直接关联的大脑中发现那些与之相关的部位，任何一种用抽象、推定的方法所做的研究课题都是没有什么价值的；而且，截至目前，确定那些典型的分类也是不可能的。因此，就斯特林堡的病例而言，眼下对问题所作的详细讨论也都没有多大的价值。

那种割裂生命连续性的做法固然有利于组构某个特定事件的形式，不过对事件的现象性描述会产生对这个事件的清晰的意识，也就是说，要最终将其视为一个心理学意味上的、不可化约的事件，这在发病的过程中得到了证实。另外，我们应该研究这种反思是如何对事件发生作用的，以及人在这些可理解的联系中究竟理解了什么东西。这就是我们在下面两节中将要追踪的问题。

十四 受害狂躁症：发展与阐释

开始的时候，斯特林堡认为他遇到了一些确定无疑的敌人。他与一些朋友断绝了关系，一个接着一个，直到最后，朋友们几乎都离他而去。不过，也还有少数几个例外。不久，他怀疑其中的一个敌人就在巴黎，虽然他并没

---

① 《地狱－传奇》，第183页。变成地狱的全景，见第138页之后、145页之后；变成天堂的全景，见第180页。——原尾注

有看见过那个人。事实上,那个人并不在此地;但是,斯特林堡却发现各种攻击和阴谋都是从那里发出来的。接着,1896年7月,当直接的攻击占据了主导地位,甚至并不认识的敌人也开始出现了:巫师、魔术师、神智学者、电工,斯特林堡并不知道这些人为何要伤害他。现在,除了在迪耶普与他一起暂住了几天的朋友外,多数人——也包括他并不认识的人——都被当成了敌人。他不停地侦查着、刺探着,目的就是要查明到底发生了什么事情、那里究竟存在什么阴谋以及这些敌人正在使用何种方式来袭击他。但是,他却没有发现任何证据。"真奇怪,当我受到攻击的时候,周围并没有人。这些人总是不在犯罪现场。其实,他们中的每个人都参与了这场阴谋。"[①] 1896年8月,他在瑞典找医生看病,不久,他就对医生产生了怀疑;那位医生之所以变成了敌人,乃是因为他正试图炼制黄金。他们曾经在一起谈及炼制黄金的事,那位医生的最后一句话是发明这种东西的人应该被杀掉。斯特林堡认为自己已经探察到了一些迹象:那位医生正在模仿自己的实验,虽然他矢口否认这件事。[②]

1896年11月[③],他在一家法国报纸上读到:"不幸的斯特林堡,带着对妇女的憎恨来到了巴黎,很快就被迫逃离。从那时起,他的同类就在妇女挥舞的旗帜面前变得缄默了。希腊神话中的俄尔普斯(Orpheus)的头颅是被色雷斯的酒神女祭司(Thracian Bacchantes)撕下来的,而他们并不想遭受俄尔普斯那样的命运……"斯特林堡欢欣鼓舞地查明:"我曾怀疑自己可能疯了,不过,这个明显的事实终于使我打消了那个可怕的疑虑。因此,不可否认的是,他们企图在巴黎设陷阱捕杀我。正是这个企图中的暗杀行动致使我的身体一直很虚弱,症状依然很明显!哦,这些女人!……一切都抛到脑后去了,譬如,罗斯柴尔德家族(Rothschilds),巫师们,神智学者们,甚至也包括永恒的上帝。我是一个受害者……而且,女人们早就想要杀死《木林集》的作

---

① 《地狱》,第111页。——原尾注
② 同上书,第112页。——原尾注
③ 英文版在此处作注,这里依据汉语习惯将注释号移至引文之后。——中译者注

者俄尔普斯。"①

不过，这种观念只持续了短短的一段时间。在年纪还小的时候，万事万物都要受到惩罚与训导的想法就占据了他的心灵，这种想法一次又一次地重新冒出来，直到最后变成了一种占支配地位的观念。大约1894年12月，他曾明确宣称，自己的心里已不再出现惩罚的观念（他的痛苦是自己犯罪带来的后果）了。② 但是，1895年1月，他又认为自己感觉到了那只"看不见的手"（hand of the Invisible），他的经历就肇始于上苍的训导，上苍已选派他完成某项特殊的使命。他认为厄运就是那只看不见的手带给自己的惩罚③；他确信在一切事物的后面都隐藏着某种不可告人的目的。④ 他读了巴尔扎克（Balzac）的《塞拉菲塔》（Seraphita）⑤，这部作品让他第一次熟悉了斯威登堡的一些观念，现在，他对这些观念稍稍作了一点儿与众不同的曲解，然后声称："毋庸置疑，我正在为成为某种更重要的存在而做着准备……我可以把自己设想成一个正直的人，没有任何瑕疵，那永恒的上帝正通过这个世界中暂时的苦难来考验我，我很快就值得救赎了。这种荣耀是我亲密接触那些永恒的力量的结果，每当我的科学研究正在顺利进展的时候，我总是能够从永恒的上帝那里获得力量。"

1896年7月以来所发生的种种事件，让他短时以另一种观念——不管追捕者是哪种类型，他都是直接的受害者——取代了先前的那些想法。不过，那些想法很快就又回来了，所不同的是，他不再提及所谓的"荣耀"：那个看不见的人（Invisible One）正在迫害自己；斯特林堡并不了解他："如果他能显示自身就好了，那样的话，我就可以与他搏斗，公然地反抗他！……不过，这正是他所要避免的事情，以便能够用疯狂的行为来打击我，用负罪感来折磨我，这种负罪感致使我怀疑处处都是敌人。敌人！他们都是我恶意伤害过

---

① 《地狱》，第175页之后。——原尾注
② 同上书，第8页。——原尾注
③ 同上书，第27页。——原尾注
④ 同上书，第28页。——原尾注
⑤ 同上书，第55页。——原尾注

的人。而且，每当我发现一个新的敌人，我的良心就能感觉到这一点。"① 这种"受害狂躁症"已经深深地植根于"种种不幸的行为所带来的极度痛苦之中"②。*

斯特林堡发现，他的一切经历只有从斯威登堡那里才能获得完全的理解；只是在获得这一发现后，那经受训导与惩罚的观念才成为一种决定性的观念。基于自己的信条，他得出了总体性的结论，并将训导与惩罚的思想作为一个基本的要素植于其中。他对斯威登堡的评价经历过相当大的变化。在《一个女仆的儿子》（*Der Sohn einer Magd*）中，他写到了 1867 年的事，"他当时认为斯威登堡很愚蠢"。那时，他就已患上了孤独症：夸大狂。③ "读斯威登堡的书，令人生厌。"④ 但目前斯威登堡在斯特林堡的生命中却完全占据了主导的地位。在他看来，斯威登堡已成了哲学家和生命的阐释者。在经过一些间接的感觉之后，直到 1896 年 11 月，他才通过第二任妻子亲属们的影响逐渐对斯威登堡熟悉、亲近起来。他仔细阅读斯威登堡的书，接连不断地感到震惊。斯威登堡对地狱的描述，与他在克拉姆（Klam）碰巧看到的风景完全相符，也与他在奥尔菲拉旅馆的白镴盘子里看到的风景画完全相符：尘世就是地狱，我们早已身处其中。⑤ "他那真实性的描写令我折服。我在它们之中看到了一切，包括我的观察、我的印象、我的思想。"⑥ 1896 年 11 月，斯特林堡在从阿尔达格返回瑞典时，乔治·勃兰兑斯曾再次看到过他。⑦ 勃兰兑斯发现他对斯威登堡很热心；在巴尔扎克的《塞拉菲塔》中有一个关于斯特林堡的预言：他找到出处，展示给勃兰兑斯看："火光将再次从北方燃起。"他说："巴尔扎克在这里指的就是我。"

---

① 《地狱》，第 163 页。——原尾注
② *《地狱》，第 294 页。他伤害了某些人的经验转化成了这样一种想法，目前那些人一定是他的敌人，斯特林堡无疑准确无误地认识到了这一点。但是，这并不是导致其受害狂躁症的原因，而只是导致其处于这个阶段或那个阶段的原因。这种转化也会发生在常人的身上。它是疾病进展的一个阶段，不断加剧就会达到狂躁状态。——原脚注
③ 《一个女仆的儿子》，第 240 页。——原尾注
④ 同上书，第 242 页。——原尾注
⑤ 《地狱》，第 136 页。——原尾注
⑥ 同上书，第 140 页。——原尾注
⑦ 《德国 – 罗马月刊》（第 6 卷），第 329 页之后。——原尾注

几个月后，他继续在瑞典研究斯威登堡。"一个词，单独的一个词就照亮了我的心灵。我的那些猜疑，我对想象的敌人——电工或者巫师——所怀的可怕的思虑，都消失了。这个可爱的词就是悲怆。我碰巧遇到的每一件事——我在斯威登堡那里都再次看到了：不安感，胸闷，心慌，我所称的电腰带，在他那里都一应俱全；总的来说，这一切都具有精神净化的作用。"斯特林堡夜里遭受的折磨，他同样都遭受过。"尤其令我关注的是：彼此之间的症状非常相似，于是我不再怀疑自己疾病的性质了。"确实存在一个地狱；不过，自己已经穿越了它。"他所描述的地狱与但丁（Dante）笔下的地狱以及希腊、罗马、日耳曼神话中的地狱颇为相似，这让我相信，那些神秘的力量几乎总是重新使用同样的办法来实现自身的筹划。那么，这些筹划是什么呢？就是让人类趋向完美……"魔鬼就是那些训诫人类的幽灵。"在过去的一年里，斯威登堡启发了我，让我理解了所遭受的那种恐惧的性质，终于把我从诸如电工、巫师、魔术师的钳制下解放出来，把我从那些嫉妒我以及我在炼金术方面取得进展的人们那里解放出来，同时也把我从精神错乱中解放出来。他向我展示了走向救赎的唯一道路：到魔鬼的巢穴中猎取它们，这巢穴就在我自己的身上，我要通过忏悔来消灭它们。"[1] "斯威登堡的作品是无所不包的。他已回答了我所有的问题。"[2] "我已厌倦了所有那些迫害，很久以前就非常认真地检讨过自己的良心：我要继续忠贞不渝地开展新的计划，在我自己的身上而不是在周围的人的身上寻找罪恶，我发现我过去的生活是令人讨厌的。"[3]

斯特林堡并不总是以这种心境来解释斯威登堡的。他的受害强迫症仍不断地"复发"着，这令他颇为痛苦。

在接触到斯威登堡的"地狱"那段时间之前，怀疑自己可能就是神秘主义者和神智学者以诡秘的犯罪行动所追杀的目标的想法突然又回来了。[4] 1896

---

[1] 《地狱》，第 191—192 页。——原尾注
[2] 同上书，第 311 页。——原尾注
[3] 《地狱》，第 313 页；参见斯威登堡的详细阐释，又见于第 207、223、249、254、278、280、303、307、309、374、376、414、416 页。——原尾注
[4] 《地狱》，第 145 页。——原尾注

年7月,他试图对自身的处境做出某种解释的所有努力都暂告结束。然而到了11月份,他似乎又有了解释一切的能力。他在12月写道:"虽然斯威登堡启发我理解了我痛苦的性质,但是我却无法让自己倏然之间就甘愿屈从于那些神秘力量的意志。我的反抗倾向还是时不时地冒出来。我依然想去寻找外在于我自身的那种真实的原因。……"① 过了不久,他又写道:"我不再考虑一切关于魔鬼和看不见的力量的事情,我被看得见的敌人迫害的想法又回来了。""尽管我已经经受了各种各样的折磨,但是我的反抗精神依旧持续着,这让我对那位无法看见的向导的善意产生了怀疑。"② 他谈及电腰带袭击时说道:"尽管我知道它的性质及其内在意义,但是我不得不去寻找外在的原因,而且我能想到的一切就是:他们目前还在这里!就是他们!这些人究竟是谁?……"③ "尽管我完全确信并没有人在跟踪我,但是有人在跟踪我的老想法还是在折磨着我。"④

十五 从他的经历来理解疾病与其积极后果

斯特林堡在任何时候都保持着泰然自若、消息灵通的状态(也就是说,他能够清醒地反思和明智地行动,他知道时间、空间以及瞬间的真实处境,不管这里面充斥着多少错觉)。我们已经了解了斯特林堡的理解方式与阐释方式,他正是以这种方式彻底领悟了自己精神分裂的症候与经历。现在的问题是,他自己究竟在何种程度上将这些症候与经历看成是疾病所带来的后果、疾病过程所导致的东西以及虚幻不实、缺乏现实意义的东西的。当患者能够接受精神病理学家的观点,譬如,当抑郁症患者意识到这种疾病乃是一个分阶段逐渐消失的过程,或者意识到充满幻觉的酒鬼在痊愈后宣称他的一切经历都是幻觉,而且就他的未来而言,这些都是没有任何意义的,值此之际,精神病理学就涉及了疾病识别的问题。关于这一问题,重要的因素绝不是那

---

① 《地狱》,第223页。——原尾注
② 同上书,第317页。——原尾注
③ 同上书,第406页。——原尾注
④ 同上书,第407页。——原尾注

些症状的结局,相反,它们只是从现实的观点来看才被视为症状的。下述情况是完全有可能发生的——而且确实发生过——当幻觉持续出现时,有人忍受着由幻觉造成的痛苦,然后通过间接的方式认清了它们的本质。精神分裂症进程的一个鲜明的特点是,患者完全不能够辨识自身的疾病。然而,如果遇到那种具有自我辨识特征的病例,那么人们首先就须得怀疑这个仍在争议中的症状是否属于精神分裂症过程了。探察那种真正的疾病自我辨识问题,可以说绝非一件轻而易举的事。患者们偶尔能够把正常人的观点完全吸收进自己的思想,随后只是将其融入系统化了的判断中表达出来,这样一来好像就成了他们自己的观点。譬如,一位患病的妇女在以卡拉夫特-艾宾(Krafft-Ebing)和克雷佩林(Kraepelin)所提供的不同种类的精神病治疗法熟悉了自己的病情之后,能够非常正确地解释自己的患病过程,并加进反话来嘲讽当时的精神病学。同样,在经受痛苦之后,患者对自身的疾病有了更为深入的认识,这会让他们意识到幻觉与错觉对自身来说确实具有某种意义,而且意识到使用多种多样的表达方式将幻觉与错觉归入某种真正重要的东西会给他们带来相当大的困难。如果追问这些患者之所以渴望领悟与持守真实的意义的原因,我们只能说不知道,或者说这须得归因于"疾病"。令人吃惊的是,我们发现诸多非常聪明、杰出的学者也陷入这种困境之中,这显然不能归因于某种精神缺陷或者智力匮乏。恰恰是病人在外部现实中的这种痴迷性状,有的人却试图称为精神错乱。然而,老式学派的精神病专家通过将其指称为人格疾病,进而在疾病与非疾病之间画了一条界限。连贯性与交流能力在理性领域里的某个地方将不再存在,在这种情况下,患者也就陷入了彻底的孤独之中。

同样,斯特林堡从来就未能在整体上理解自己的疾病。在他的病例中,同样令人颇感有趣的是,我们发现他有时距能够认清自己的疾病已多么的接近,他对疾病的追问又确实是多么的锲而不舍。但是,任何一种观点都不是最终的,不管那一时刻的处境看上去多么的确切无疑。批判性的思考从来就没有停歇之时。这类的思考只是为时常复发且不可预料的精神分裂经历增添了新的材料,我们并不可能在主观上将其从自然的经历中区分出来。我们前面结合受害狂躁症的发展所谈的那些解释，只代表着在反常的处境下进行"正常"思考这样一种态度。不管斯特林堡有时会多么的确信自己的解释，但是，他还是三番两次地对此表示了怀疑。对他来说，任何事情永远都不会是确然无疑的。

斯特林堡对自身以及自己的观点也进行了批判性分析，并做了大量的调查工作：他求助于罗盘仪，当磁针没有起反应时，他就确信那些直接针对自己的人身攻击并没有受到电流的影响。① 他反复思考自己不断逃离的原因，然后做出了如下的推论：当那些显示出来的征兆由于他的逃离最终没有变为现实时，它们肯定是由他眼下正在逃避的那些迫害者所导致的，而不可能作为疾病的后果来自他的内心。② 他反复地追问自己，是否在他的身上并找不到那总体的根源："假如并没有什么阴谋的话，那么，为了惩罚我自己，我就可能会在自己的想象中产生自我督责性的念头。"③ 在迪耶普时，他沉思道："鉴于我依然拒绝承认超自然的力量，我必然就会假定我的痛苦源自神经不正常。因此，我想要去瑞典就医，那位医生是我的一位私人朋友。"④ 他将情况报告给这位医生，他们之间的对答往复如下。医生：你这个不幸的人，请静心休养；你患上了精神疾病。斯特林堡：来，给我检查一下；请读一读我每天写下的东西和印刷发表出来的东西。医生：精神病院里的书中，对这些电击的故事讲得再明白不过了。斯特林堡：我过去很少关心你们精神病院里的书，为了获悉真相，我明天就去隆德，到隆德精神病院做一下检查。医生：那样的话，你就要完蛋了……⑤另有一次，他觉得自己的疾病是他在 7 月 19 日至 20 日遭遇暗杀所留下的后遗症。⑥ 1897 年 1 月，他再次就医："第一次被诊断为神经衰弱，第二次被诊断为哮喘，第三次被诊断为精神错乱，第四次则被诊断为肺气肿……这种情况足以让我重新确信，他们并不会把我关进精神病

---

① 《地狱》，第 105 页。——原尾注
② 同上书，第 101 页。——原尾注
③ 《地狱》，第 97 页（德文版尚有第 197 页——中译者注）。——原尾注
④ 同上书，第 107 页。——原尾注
⑤ 同上书，第 111 页。——原尾注
⑥ 同上书，第 175 页。——原尾注

院。"①"医生们其实什么都没有解释！他们只是告诉一个人他患了病，但并不能治愈疾病！"

一个受到迫害的人会做出反抗并采取相应的措施，这同样适用于病人和斯特林堡。他屡次逃离，与朋友绝交，通过信件进行质询、谴责与密谋——所有这些行为都是他的疯狂所带来的积极的后果。然而，尽管这些后果有其真实性，但是这些病人到底对其理解到了什么程度，对那些客观证据究竟辨识到了什么程度，依然是一些值得注意的问题。斯特林堡有意不找警察，也不寻求警察的帮助。他知道，手里没有证据，去了也徒劳无益。② 当他发觉有一篇独特的报纸文章在为自己的反妇女立场作辩护时，他立即写了两封信，一封寄给巴黎的警察局，另一封寄给巴黎的报社，说明这件事与自己并没有什么关系。③ 可是，偶然也会发生这样的情况：突如其来的人身攻击引起他直接的反击，这自然会使周遭的熟人困惑不解。举个例子来说，斯特林堡曾经在一家旅馆制造了一件丑闻：因着确信自己发现敌人正在隔壁的房间里骚扰他，他当时非要强行闯进去。④

通过对照斯特林堡自己早年探讨过的上述问题，我们可以轻而易举地证明：一方面，精神分裂症患者与那些缺乏辨识自己疾病能力的人之间存在巨大的差异；另一方面，他们与那些为了寻求摆脱自身的责任而渴望表现出疯狂的歇斯底里症患者之间同样存在惊人的不同。⑤

十六　最后阶段

在最后阶段，病情相对保持不变，这种情况从疾病最后一次骤然爆发之后一直持续到生命的结束。在这个时期，除了若干带有幻觉或错觉特征的怪异症状与彻底的性格改变外，疾病在其他方面并没有进一步的进展，这就为疾病发展到停滞阶段提供了证据。与急性发作期相比，由于患者已经习惯、

---

① 《地狱》，第 185 页。——原尾注
② 同上书，第 101 页。——原尾注
③ 同上书，第 176 页。——原尾注
④ 同上书，第 244 页。——原尾注
⑤ 见于《灵魂的发展》，第 101、105 页。——原尾注

第一章 斯特林堡

屈从了病痛，于是一种相对平静的间歇期开始到来了。那些怪异的表现已经成为患者人生观的永恒伴随物。患者阐释与评价自己经历的方式，与他的日常行为一样，也在其情感生活中显露出基本上无法理解的性质与难以估量的变化。

我们对斯特林堡生命最后阶段的情况了解得并不多。他在《孤独》（1903年）一书中给我们做了一种自我描述。但是，相比于先前的作品，这部书措辞更加规范，态度更加超然。不管怎样，人们至少可以从中看到，他的生命是如何为那种虽然持续不断但已几乎不再令人震惊的病态内容所充斥着。他的耳朵聋了。他倾听着自己的思想，好像这些思想就是说出来的话。① 他把街上走的人分成两类：朋友或者敌人。"有些人我虽然并不认识，但是他们流露出的那种敌意，让我只好绕到对面的人行道上去。"② 街道上的小纸片引起了他的注意，上面印有一些与他的思想有关的文字。③

我未能找到关于斯特林堡第三次婚姻生活的东西。1905 年，施莱希（Schleich）报道了造访斯特林堡的情形以及他的古怪表现。④ 事先并没有通报，他来到斯特林堡的住所前，按了门铃。"我听到前厅里传来沉重的脚步声；低垂的邮槽盖提了上去；我看到他那双锐利的眼睛在搜寻着；紧接着就突然发出低沉的声音：天哪，施莱希！"一年后，莱因哈特（Reinhardt）去探望斯特林堡，然而斯特林堡却没有接见他。"他告诉我，他不想看到任何人，事实上，他是不想被任何人看到！有一次，为了表示对他的敬意，人数众多的工人举行游行活动，尽管其中的一个代表团来了三次请他露一下面，但是，他甚至拒绝在阳台上现身……不过，在这些天里，他似乎又恢复了精神。令他少数几位亲密的朋友极为惊讶的是，他甚至与我一起穿行过斯德哥尔摩的街道……起初，他也曾强烈地拒绝与我一起去大饭店（Grand Hotel），其实，我之所以在那里邀请他，乃是为了回敬他的热情款待。'我宁肯不告诉你为什

---

① 《孤独》（*Einsam*），第 176 页（德文版标注为第 276 页——中译者注）。——原尾注
② 《孤独》，第 213 页。——原尾注
③ 同上书，第 215 页。——原尾注
④ 施莱希（Schleich），第 44 页之后。——原尾注

么我不想去那儿。我有一种不祥的预感。'不过,一天晚上,他还是来了。当我领他来到预订的餐桌前,他说:'看!这就是我与我的妻子最后一次就座的那张餐桌。我知道你不得不选择它。那就是我为什么拒绝来这儿的原因。'这就是真正的斯特林堡;他的神秘主义正处于全盛期……他甚至告诉我,通过在十字架前一夜又一夜地祈祷,他已经使一个恶人死掉了。"

1907年,汉森记述了此前造访斯特林堡的情况:①* 在开门之前,他的举止还是同样的古怪、谨慎;十五年后又见到他,他的外貌已发生了变化;"我们彼此打量着对方的面孔,他的鼻子上起了红斑,小眼睛水汪汪的,不停地眨动,那表情充满无穷的恐惧"。汉森发现房间及家具都不具有斯特林堡的风格,因此它们好像并不属于这里。谈话期间,他展开话题,滔滔不绝地说着。除了别的事情以外,他还说道:"难道你不知道伽列尼乌斯(Galenius)讲师吗?他是一位心理治疗师。……哎呀,他在隆德追踪我,除了他,还有别人。他想给我做检查;想知道我是否疯了。你明白这回事,难道不是吗?我知道他们在追踪我,不过我却露出不知道的样子。那是我唯一逃脱的机会。我与他们一起吃饭、喝酒,但是我却不愿意泄露秘密。我让他们测量我的头骨,从未心烦冲动,总是保持着彬彬有礼。我清楚他们的圈套,不过我想避开这些圈套。我对待他们就像对待老朋友一样,没有猜疑,与他们一起吃饭、一起喝酒……"

1911年,另一位记者尼克索(Nexö)②试图造访斯特林堡:③ "我知道,得到斯特林堡的容许是很难的……他完全生活在自我的世界中——过着几乎隐居的生活——只对少数几个亲密的朋友开门……几乎没有人知道斯特林堡到底住在哪里;有人认为他肯定病得很重,其他的人——当然,他们中的大多数——认为他正在忍受受害恐惧症的痛苦,不去接近他或许更好一些。"尼克索最后找到了他的寓所:"第二天,我去拜访他。门上没有什么标记;门铃

---

① *《未来》(Zukunft),1911年9月。在这个方面,我们对那种非常私人化的观点和解释并不感兴趣(斯特林堡早年当过演员,他曾声称自己当时存在经济上的压力这一点是值得怀疑的,等)。——原脚注

② 见于参考文献。——原尾注

③ 英译者在此处作了分段处理,德文版则没有分段。本译文据德文版恢复了原貌。——中译者注

线已拆去了。按照约定,我敲了三次挨着门框的墙壁,等待着。过了一会儿,距离地板大约三英尺高的邮槽盖被一只看上去微微发青的手指小心翼翼地提了起来。灰白的眉毛下,一只眼睛开始显露出来。'现在,我让最有力量的瑞典人弯腰了',我一边说着,一边把我的名片通过邮槽递了进去。又过了一段时间。门后是一片死寂。我还是静静地等着;我能感觉到这位孤独的诗人站在门后,思索着,思索着——犹豫着……终于,门轻轻地开了,斯特林堡出现在面前。他仔细地打量着我。'我病了',他低声地说,'我通常不开门。你引用过罗尔夫·克拉克(Rolf Krake),是吗?'他的脸上露出一丝转瞬即逝的微笑。他在敞开着的门口站着,好像并不想让我进屋,并且带着一种摇摆于深深的怀疑与好奇之间的神情,用搜寻的目光盯着我。"

1912 年,斯特林堡死于胃癌。①

十七　总结

施莱希在关于斯特林堡怪异行为的报告中继续写道:"因此,人们无须假定斯特林堡精神失常。他总是能够清晰明白、合乎逻辑、沉着自信地从事自己的思考,并且能够以全然冷静的态度看待一切争执。他多少有点儿易于产生受迫害的想法,这是可能的。这类的想法虽然并非捕风捉影,但是就我所能看到的情况而言,它们只不过是斯特林堡对一切判定为不可信任的东西的反应而已。"毫无疑问,后者乃是错误的;只要阅读一下《地狱》,就可确信相反的观点才是正确的。然而,对斯特林堡是否"精神失常"这个问题给出某个相当一般性的判定,可以说是完全没有意义的。这是因为,当一个人失去了镇静、方位或有秩序的思考,如果有人根据某种公认的界定就勉强假定这是"精神疾病",那么斯特林堡就不能被归入这一范畴。不过 20 年来,斯特林堡遭遇了一种广为人知的可描述的过程,我们可以将其归入精神分裂症患者、妄想痴呆症患者或妄想狂患者之列。这类术语其实无关紧要。我们借助于这类术语所要表达的意思是,斯特林堡展示了丰富的经历,这些经历在

---

① 德文版标注:施莱希,第 49 页。英文版未加标注。——中译者注

心理学上是可以得到理解的，它们虽然由异质的成分所构成，不过在经验中却相互联系着，而且在相似的情形与相似的布局下还可以不断地重现。此类的经历陪伴斯特林堡这么多年，逐渐显露出某种特定的进展形式。这个过程开始于19世纪80年代。它是通过两个主要的推力而获得进展的，其发生与达到极点的时间分别是1887年与1896年。第一次侵袭产生了典型的嫉妒狂躁状态，与此相伴的则是富有特色的主观化的身体症状和类似于癫痫的症状。接着，我们就看到了受迫害感与受限制感的发端，以及他对特定的科学研究所表现出来的意向。第二次侵袭开始于1894年，彻底改变了他对人生的看法，由此带来了大量的幻觉体验与偏执狂体验，这些体验彻底吞并了患者的身心，直到1897年，之后的这个最终阶段才由平静引导。在这个阶段，尽管大量的症状依然继续存在，但是它们却没有像过去那样占据他的全部身心。这再一次的相对平衡状态显然可以让他继续开展重要的活动。

令人颇为吃惊的是这样一个事实：这类疾病的诸多症状并非"不合情理"，也并未破坏通常的感知能力，只不过是产生了一种事实上的精神错乱。已获知的那些可理解的病症对患者心智的影响，正如挥舞榔头撞击钟表对其机理施加影响可致其出现混乱、遭到破坏一样。对钟表来说，这些过程以某种复杂的方式破坏了它的部件结构，改变了它的运转方式。这时钟表虽然还在继续运转着，但是其运转的方式却出现了不同与异常，于是人们总想说钟表在疯狂地运转。人们从中受到了启发，认为患者具有非常强大的免受干扰的智能，尽管这种智能无法自然地摆脱精神错觉与狂躁体验，但是或许能够让这些体验产生无害的后果，进而让这些主要的症状成为无关紧要的东西，这样一来，患者各自的人格就不会被闭锁于某个真正孤立的世界之中。不过，与此相反的另一种情形是：患者的智能沦为狂躁症以及这种无法理解的新因素的仆役，于是，这种新因素便通过这个过程进入了患者的生命之中。在精神分裂过程所产生的那些特殊的现象与非精神分裂的心理之间并不存在什么过渡，由于是首次产生的一种印象，没有经验的人们或许就此认为某些虽然表面但明显的症状——譬如歇斯底里症——比在斯特林堡的病例中所表现出来的某些精神分裂现象"更为疯狂"。可是，歇斯底里的渗出物只是某种原初之物的极端变体，它在每个人的天性中其实都存在。人们可能会通过对照自己的亲身经历尝试着对精神分裂症了解得更多一些，不过这依然只是一种尝试而已。人们最好还是要随时牢记那种有待解释之物以及不可接近的陌生之物，正因为如此，语言将这种关注不可知的陌生之物的行为界定为精神错乱。

第二节　斯特林堡世界观的发展

斯特林堡在描述自己的青年时代时曾做过这样的自我描写："那时他自身所拥有的东西以及内在于他自身的东西是什么呢？除了潜藏于自己灵魂深处的这两个基本特征模塑了他的生命及其命运外，别无他物：第一个特征是怀疑。他不会不加批判地接受任何观念，而是发展这些观念并作彼此间的比较。这就是他不能成为某种自动化实存的原委所在，也是他不能与有秩序的社会合模的原委所在。第二个特征是对压力的敏感。这就致使他要么试图通过提高自己的水平来减小压力，要么批评社会等级高于自己的东西，以便让自己确信它根本就没有那么高，因而并不值得去追求。"① 怀疑与对压力的敏感同时存在，又相互抵牾。怀疑使他拒绝接受必然的真理。因此，我们总是在斯特林堡那里看到带有怀疑论与相对论色彩的反思，不过，正如他经常做的那样，事实上他几乎总是与此同时在狂热地抗争着：确实如此。与绝望感形成对照的是，他渴望高人一等。在斯特林堡的整个一生中，他总是怀有一种压抑感：作为孩子受到成年人的压制，作为平民受到显贵们的压制；他曾谈及自己的阶级仇恨（在《一个女仆的儿子》中，女仆的儿子天生就是奴仆）和反社会的立场。不过，他也屡次显露出某种充满优越感的自信：作为一位城市居民和贵族优越于农民和劳动者，作为一位受过教育的人优越于没有受过教育的人。就其本性而言，他看上去渴望受到称赞，不过他总是在重要的人物在场时抽身离开，因为这样的人物对他来说"太强大"了。上述情形通常

---

① 《一个女仆的儿子》（写于1886年），第234页。——原尾注

是可以理解的，也是常常能够看到的，不过就斯特林堡来说，它们则占据着支配性的地位。他的歇斯底里倾向致使他一方面把自己看得过于微不足道了，另一方面又从类似借来的生存中获得了自信。他认为自己就是同时代的诸种事件及其影响得以上演的舞台，不过并不是那创造的中心。

如果精读他的众多作品，我们就可以确信上述观点。我们很难在他的作品中发现某种被称为中心思想的东西，也就是说，他尚未以来自其整全的自我的基本力量产生出某种得到充分证实的人生观；取而代之的是，各种形式的要素——譬如疑窦丛生、争论不休、狂热自信——占据了主导地位，鉴于此，他经常改变自己的世界观。斯特林堡委实在不断地怀疑与沉思，不过并不是为了把所有的细节都相互连接起来，也不是为了无所遗漏，更不是为了在某种总体精神的观念下获得"成长"，而仅仅是为了通过否定他刚刚确定了的东西以罗列一系列的可能性。他的精神生活并不给我们提供一幅人类整体的画面，而只是诸多不同观点的聚集，这些观点有的时候相互支持，有的时候却激烈对峙。在他所作的那些阐述中，他从来就没有为实际上彼此之间互相排斥的那些对立——非此即彼的对立——而感到过难堪。因此，要想理解他总是很容易的；他认为任何事情都不是理所当然的；他处理问题的方法很容易就能被觉察得到。确实，我们在这里并未遇到那低声呢喃、潺潺律动的智慧之波，主要遇到的则是那狂热奔放、坦率不羁的过分自信。他好像总是在呐喊。他的注意力总是直接指向当下及其效果。他紧张不安地追问自己是否依然跟得上时代的步伐——他忙于弄清年青的一代是否没有可能迎头赶上他——是否有他应该支持的一些新趋势。他是一位天生的作家，他想用言辞来做有效的鼓动工作，这种工作并不是为了彻底地变革世界，而完全是为了单纯的思想激发与精神影响，对其后果则不负责任。①* 他始终对公众领域（即报纸和剧院）要说的东西怀有浓厚的兴趣，用一切可资利用的手段突出某

---

① * 当讨论社会问题时，他谈到了自己的情况："他想要说出自己怎样渴望它以及它会变成什么样子……作为诗人，他没有责任去探究原因，那应是哲学家的职分；并不该由他来提出改革的办法，那是政治家该负责的事。"见《灵魂的发展》，第211页。——原脚注

种良好的自我形象。①* 虽然就此承认这完全是他有智慧、会算计的表现乃是错误的——毋庸置疑，斯特林堡的举止经常是不明智的，不过，现在摆在我们面前的毋宁说是一种基本的且至关重要的印象：直到欧洲文学世界将他作为最终裁决的主要传播者接受下来，他才感觉自己取得了充分的成功。今天看来，这完全是一种合乎常规的生存方式，并没有什么更深的意义，而只意指一种持续表现出来的迷狂化的生存样态，虽然总是带有演员的格调，但是就其不加掩饰而言，这种生存样态并不是虚假的。

在斯特林堡的一生中，他接连不断或者同时扮演过多种角色：社会主义者与个体主义者、民主主义者与贵族政治论者、鼓吹发展与进步的功利主义者与反对进步的形而上学家。年轻时他是一位虔诚的宗教信徒，后来转为无神论者，变为了物质主义者、实证主义者，最后——这是与他的精神分裂症联系在一起的——他变成了一位神智学的神秘主义者（theosophic mysticism）。

他对自己所接受的尼采晚期思想的反应或多或少是根据最近的时潮做出的（并未真正考虑尼采本人），他立即就声称这些思想乃是他本人所要求的思想，这表明，只要落在有着充分准备的土壤里，斯特林堡刚刚接受的那种东西在该东西并不在场的情况下被他吸收与信奉达到了何种迅速的地步。譬如，在1890年的一封信里，他诚然宣布了自己对尼采思想的兴趣，不过与此同时却将其视为自己的东西而表达了下述的想法，这些想法几乎一字不差地照搬自尼采，尽管有所误解，但也表明他已完全吸收了它们："我认为基督教是野蛮的，它只能通过那些迁徙的族群才能得以形成……有教养的罗马人与希腊人从未接受过基督教的洗礼，而哥特人（Goths）、伦巴第人（Langobards）、日耳曼部族人（Germanictribes）、撒克逊人（Saxons）与斯堪的纳维亚人则接受了堕落的基督这种糟粕的影响。对我来说，基督教是人类进化过程中的一次倒退。它是弱小族类的宗教，是那些悲苦的人、遭到阉割的人、女人、孩

---

① *在这里，斯特林堡采取了既往的严苛、坦率的态度。例如，当他执拗地设法寻找翻译人时，他这样说："获胜者就是我的骑士。我的意思是说，无论是谁，只要他首先找到出版商，他就会成为我的翻译人。……请把你的外套对着风吹来的方向，以免既失去了外套，又失去了衣领！"见汉森，第1730页。——原脚注

子和野蛮人的宗教,这就是他们之所以直接反对我们所承诺的这种使强者免遭劣等族类危害的进化论的原委所在……因此,尼采对我来说就意味着现代精神,他敢于宣扬强者和智者之于愚昧者和弱小者(民主主义者)的权利。在这个普遍充斥着娇柔之气与愚蠢之举的时代,我能充分理解这颗伟大的心灵在众多弱小心灵的攻击下所忍受的痛苦。"① 就他对人生的看法而言,他所表述的另一个与此相关的自我刻画出现在 1890 年:"因此,1885 年对我的诉讼以无罪释放结束之后,我开始彻底洗净自己身上的诸种残迹,如有神论、自然神论和民主主义,这些思想曾经遗留在我的体系中并作为绝对的先决条件呈现出来。我也曾探究过社会主义,在那里,我先前曾有过的基督教观念出现了,这导致我的健康状况在整体上受到了损伤,于是,我便将它从我自身这里清除了出去……而且,当我后来发现整个过程在尼采那里曾得到系统阐述时,其实我早就提前预料到了这种情况,我接纳了他的观点,决定从那时起就开始以此来做实验,目的在于看看它会把人引向何处。随之而来的直接后果就是对基督教产生了极大的憎恨。这就是我之所以喜欢伏尔泰(Voltaire)身上所秉具的那种'精神贵族'品质的原委所在……我也因此不再搭理龚古尔(Goncourt)在《修女菲洛米娜》(*Soeur Philomene*)中所表现的那些天主教慈善修女崇拜者(Catholic Sisters－of－Mercy－Admirers)。"② 同一年里,他如是断言:"由于四十一年的经历,他不再胆敢拥有任何观点了。"③

他盲目地相信某些教条,又总是很快代之以绝对的否定,因而他有时对一种世界观表现出瞬间的忧郁,很快又陷入虚无主义。于是,他就摇摆于二者之间,这种不承担责任的人在任何时候都容易产生绝望。这也是斯特林堡从青年时代早期就拿自杀念头当儿戏的原委所在,即便在罹患精神分裂期间,他也没有丢掉过这种倾向。④ 不过,恰恰因为他能尽快地接受某种新观点并为

---

① 勃兰兑斯,第 1493 页。——原尾注
② 同上书,第 1496 页。——原尾注
③ 同上书,第 1498 页。——原尾注
④ 如见于《一个女仆的儿子》,第 364、409、427 页;《灵魂的发展》,第 94 页之后;《一个愚人的自白》,第 106 页;《分裂》,第 147 页;《地狱》,第 88、186、221 页;关于魏宁格(Weininger)的信。——原尾注

之辩护，所以他要活下去的强大意志总是能够战胜这些自杀的想法。

精神病影响到了斯特林堡人生观的变化。譬如，他过去曾非常迷恋天主教。这种变化所发生的时间以及变化的性质，仍是须得探明究竟的。

早在孩童时期，他就怀有一种内在的宗教潜质。当他说出下述这些话的时候，有人是会相信的："天生带着一种怀旧的心情渴望天堂，我过去时常为生命的污垢而哭泣，即使自己还是一个孩子；在我的亲属与其他同伴中间，我有一种陌生感与无家可归感……从孩提时代起，我就开始寻找上帝，而我发现的却是魔鬼。"① 在青年时期，他时而思考恶的力量，认为"有两种引导的力量，一种是恶的，另一种是善的，二者交替地分享着支配权"②。在《地狱》之前，他创作了《神秘日记》（Mysterium），其中的文字后来稍微作了一些修饰，这部作品是他对创作于19世纪70年代的《奥洛夫老师》（Meister Olof）所作的宗教性的续写。③ 不过，这完全是一些零零星星的尝试，他在此后的某些时候再次捡拾起来。在他狂热地趋向于探究世俗的人生问题——诸如他对社会主义、精英主义、女性主义、科学问题等的兴趣——的情形下，这种关注超越问题的潜质是很难看得出来的。1897年，斯特林堡简略地勾勒了自己世界观的变化："你宣布曾经鼓舞我的一切东西都是无价值的、虚空的。如果我献身于宗教的话，我敢肯定今后十年间你就会起来反对它。"现在，他谈及自己"荒谬可笑的否定"，谈及"十字架前的爬行与所作的忏悔"。④

换言之，斯特林堡意识到，他在1897年就已遭遇了最近经历的一次关键性的宗教危机。这次危机诚然与他的疾病有关，但是这并不等于说宗教信仰与其疾病的端始是同时牵涉进来的。与此相反，他那极端加剧着的虚无倾向只是在他患病之后才变得明显起来，并于1890年达至其极点。最早牵涉进来的一些新的迹象，可以在他独特的自然科学研究道路、渴望炼制黄金等事例

---

① 《地狱》，第100页；参见《一个女仆的儿子》，第53页之后、第368页，谈及他在儿童时期和青年时期的宗教情感。——原尾注
② 《一个女仆的儿子》，第385页。——原尾注
③ 见于《奥洛夫老师》，第111页之后、第124页之后；《地狱》，第212页。——原尾注
④ 《地狱》，第198页。——原尾注

中看得出来。他总是对关涉终极的问题表现出一种兴趣，但是如今他对这个世界的兴趣是纯粹与自由的，直接指向了经验主义，带有批判性且灵活多变。现在，它却越来越缺少批判性，而且越来越固化了。

斯特林堡的人生观直到1894年秋天才开始发生真正的变化，当时他正在阿尔达格，相关迹象表明他开始逐渐地接近于第二次疾病暴发。无论如何，斯特林堡认为他的"宗教危机"始于那个时候。不过，当时的各种情况都还是非常不确定的："他做着古老的修道院之梦。"在柏林，斯特林堡周围的人们就已谈及发现了一个适合于知识阶层且与宗教宗派并无关系的修道院。[①] 那时，他同样感到"有某个人在引导着他的人生道路"。他把术语命运（fate）改为天意（providence），并认为自己是一个得到天佑的人。我们在别的地方还发现了与那一时期相关的下述描写："当作者原则上放弃有摧毁他整个精神生活之危险的怀疑论时，而且当他开始尝试着笃信宗教时，一种新的内在生活就向他显示自身，这类的说法在《地狱》与《传奇》中可以找得到。……在事件发展的过程中，作者一旦放弃所有的抵抗，他就会发觉自己遭到了诸种权势与强力的攻击，正是这些东西曾威胁要将他撕成碎片。"[②] 他也给这个时期赋予了如下的特征："斯特林堡在五十岁时遭遇了巨大的危机；他在危机中发生了革命性的剧变；他步履维艰地穿越荒漠；这就是斯特林堡的地狱与天堂。"

如果他在这里将自己的精神分裂经历视为人生观变化的结果，而不是相反，那么我们就须得承认，作为一种事后的阐释，这与他的其他许多观点甚至是互相矛盾的。直到1896年，那些威胁着要撕碎他的力量才变得显而易见起来。况且在开始的时候，它们根本就没有被解释成某种带有宗教性质的存在物，而恰恰被解释成了某种真实地存在于这个世界上的罪恶力量，这些力量在大量不同种类的受害狂躁经历中都可以得到阐释。转向对超自然的力量的阐释是逐步发生的，这种转向通过他对斯威登堡的研究获得了最具决定性的进展。前些年，这些主要的错觉经验被当成了"迫害"与"事故"，而现

[①] 《分裂》，第180页。——原尾注
[②] 《传奇》，第425页之后。——原尾注

在则被想象为超验的东西,当然这并不是马上发生的,而是逐渐出现的。

危机——如果我们打算这么称呼的话——波动于 1894 年至 1896 年,并且与他的精神分裂症过程是完全相平行的。直到那一过程即将结束的阶段,一种崭新的祈向超验的宇宙图像才开始出现并不断得到固化。这个为期三年的阶段给斯特林堡留下了太深的印象,他自己"否定了自己的过去"①。当听到有年轻人在表达他的思想时,他才意识到自己在怎样与旧我交战。② 后来(在一个新写的序言中),他谈到了那个曾经表现于《灵魂的发展》一书中的斯特林堡形象:"正如对读者一样,该书作者的人格同样令我感到陌生与讨厌。由于它已不再存在,因此我已与它毫无相干了;而且由于我已亲手杀死了它(1897 年),因此我有权从这部伟大的著作里来考虑过去遭受的惩罚与不幸。"

要回答究竟是什么东西使斯特林堡的世界观发生了变化这一问题,并不是一件容易的事。

譬如,尽管他在各种各样的倾向中都表达了对天主教与修道院的一些同情③*,但是他并未成为一个基督徒,举个例子来说,他后来并未成为一个经常去教堂做礼拜的人。④ 他只是偶尔去一下教堂,例如暂住巴黎期间,他就曾去过,不过当时并不太在意自己正在做的事情,而只是去"尝试一下",或者偶尔也买来一串挂有十字架的念珠。天主教教堂有时令他很着迷,不过那时他几乎着迷所有的东西,事实上,宗教的大量侧面进入了他的生活。1903 年,他根据一时的突发奇想,开始阅读天主教、新教或者改革派的祈祷书,或者阅读不同版本的《圣经》。这些《圣经》来自不同的文化背景(正如他所说的,原因在于它们表现了完全不同的时代情绪)。最后,他让自己忙于阅读佛教方面的著作。⑤ 正如斯特林堡曾考察过各种各样的可能性一样,他现在所做

---

① 《传奇》,第 315 页。——原尾注
② 《地狱》,第 221 页之后。——原尾注
③ * 斯特林堡一度想要加入本笃会(Benedictine)做一名修士。见《传奇》,第 335 页。关于他的天主教倾向,例如见于《传奇》,第 207 页之后,第 209、337 页。——原脚注
④ 《孤独》,第 235 页。——原尾注
⑤ 《孤独》,第 246—250 页。——原尾注

的也是如此:"我曾忠实于所有的观点,实践过所有的宗教,生活于所有的时代,现在这一切对我来说都已结束了。这就带来了一种无法描述的极乐之境。"①

在斯特林堡的作品中,可以为他或许从未转向某种特定教派这一假定提供辩护的证词是非常少见的,不过可以假定的是,他确实以一种更为普遍的方式而显得深深地受到了宗教的影响。他曾经承认自己的宗教信仰是非理性的:在《传奇》第二部中,他想要象征性地表现自己的宗教信仰冲突。他宣布自己在这方面的努力已经失败了:"因此,就像所有的宗教危机一样,它仍停留于一种碎片化、非连续的混乱状态。有人可能就此断定,正如任何一种试图袭击天国的努力,那种探究天意的努力同样会以困惑不解而告终,而且任何一种试图通过理性的方式接近宗教的努力也都必然会导致荒谬。"② 即便斯特林堡作品中曾经出现的观念能够得以重现,这类独特的观念也恰好可以用来反对他,也就是说,他给我们提供了有关来世的非常详尽、非常合理的看法,然而,就像那些明确的宗教意识形态一样,他最终并没有对其中的任何一种思想进行过长期的思考,特别是对那些细节描述得还不够详尽。由精神分裂症过程带来的大量实验性的内容,自始至终都服务于那些形而上学的、宗教的、神话的观念。不管人们想谓之什么,它们都与各种神智学观念有关。他或许通过研究自己所感兴趣的斯威登堡的作品与神智学传统而对其有了更深的理解,但是它们基本上还是主要源自他自身的体验。他曾直率地说,自己并不喜欢单纯的智性推理,也不喜欢神智学。③ 不过,他自己原初的精神分裂经历迫使他充满的神智学观念达到了如此这般的程度。这些经历在其变动不居的人生哲学观点中是经常出现的,同时伴随着对某种整全的观念所做的那种极其普遍与原初的探察。即便在危机之后,他的怀疑论也从未离开过他。其实,他总在怀疑几乎所有的东西,只是不怀疑自身的经历。而且这些经历又可以予以不同的解释,不过也不能断言这是一种病态的表达或被视为某种

---

① 《孤独》,第 245 页。——原尾注
② 同上书,第 425 页。——原尾注
③ 同上书,第 85 页。——原尾注

无用的东西。不言而喻，斯特林堡也对所有的教派教条怀有敌意。"只要斯威登堡……还把自己限制在启示、预言或者阐述的范围之内，他就能够引起我的虔敬①*，不过这时他……已开始对各种教条展开辩论，也就是说，他这时正作为一位自由思想家与新教徒在发言……我期望宗教是用来缓解单一乏味的日常生活节奏的一曲宁静的伴奏曲，而不是如此这般的一种职业化的宗教、学究式的争论，因而不能成为一个权力斗争的场域。"②

人们可以由此推断出斯特林堡因其宗教信仰危机所获得的东西仍是悬而未定的：无论是某种新灌输进来的坚定信念还是某种世界观的新框架，无论是恒常不变的还是不断发展的。就恒常不变这一点来看，对于他来说是新鲜的东西，确实只包括那些含有精神分裂症内容的经验，无论是最为直接的亲身经历还是与他的阐释紧密相关，其变化都是极小的。譬如：可发现此岸世界与彼岸世界的并置，魔鬼、神灵以及直接介入的势力与权力的存在，继而，富有特定意义的符号观念，超自然的力量对人类教育与惩罚的想法是相对恒定的。"尽管我在整体上仍摇曳不定，不过看来我还是确信一种东西，那就意味着那个看不见的存在已接管了训育我的权力。"③

人们可能最终试图查明，在斯特林堡那里究竟形成了何种类型的当代世界观念，这种观念既与万事万物的无限进程相联系，同时作为众多真实的经验、阐释和思想的结果，又与传统的观念相联系。

斯特林堡相信他在自己所处的时代发现了一种普遍弥漫着的魔鬼行动。"我们已经历了太多不幸的事件和太多无法解释的偶发事件，就连最强大的怀疑论者也会变得焦躁不安。失眠现象与日俱增，神经失调现象成倍增长，幻象不断出现，真实的奇迹层出不穷。处处弥漫着一种期待的气氛。"④ 这意味着不仅斯特林堡有了此类的经验，而且其他人也是如此。这些人的数量正在稳步地增长。斯特林堡看起来已与那些遭受精神分裂症之苦的患者有了真正

---

① * 这里使用的宗教术语，是老年斯特林堡的典型特征。——原脚注
② 《传奇》，第416页。——原尾注
③ 同上书，第423页。——原尾注
④ 同上书，第205页。——原尾注

的关联，而且当他逐渐熟悉斯威登堡的著述之际，也正是他感到症状有所缓解之时。他在斯威登堡的著述中发现了自己的全部经验。当别人告诉他从自身的经验中所了解的那些东西时，他已经告诉过自己了。①* 换言之，"一种普遍的觉醒看起来正在全世界传播，我不必再隐藏自己的状况了。"② "强力正准备着归来……所有的人都在抱怨恶梦、失眠与心烦。"③

另外，依照斯特林堡的观点，青年人显然正在期待着某些新的东西。"他们需要宗教信仰，需要与诸种力量取得和解（这就说到了点子上），需要与看不见的世界恢复友好的关系。一度强劲而丰饶的自然主义时代已经衰微了……这是一个实验的时代，各种实验的否定结果都证明了那些教条的虚妄。"④ 在另外一处也可看到与此颇为相似的谈论："青年期待新的东西，……展望不可知的东西，不管它是什么，只要它不是旧的东西。人们渴望与神重归于好。不过，它们必须是新神，必须被更好地界定，必须与我们的时代和谐相处。时代的实验精神已经结束，除了否定的结果外，这些实验什么也没有显示出来……"⑤

斯特林堡看到了两种症候：一方面，他满怀好奇地断言，魔鬼的作用正愈加在真实的现象中呈现自身；另一方面，他认为这个时代已彻底溃败，年青一代正趋向于新的东西。斯特林堡看到的所有这一切都是以一种旧的观念表达出来的，关于神的历史的观念正进入一个新的阶段，这是一个恰好在那些症候中显示其自身的新时期："迄今为止，那个依然未知的上帝仍不时地发展、壮大并显示自身，并且把世界自身留在了时间之维中。……每时每刻他都在显示自身，变换着自己的计划，通过引进那些经由实际应用而取得成功

---

① * 与患有同一类疾病的患者进行接触，这样心心相通的谈论见于《地狱》，第 190、205、206 页，第 224 页之后、244 页之后、257 页之后、269 页之后、280 页之后、300 页之后。在这一方面，不可能得出某个有约束力的结论。斯特林堡可能是从有歇斯底里倾向的人们那里得出了这一结论，或者这一结论是从具有不同性质的患者那里得出来的。——原脚注

② 《地狱》，第 225 页。——原尾注

③ 同上书，第 189 页。——原尾注

④ 同上书，第 189 页。——原尾注

⑤ 《地狱》，第 242 页之后。——原尾注

的改进措施，以便能使他的统治以某种新的方式重新开始……"① 斯特林堡在 19 世纪 80 年代的一位法国作家那里发现了同样的想法，那人在其著述中宣称："1867 年，我在对'上天恩赐的无神论'所做的一次回顾中曾预言，上帝将进入隐蔽状态，以便迫使人以更大的热情去寻找他。"斯特林堡补充说："这是无拘无束地同我们在一起的方式，恰恰就在这时，在受过教育的人们中间开展的一切关于宗教的讨论都停止了……当上帝再次归来之际，我们并不能确定他就是此前的同一个上帝，其中的原委在于，就像其他各种各样的事物一样，他也壮大成熟了。尽管变得更加严厉，但是他必然要宽恕那些不可知论者和神秘学学者，这些人并不能发现他，因为他并不在那儿，或者并未接纳他们。……"② 斯特林堡心满意足地宣称，他自己怀有此类的想法长达 30 年了。他在《地狱》之前再版了自己先前撰写的《神秘日记》。他带着游戏的态度再次研究中世纪教义："路西法（Lucifer），这位善良的上帝已被'另一位上帝'取代、驱逐了。当上帝的篡位者由于自己的卑鄙、残忍、不公正的统治而遭到人们蔑视之际，而且当他也逐渐意识到自己无能之际，这位善良的上帝就会再次归来。"由于我们所犯下的罪恶，我们已被交送到刽子手的手中，我们要为在另一个世界里所犯的未知的或遗忘了的罪恶承担责任。

当前正处于黎明破晓的这个新时代有其自身的特征。"预言的时代看起来就要结束了；各种力量都不再与那些牧师有更多的关系，而是再次把灵魂掌控在自己的手中……"③ 接下来的事情仍是含糊不清的："那么，当今世界所发生的事情是什么呢？它是对索多玛（Sodom）这个罪恶之城所宣布的无情判决吗？"④ 这可能就是斯特林堡所期待的那个中世纪的再生。⑤

尽管如此，有一件事情还是确定的，而且它一直还在反复地出现着："我们将要目睹一个新时代的开始，这是一个'在生活乃意味着纯粹的快乐之际精神却得以苏醒的时代'。心绞痛，失眠症，梦魇……医生们非常轻率地就将

---

① 《地狱》，第 190 页。——原尾注
② 同上书，第 426 页。——原尾注
③ 同上书，第 257 页。——原尾注
④ 同上书，第 315 页。——原尾注
⑤ 《传奇》，第 368 页之后。——原尾注

这一切都称为流行病,其实它们只不过是由那些看不见的东西所引起的症候而已。"① 神之历史的宏伟、普遍的远景,不管从哪个角度来看,它都是一个不合时宜的观念,最终必须用来解释这种具有决定性意义的时代症候,或者用它来解释斯特林堡精神分裂症的发生过程。譬如,他曾直率地宣布:"我提出了问题,那就是:必须为困扰我们的所有那些无法解释的现象找出一种天然的和科学的解决办法。"② 当然,这就意味着要对他的精神分裂症经历给出一种恰切的解释。

确实,在与别人的关系甚至与自身的关系中,他的首要策略就是不作承诺。他同时扮演着好几种角色。"我把自己的人格切分开来,一方面是以自然主义的神秘学学者的角色呈现于这个世界上,然而,另一方面又在内心深处保持和培养着并不限于某一宗教信仰的核心观点。很多时候,这种开放的角色占了上风;我把自己身上的这两种天性非常彻底地混合在一起,以至于我只会对我新近获得的信念报之一笑;这使我的学说可以在那些顽固的心灵中间找到认同的声音。"③ 他的言行举止也呈现出同一幅画面:斯特林堡世界观的真正本质,他的怀疑论以及对一切事物的不完善的探察——所有这一切都依然存在;从根本上看,精神分裂症过程只是引致了新的素材,却没有产生新的观念。

斯特林堡世界观的另一个部分,有时看上去确实就是人们所称的反女权主义。然而,这个问题所涉及的各种相互的关系颇为复杂。即使这种本性在一定意义上几乎涵淹于他整个的一生并发生了诸多的改变,不过这些改变在某种程度上仍与他的精神分裂症过程密切相关。

我们首先需要关注斯特林堡个人的爱情生活,然后需要关注他的反女权主义学说。

给他的一生烙下深刻印记的第一个女人是他的母亲。"他渴望母亲伴随自己一生……他从未成长为他自身,从未形成一种完满成熟的个性。……他像

---

① 《传奇》,第308页。——原尾注
② 同上书,第222页。——原尾注
③ 同上书,第223页。——原尾注

第一章　斯特林堡

一株攀爬的蔓生植物一样需要支撑物。"① 他有崇拜、顺从某个女性的倾向，以便从她那里得到母亲般的关爱。后来，他倾向于用母亲的角色来衡量女人的价值。十五岁的时候，他与一位三十岁的女人保持着毫无目的的关系。"她扮演母亲的角色，这令他产生了一种无法抵抗的感动。"② "他在所爱的每一位女人的身上，都能看到母亲的踪影。鉴于此，他所爱慕的仅仅是那些慈母型的女人。"③ 结婚两年后，他成为一位父亲。他想："自己的妻子当时已是亲密的伴侣，她作为母亲而获得了新的价值。在这种关系下，她那变得明显丑陋的长相消失了。"后来，他抵制这些冲动并渴望使自己从中摆脱出来。他试图去除"母亲与女人应得的额外敬慕的古老迷信"④。直到1884年，他还是在自己身上发现了"一种崇敬母爱的古老的迷信"。

九岁时，还未进入青春期，斯特林堡就喜欢上了一位与他同龄的女孩——教区牧师的女儿。"他在沉默的悲伤中暗恋着她。他不能同她说话，而且他原本就不敢做出任何表示来。他感到惧怕，与此同时，又渴望见到她……他并不想从她那里得到什么东西……他觉得自己的心里装着一个秘密。这令他焦虑不安，痛苦万分，他的整个生活都变得暗淡无光了。一天，他在家里取出一把小刀说：'我要切开我的喉咙。'他的母亲认为这孩子患了病。他也无法明确说出究竟是怎么了。"⑤

十二岁时，他与一些玩伴涉足了手淫。"这件事看起来与真正的性生活无关，此乃因为，每当男孩子在性冲动尚处于蛰伏状态时，他就会爱上女孩子……另外，随着他的长大成熟，他很快就不再手淫，……但接下来替代恶习的是与肉欲的斗争，……而且，他不能平静地入眠，直到十八岁，他才与异性有所接触。"⑥

对他来说，爱上某人即意味着"圣母崇拜"（the adoration of the Madon-

---

① 《一个女仆的儿子》，第48页。——原尾注
② 同上书，第149页。——原尾注
③ 《一个女仆的儿子》，第181页；参见《灵魂的发展》，第135页。——原尾注
④ 《灵魂的发展》，第31页。——原尾注
⑤ 《一个女仆的儿子》，第43页。——原尾注
⑥ 《一个女仆的儿子》，第82页之后。——原尾注

na)①。在女孩面前,他感到羞怯。在舞厅里,他不知道该说些什么。"他感到自己正在对付不同种类的人,这些人有时高于自己,有时低于自己。他私下里喜欢那种娇小温柔型的女孩,这是他选择妻子的类型。对他来说,女人只有以妻子的身份才能获得其存在的价值。"② "一位朋友建议说,'与她们接触时可扯些闲话'。但是,他不能那样做。有些事情是他想做的:但一定要说出来吗?不!……他惧怕女人,宛如一只雄性蝴蝶,知道完成交配之后自己肯定就会死去……对他来说,与女孩交往总是意味着每夜的争吵、警察管束和可怕的疾病。"③ 后来,即便逐渐习惯了正常的性行为,他仍怯于做此类的事情并感到应该为此而受到指责:"他已经与一位女服务员接触了一年。由于起初他对女人总是显示出一种敬重的态度,直到条件看起来成熟之际,他才变得粗暴起来。这时女孩开始喜欢他,而且明显相信他有郑重的求婚意图,尽管他从未暗示过任何一点此类的意图。除了最后的性爱之外,她乐意为他奉献其他的一切。这件事令他感到萎靡不振,他曾就此向一位朋友抱怨过。——他的朋友说:'你太胆小了。女孩喜欢更粗野大胆一些的男人。'——他反驳道:'可是,我并没有羞怯。'——他的朋友说:'你刚刚起步。一个人须得马上表明自己的意图。'"④

十八岁时,斯特林堡"第一次与一个女孩待在一起。他像其他许多人一样感到失望——这种事不过如此!……当一切都过去后,他突然感到一片巨大的沉静;他觉得健康与快乐,就好像已经尽了自己的义务"⑤。这时,与娼妓的交往对他来说成了当然的事。⑥ "他习惯于同时拥有三段风流韵事。正如他所声称的,首先是与一个伟大、圣洁、纯粹的女人相爱,双方隔开一段距离并思考背后的婚姻生活;换言之,男女同床,但要各守贞洁。其次是与一个酒吧女招待调情。再次则完全是与一大群佳丽——金发女郎、棕发女郎、

---

① 《一个女仆的儿子》,第 83 页。——原尾注
② 同上书,第 179 页。——原尾注
③ 同上书,第 180 页。——原尾注
④ 同上书,第 283 页。——原尾注
⑤ 同上书,第 226 页。——原尾注
⑥ 如《灵魂的发展》,第 82 页之后。——原尾注

红发女郎、黑发女郎——寻欢作乐。"① 1880年②，斯特林堡曾经在一封信中写道："我有这样一种本性：无法忍受与妓女待够一晚，也无法忍受与警察发生一点儿争吵！我总是觉得某些乖顺放荡的女孩能让我感到欣快，并渴望着能与她们待在一起。"③

现在就做出如下假定——斯特林堡已经尝试了一切可能性，他几乎能够随意转向这个女人或那个女人，就他的性冲动而论，专属于个人的爱或一夫一妻制可能不再重要了——会是一个巨大的错误。尽管他的行为几近于招人唾弃，不过他的爱慕冲动仍是最强烈的冲动（他将自己的交往合法化的冲动也一样），而且他总是倾向于把单纯的性交与深切而富于情绪化的情感结合起来。1873年，他与女管家同居了三天，俨然一对结了婚的伴侣。他之所以喜欢她，乃是因为自己生病期间曾得到过她的照顾，而且现在她又能给予他爱抚与体贴。④ "现在，两人的关系中加进了激情的成分，他感觉已为这个女人所吸引，这种黏合力比他预料的更加强大，其强大的程度所带来的后果是，当她稍后又移情于另一个男人时，他几乎就要僵死过去。他勃然大怒，那强烈的嫉妒把他摧垮了……他首先想到的是，自己是某种背叛行为的受害者。她曾许下过诺言，却又违背了诺言。由于他遭到了抛弃，这种变故让他感觉受到了伤害。但从另一方面看，他为什么会遭到抛弃呢？当询问这个问题时，某些别的东西也就随之出现了……他让这个女孩占有了自己灵魂的一部分；他把她看成是和自己一类的人，而且对她的生命表现出了兴趣……不仅如此，他还与她血肉相连，让她感到兴奋，并且使双方敏感的神经协调一致，这样一来，他们就互相属于对方了。然而目前在他试图创建生活秩序之地却出现了一个陌生人，这就导致了混乱的局面。这不可能是一个单纯的肉欲问题，因为在一般的女孩与完全保持肉欲关系的女孩那里，他并没有感到过嫉妒。现在，他的灵魂在最深处被摇动了。他人所霸占的东西乃是属于他自己的一

---

① 《一个女仆的儿子》，第283页。——原尾注
② 德文版写为"1890年"。——中译者注
③ 汉森，第1730页。——原尾注
④ 英译者在此处作了分段处理，德文版则没有分段。本译文据德文版恢复了原貌。——中译者注

部分。某人玩弄的恰恰是他内心所爱的人……她已经成为他身体的一部分，与此同时，他也想让她占有自己的灵魂。"①② 斯特林堡遭受了一种歇斯底里的反应，其具体情况我们前面已谈过了。他的爱并不仅仅是性欲，而是全然被其所浸润，并以无限的激情征服了他；至于这种爱的程度，可通过他与第一任妻子——二人从1875年至1890年保持婚姻关系——的关系中得到最好的证明。他彻底证明自己是忠于她的。他曾经做过如下的表达："我有想念水性杨花的女人的时刻，不过我的一夫一妻的本性让我鄙视这种移情别恋的女人。我们的拥抱可能并不那样令人满意，但是或许能给我们带来更多真正的满足，而且这种永不满足的渴望乃是我们持续不断地追逐爱的原因。"③

在斯特林堡的生命中，他的第一任妻子锡丽·冯·埃森（Siri von Essen）占据了独一无二的地位。他对她的爱之深切是空前绝后的。他虽然在《一个愚人的自白》中口述了对女人无限的憎恨以及由嫉妒狂躁所带来的绝望，但是这部书正是他对这一事实的最深刻的证言。斯特林堡透露了这种毫无保留的爱所包含的精神因素：他渴望崇拜，渴望将女人抬升到圣母玛利亚（Madonna）的地位④，他的性意识苏醒的方式⑤，他对女性产生的憎恨态度。⑥ 他已经对自己在坠入情网的献身与憎恨这两端之间摇摆的情况作了描述——为权力和独立而斗争，对他来说，就是慈母般的爱的重要性以及他的父权意识。若追问这种爱究竟意味着什么，他对此给出了不同的回答（例如，所有人身份所带来的感觉）；不过，这种惯常的表达所带来的最大的感觉就是："一种情感压抑了所有其他的情感，那些情感本是无法压制的自然力量，有点儿像打雷、涨潮、落瀑、刮风一样无可抗拒。"⑦ 读了他的书后，有人可能会补充说：这种力量已经发展起来，并且已经以纯粹的活力摧毁了自身。无论是被情欲所支配的结合还是怀有敌意的斗争，二者都无法透露出试图达到相互理

---

① 《灵魂的发展》，第95页之后。——原尾注
② 英译者在此处作了分段处理，德文版则没有分段。本译文据德文版恢复了原貌。——中译者注
③ 《一个愚人的自白》，第169页。——原尾注
④ 如《一个愚人的自白》，第26、43页。——原尾注
⑤ 同上书，第56、58、80、116、118页。——原尾注
⑥ 同上书，第49页。——原尾注
⑦ 《一个愚人的自白》，第44页。——原尾注

解与进行爱的交流的消息。那只是为了更加优越而进行的斗争,而不是为了澄明而进行的斗争。这些人从没有相互意识到对方的精神特性,因此,他们不可能有相互澄明的内在发展,其实,相互澄明只意味着内在的自我澄明。[①*]

1886—1887年的疾病,导致了前面已探讨的嫉妒狂躁症的激烈暴发,他的嫉妒狂躁症是在这段婚姻生活期间开始慢慢形成的。离婚后,他在柏林开始了一段新的放荡不羁的生活。保罗曾谈及斯特林堡在1892—1893年的冬季期间所经历的5次充满青春活力的风流韵事。1893年5月,他再次结婚,这次结合的结果是添了一个孩子。但是从一开始,这次婚姻就被斯特林堡阵发性的痴呆症蒙上了阴影,这导致他于1895年再次离婚。

与此同时,他的疾病也得到了发展。最严重的一次发作开始于1894年,到1897年发展到了最后的阶段。在此期间,斯特林堡的性行为经历了一些变化,这种变化的类型在遭受同样疾病的人们那里也是经常可以看到的。在特定的时期,疾病可以猛烈地激起性欲,或者可以使性欲委顿进而导致性冷淡。我们可以假定,在这些年中,后者时常是斯特林堡的真实症状。他曾公开表示厌恶一切诉诸感官的东西。他无法忍受在通常的社会交往中有忸怩作态的暗示或轻佻浮薄的谈论。妻子离开他之后,他相当有个性地写道:"当我独自一人躺在依然散发着女人芳香的床上,我感到怡然自得。一种男贞精神的纯洁感使我觉得过去的体验中呈现出某种龌龊的东西。"[②] 1895年,他在乳制品专卖店的熟人圈子里遇到了一位英国女士,他又一次为女人所吸引。"大约十一点,这位女士站起身来,给了我一个神秘的表示同意的手势。我相当笨拙地站起身,与在座的各位告辞,提议护送这位年轻女士回家,这时,周围那些放肆的年轻人却无礼地嘲笑我。我们俩都受到了奚落,走在路上,相互之间无法说一句话;我们彼此看不起对方,就好像我们都已赤条条地暴露于那些发出嘲笑之声的大众面前。"妓女们在大街上纠缠他俩。这时,开始下雨

---

① *二人间的通信可回溯至1875—1876年,当时锡丽·冯·埃森仍还是弗兰格尔男爵(Baron Wrangel)的夫人,这些信是用瑞典语写的,以《他与她》(*Er und Sie*)为题名登出,选自死后出版的信件第二部分。见奥斯特陵(Oesterling)在《法兰克福报》上所作的报道。——原脚注

② 《地狱》,第5页。——原尾注

了。在一个咖啡店，他没有钱来结账。因此，"惩罚"接踵而来。"当我离开这位年轻女士的家门口时，我被永远也不会忘记的情感压倒了……我，一个乞丐，连对自己家庭的义务都承担不了，竟然还想与一位体面的年轻女士建立关系，这种关系势必会连累了她。老实说，这是一种犯罪，于是，我决定为此来赎罪。"在第二次会面时，他表现得非常尴尬。他知道自己心里渴念她，但他还是与她分道扬镳了，"一种肮脏的情火烧得他只剩下了骨头"。他最后决定："不要再去爱了！爱是由力量所支配的。"①

我们没有听到更多关于斯特林堡与女人接触的消息。从1901年到1904年，斯特林堡第三次婚姻，这次结合的结果是添了一个孩子。不过，我们并没有关于他对这次婚姻的精神态度的详细描述。

倘要探问斯特林堡关于女性、性关系以及婚姻生活的批判性思考，那么我们就会发现，他自身的那些体验构成了让我们从心理学上走近这个问题的因素之一的基础。起初阶段，他因性潜能的发展而与妻子保持炽热的关系，这种态度与他患病之前业已存在的理论上的反女性主义倾向是相称的。我们难以确定的是，他在内心里的反对易卜生究竟到了何种程度；第二阶段，对异性的仇视伴随着绝望的嫉妒达到顶点，这诱发他写出《父亲》(Vater)、《同伴》(Kameraden) 等反女性主义的作品；第三阶段，认为女性是一切罪恶之源的这一仇视女性的态度消失了。在他人生的最后十几年里，他能够比较公正地看待两性间各自的过失，进而把不幸的性冲动归之于某种更高的力量。

斯特林堡在创作《奥洛夫老师》时（1872年），就向自己提出了两性间的差异问题。在稍后的时间里，他将自己发现女性问题的时间确定在1880年。②

对斯特林堡来说，这个问题起初看起来是一个经济问题，一个对男人说来的竞争与盘剥的问题。在男人摆脱对婚姻和父亲身份所承担的各种经济义务之前，女人却被允许进入了男人的活动领域。③ 1885年，斯特林堡在其撰写的关于婚姻生活的中篇小说中声称，有关女人的诸多问题总是可以自然地

---

① 《地狱》，第25页之后。——原尾注
② 1904年（德文版写为1903年——中译者注）关于魏宁格的信。——原尾注
③ 《灵魂的发展》，第8页。——原尾注

归因于女人的不利条件。在瑞士的一家旅馆里，他写出了这些中篇小说，其中就对自己的日常生活作了如下描绘："他看到那些女人无论是在进餐期间还是在两餐之间，她们时时处处总是游手好闲，喋喋不休，苛求于人，寻求享乐。有聪明伶俐的女士……有会写作的女士，有病恹恹的女士，有懒洋洋的女士，有年轻的女士，有漂亮的女士。当发现她们的闲散安逸时……他询问自己：这些寄生虫如何才能设法与一群孩子生活在一起？……他在那时就发现，丈夫作为家庭的供养者总在为家计而奔波，有的在伦敦阴暗的办公室坐班，有的远赴东京（Tonkin）冒险，有的在巴黎的办公室工作，有的前往澳大利亚做商业航行，目的就是给自己的女儿置办一份嫁妆而挣钱。"例如，斯特林堡看到男人屈从于一些琐屑的小事：丈夫每一步都要帮着他病恹恹的妻子，为她扎围巾，为她搬椅子，为她处理各种琐事。他只知道婚姻令丈夫苦恼不堪，并且对此感到惊愕不已。他最后断言："无足轻重的妇女结果却意味着一切，因为她们做了男人不能完成的事情。"① 早在1869年，斯特林堡就"几乎是出于本能地"表示，不应该让女人成为医生。"如果女人进入男人的领域，那么男人就须得摆脱对家庭应负的责任，谁是父亲这一问题也就须得保持悬而未决的状态。"②

　　斯特林堡试图根据他们迫在眉睫的需要来界定性关系，值此之际，他做了更为深入的探究，结果却发现这里也存在不可避免的矛盾，例如，他在此后的1886年就曾谈道：纯粹的爱是一种自相矛盾的说法。爱是诉诸感官的。"在销魂的时刻来临之际，两颗心灵彼此发现了对方，那种交感也就随之形成了。交感是真实的，是起中和作用的。那就是当肉体关系完结之际反感就开始出现的原因，反之则不然……在异性之间可能存在持续的友情吗？只是似乎可以，因为异性之间是天然的敌人……一种精神的婚姻生活是不可能的，因为这会导致男人受奴役的境遇，这也是那种类型的婚姻之所以不可能持久的原因……精神性的婚姻只可能或多或少地发生于无性行为的人们之间；而且在这种情况存在之处，人们总会发现某些反常的东西……反感、意见分歧、

---

　　① 《灵魂的发展》，第227页之后。——原尾注
　　② 《一个女仆的儿子》，第361页。——原尾注

敌意或者鄙视就可以成为真正之爱的伴随物。"①

由于斯特林堡的嫉妒狂躁症及其对压力和受迫害经历的敏感,他逐渐养成了一种敏锐的意识,这使他能够在其婚姻生活中灵敏地觉察到与之相关的一切,而这些想法是其基础。这些想法也使他能够在接近19世纪80年代末之际写出了那些充满憎恨情调的戏剧作品——这类的作品只能出现在当时,在别的时候则再也没有出现过,因为他的疾病在别的时候呈现出了另一种特征。

不过,基本的观念在斯特林堡那里依然持存着。他至死还在以类似的眼光看待两性间存在的问题,除了他现在宁愿让男人分担同等份额的罪责外,而在过去,直到19世纪80年代末,他还认为一切的恶都只是存在于女人那里。然而,即使后来,他依旧倾向于认为女人总是带有"邪恶的眼神"②*。因此,他读了魏宁格(Weininger)的书《性与性格》(*Sex and Character*)之后感到很高兴。他声称,魏宁格已经以死亡为自己的信念付出了代价。"1880年前后,我通过我的'发现',也差不多在做同样的事情。这并不是某个观点,而是一种发现,魏宁格就是这样一位发现者。"他随后写道:"这个怪异而神秘的人,魏宁格!……这难道就是魏宁格的命运?他为什么要揭示诸神的秘密?他盗来火了吗?"

斯特林堡与女人之间的一切关系及其所有个别的观点都具有与众不同的特征,他自己对这种显著的特征作了恰切的阐述:"没有比读懂他内心深处的秘密更能伤害他的事了,而且,只有配偶才能做到这一点。他们不能隐藏内心深处的秘密,彼此之间预先就料到了对方的意图,这很容易导致他们怀疑彼此都在刺探着对方;……因此,他们都是毫无防卫能力的。他们意识到在两人的伴侣关系中存在着一个审判官,这个审判官对初萌的情欲提出了谴责……"③ 这是我们在斯特林堡所有类型的世界观中经常发现的一个根本的特性。他反抗趋向于无限的透明性,反抗无限的交流。归根结底,这就是他从

---

① 《一个女仆的儿子》,第145页之后。——原尾注
② *例如《传奇》,第325页之后。斯特林堡盛赞女人时,要么美化她的身体(《一个愚人的自白》,第422页之后),要么美化她的母性。当然,他在这里阐释女人的行为举止时,也会通过仅仅把恋母情结置于男人的心灵来偏离上述看法。——原脚注
③ 《分裂》,第142页。——原尾注

来就无法成为一个真正的朋友的真实的原因，尤其是他之所以否认对一个女人有真正的爱的原委所在。他并没有超越生命冲动和性爱激情来理解爱，事实上，爱绝不能仅仅通过性来实现。特殊的精神能力可以将爱的旨趣指向整体性与持续性，指向不断增长着的彻底的付出，指向为了赢得自身的冒险——或者无论如何人们都想要把它表现出来。试图在这里对此做出释义并不是我们的任务。斯特林堡的疾病极大地加重了这种讨厌真实与彻底地进行交流的想法，伴随而来的便是那受害综合征的发作，最后，他对自己与他人的一切交情都不抱希望了。

斯特林堡死于 1912 年，遵照他的遗愿，下葬时，他的胸前搁了一部《圣经》。①

第三节　斯特林堡的作品

如果我们依循斯特林堡原初的作品年表顺序，其作品与疾病过程之间的关联就立即变得显而易见了。疾病发展最为剧烈的那些年也正是完全缺乏诗意创作的那些年。从 1892 年下半年到 1897 年，斯特林堡没有写出任何作品来。从 1892 年到 1895 年，他却专注于研究炼金术及其他相关领域。这些研究在 1896 年也几乎全部停止，所剩的全部都是大量的精神分裂症体验，不断地从一个地方搬到另一个地方，研究斯威登堡的著述。从 1896 年开始，他所写的仅仅是些日记。1897 年，这些素材被写进自传性作品《地狱》与《传奇》。接下来的 1898 年，我们看到他又开始有了惊人的创作效率，这一时期的主要作品是戏剧。

作品年表同时表明，戏剧作品的创作局限于特定的年份：1870—1872 年，1879 年，1881—1882 年，1887—1888 年，1892 年，1898—1901 年，1903 年，1907—1909 年。其他的年份看来几乎就没有戏剧创作。这一事实与其疾病毫

---

① 勃兰兑斯，第 327 页。——原尾注

不相干，它只关联于他一生的阶段性过程。

我们应该首要关注的问题是，在经过疾病高危期的毫无创作之后，他的作品中是否出现了某种值得注意的根本性变化。或许最好首先询问，在疾病刚刚开始时，他的著述是否发生了某种变化。我们对上述两个问题的回答是，他所熟练完成的主要或重要的戏剧，无论在技巧方面还是在形式方面，抑或在艺术造诣方面，都没有发生过什么变化。或许有人至多会做出如下推断：比较他危机前后的作品，斯特林堡前期的著作显得更加简明、确当、有力，而后期的作品则给我们留下相对单调、拖沓的印象。有人还在他危机之后发现了引人关注的傲慢与天真之处，这些因素在他危机之前则是不存在的。保罗对斯特林堡出版《地狱》之后的情形作了如下判断："他不再是同样的一个人，这位曾经接连不断地拿出杰作的革新者与天才，现在已不再是不屈不挠的探寻者与真理的倡导者……他所传达的惊人威力曾经以其渐次加强的巨大力量征服了每一个人……现在却失去了驱动力。特别是在半成品的草稿……被满怀热忱地构想出来之际，他确实开始发生某种变化。突然之间，生气消失了，他由一位锐意进取的人逐渐蜕变成一位耽于冥想的人，并且迷失于那令人厌倦的逃避顺从之中。"① 然而，很难说诸如此类的断言具有说服力，即使上述断言是正确的，在我看来它们也仅仅谈及某种特定的损失，这种损失或许恰好是由年龄的正常变化所带来的结果，并不一定意味着个性特征发生了变化。确实，精神分裂症在长期的过程中总是产生这样的或类似的一些后果，不过它们并不能被说成是特定之物。相反，重要的在于以下事实：在经历危机之后，斯特林堡依然保持着创作能力、理解能力等。

另外，疾病对作品内容的影响也是不容忽视的。第一次精神分裂症发作导致他对妇女的仇视心理达到顶点，并诱发他创作了诸如《父亲》《同伴》等作品；第二次发作（自19世纪90年代伊始起）导致他的世界观发生了变化，使他后来的作品迄今仍笼罩着一种不可理解的色彩与气氛。早期，他的作品完全是现实主义的，而后来却逐渐变得晦涩难懂起来。虽然他曾对神智

---

① 保罗，第213页之后。——原尾注

学意图作了一种现实性的曲解，但正是基于这个原因，他才使得自己的作品给人留下了如此深刻的印象。

斯特林堡在任何时候都把自己的体验与其作品结合起来。他写于患病之前的《红房间》（Das rote Zimmer）便是一个有力的证明。写于患病期间的《父亲》，在某种程度上就是斯特林堡的自我写照：孩子是私生子；妻子大权独揽；她截获他的信件；她反对他从事脑力方面的工作；她成功地使别人相信他是疯子；他被置于夹缝之中；凡谈及的主要问题，尽可能做到确定无误。在这一点上，正如后来的《到大马士革去》中的那个世界，《一个愚人的自白》中的世界在《地狱》中同样被拿来用作了出色的细节。不过，他的精神分裂症经历作为素材也出现在其他的作品中：带有空幻色彩的神奇世界，突如其来的一阵大风，变质的食物，关于他的人生哲学、伪科学研究及其推论〔他后来将其单独写入了《蓝皮书》（Blue Books）中〕的问题。有人或许能够从其后期作品所包含的精神分裂经历的全部素材中轻松地获得一个详细的清单，不过，这些细节已不再令人感兴趣了。

有人也许会认为，渴望自我暴露乃是斯特林堡最为明显的特征之一。他以残忍的诚实把自己的生命赤裸裸地展呈在公众面前。在这样做时，他既没有宽恕自己，也没有宽恕他人。因此，他不仅令人吃惊地全无机心，而且毫无关涉内在价值的慈悲。这种坦率是一时的激情。他无所掩饰，却很容易满足；他尖锐而确信地阐述自己的观点，并视为真理。他并未感到对不断无条件地寻求自我澄明的深切渴望；他其实并不想趋向一种无限的澄明。正因为此，与尼采和克尔凯郭尔（Kierkegaard）相较，斯特林堡的心理是肤浅的。他喜欢就某一特定的问题展开激昂的辩论，但是并未对此进行过深入的探究或悉心的考量。无论从事的那些"实验"达到了何种程度，他却从未严肃认真地考虑过把自己当作探讨的对象。他的真理之爱却使真理分裂成各自独立、相互隔离的诸多碎片，这些碎片可单独地在句子和有事实根据的断言中表述出来。这并不是对真理的精神之爱，精神所爱的真理不会遗漏任何东西，而且会把每一件东西都与其他东西进行比较。当然，我们并不能就此认为他是在撒谎，就他的那些说法所提出来的契机而言，我们认为它们可能是完全真实的；他以主观的诚实介绍了自己所看到的那些方面。不过，这并不妨碍他会根据通常精神上的各种可能性——特别是通过回顾——来塑造与重塑自己的经验，于是，他的描述总是随着自己的瞬间感受和充满激情的观点而发生变化。鉴于此，在直接表述当下发生的事件时，他的那些自我表白就显得更为中肯一些，像主要记述他1888年人生经历的《一个愚人的自白》就是其中的一例，或者嫉妒狂躁症占主导地位时期的作品，如《地狱》与《传奇》同样是这方面的例证，它们主要谈及了斯特林堡在1894—1897年的人生经历。另外，我们看到他曾对第一次婚姻生活有过轮廓鲜明的系统阐述，这从1888年的《一个愚人的自白》中就可以看得出来；此外，我们可以在《分裂》中看到他第二次婚姻生活的最后阶段，时隔十年后，他重新回顾了当年所发生的那些事件。斯特林堡的真诚并未让他通过反复的比较、反思、联系与质疑来作深入的探究，而只是瞬间做出直接的反应；他不易受到他人的影响，绝不会有意地克制或宽恕。他在通常情况下都暴露自己，不过，在去除了狂躁症的影响后，我们恰好从那些互不连属、毋庸置疑的观点中发现了他对真相所作的描述。

斯特林堡曾经懂得慎重地保持克制这一点是值得怀疑的，毫无疑问，他的疾病显然促成了他对自己与他人都持有的那种残酷、坦率的态度。我们经常可以注意到——难以客观地理解——的是，这类的患者丧失了那些对常人来说被称作"得体""宽容""体贴"之类的情感，正因为这一点，一个正常的人若触犯了他们，他至少须得对自己的行为做出解释。斯特林堡后来对这些问题似乎已没有什么感觉了，或者至少可以说，他在克服这些问题时已不存在什么严重的障碍。他的放肆无礼得到了一定程度的发展，我们从这种反常的言行中时而会发现各种不合理性的缺陷。令人吃惊的是，早在19世纪80年代中期，他就曾计划出版与他妻子1875—1876年的通信集，尽管这样做的话，不仅他自己，还包括他们最私密的朋友圈子里的好多人都会暴露于公众面前。当时，各家出版商都拒绝接受这些信件。[1] 透过斯特林堡的这一行为，我们或许已能辨识出他的疾病开始发端的某种征兆。

---

[1] 奥斯特陵。——原尾注

第二章　斯特林堡与同等智识超群的其他精神分裂症患者的比较

——兼谈精神分裂症与创作能力之间的关系

我们要想系统阐述精神分裂症过程与斯特林堡有关他的人生哲学及其作品的言谈举止之间的关系，就会发现，疾病的意义在于它仅仅为相关的主题提供了基本的质料；除此之外，这种质料具有特殊的力量，它诱发了斯特林堡强烈的嫉妒狂，使他在此后的生活中经历了真正的精神分裂症，并形成了一种持续而顽固的神智学结构。斯特林堡的这种力量绝不是来自任何一种观念，而仅仅来自患者谋求存活下去的那种精神需要。斯特林堡这类世界观的基本特征在其患病过程期间从未发生过什么改变。无论在患病之前还是在患病之后，他都不是一位预言家。他不仅未曾认同过某个教派，也未曾成为某个教派的成员，更未曾创立过某个教派，他始终都保持着一个怀疑论者——一个惯于"实验"的人——的底色。当他做出阐释之际，尤其当他的阐释呈现出某些特定的观念之际，他绝不是在创造，而只是将其保持在把捉古老的神智学文化意义的范围之内。这有助于促进他与别人的联系，也容易让人获得一般意义上的理解。不过需要申明的是，所有这一切在经验中都有其根基，这些经验在他这样的精神分裂症患者与所有未患精神分裂症的人们之间产生了一道鸿沟。这就是他并非在通常的神智学著述中，而是在斯威登堡那里再次发现自身经验的原委所在。斯威登堡也曾捡起那些古老观念的传统，使它们充满了自身亲历的原初精神分裂症经验，只不过他的经验要比斯特林堡多得多罢了。

第一节 斯威登堡

　　斯威登堡这类的患者在广大的精神分裂症范围内是一种有限的范型，相对来讲出现得并不那么频繁，不过，若从某种绝对的观点来看待它的话，总还是存在大量罹患此症的人。通常的情况下，这些患者可以分辨、判断同类的精神病人是患有精神病的，却无法对自己做出分辨与判断。既然不能让他们确信自己患了病，他们的生活也就充满了艰辛困苦。因此，据说某个精神病患者可以成功地赢得一百个神智正常的人的追随，却不能赢得另外一个疯子的追随。我们已经屡次发现，精神分裂症患者可以成为宗派类运动的核心；然而，在那种情形下，只能有一个人是精神分裂症患者，其他人则都是精神正常的，至多是歇斯底里的。

　　至于斯特林堡，我们发现他想必是遇到了罹患精神分裂症的人，他在这些人中满意地辨识出与自己相似的特征，然而他却并未基于一种共通的人生哲学或者相互的理解与他们建立起联系。他与斯威登堡之间的关系具有相似之处。斯威登堡并未争取斯特林堡来支持他所信从的新基督教教义或者他的世界观类型，贯穿于作品中的那些事实性的内容说到底只是基于他的精神分裂症。正是由于他们的实际经验都是非常现实性的，这些经验才为他们之间带来了联系；斯特林堡并不想加入斯威登堡教派，至多是想寻找与他所处的那个时代的斯威登堡信徒之间的联系。

　　那就让我们来看一看斯威登堡精神分裂症的一些典型特征。尽管他与斯特林堡的精神分裂症范型呈现出相似的性状，但是他们之间的偏差也是巨大的。二者病例中存在的共同之处是精神分裂的过程，这个过程总是允许患者继续保持其镇定自若、井然有序与自我导向的状态——这个过程在某个特定的时间发作与发展，并且在现象上表明他们有着非常相似的经历。

第二章　斯特林堡与同等智识超群的其他精神分裂症患者的比较

斯威登堡①*生于 1688 年，卒于 1772 年。他在自然科学领域赢得了一流学者的声誉，而且在瑞典已荣登领先地位，但是他的生命却在 1743 年经历了一场剧烈的变化。在此之前，他的著述一直流露着自然科学的精神；之后，他对这些学科已不再感兴趣了，而是进一步地写出了大量带有神智学与宗教性的文学作品。1745 年，他辞去了自己所担任的一切职位。他在此后的一次带有自传色彩的报告中声称，上帝"于 1743 年向我——他的仆人——显示了自身，同时唤醒了我对精神世界的意识。因此，他赋予我直到今天才得以与神灵和天使进行交流的才能。自从那时起，我就准备将我领悟到的以及向我所显示的许多秘密都公布出来。譬如，如下要紧的问题就对至上的幸福与智慧具有高度的价值：天堂与地狱，人死后的状况……福音及其精神意义……"②

这样的情况在精神分裂过程中是经常见到的，因此，很有可能在真实的疾病发作之前，某种预发的状态就已存在相对较长的一段时间了。真正说来，斯威登堡尚未屈从于那些促使自己向精神世界敞开大门的情势，而且没有听任超自然领域的秘密通过那些情势向他全然地显示自身。确实，他继续在自然科学领域里劳作，从一开始，他就在一种无所不包的哲学方法的引导下开展研究。直到 1745 年，他才中断这些研究，在这一年，他的《动物界》(Regnum Animale) 最后一卷出版。不过，早在 1736 年，他就经历了一种自己无法忘记的状态，他称为"晕厥"(deliquium)，症状包括轻微的眩晕，眼前出现光的幻影，昏睡，醒来却头脑洁净而自由。从那时起，他就开始把做梦期间辨识出来的符号记录下来。由于这些记录（1736—1740 年）已经遗失了，直到 1743 年，我们才对他的梦境有了明确的了解。从这一年起，他开始

---

① *下述材料来自艾曼努尔·凡·斯威登堡（Emanuel van Swedenborg）的《神学著作集》(Theological Writings)，德译者 L. 布里格－瓦瑟福格尔（L. Brieger - Wasservogel），耶拿：奥伊根·迪德里希斯出版社 1904 年版。另可参见艾尔弗雷德·莱曼（Alfred Lehmann）《迷信与巫术》(Aberglaube und Zauberei)，斯图加特：1908 年第 2 版，第 253—260 页；马丁·拉姆（Martin Lamm）《斯威登堡》，莱比锡：1922 年版。我在再版我的著作的介绍中，已根据最后一部书以及格鲁勒（Gruhle）在《心理学研究》（第 5 卷）中对斯威登堡的《梦境日记》(Diary of Dreams) 所作的分析进行了相当多的更正。我过去实在是过于依赖莱曼的那些未加鉴别地收集起来的记述了。——原脚注

② 布里格－瓦瑟福格尔，第 35 页；它的出版时间不是 1743 年，或许应是 1745 年。——原页内注

撰写《梦境日记》（*Diary of Dreams/Traumtagebuch*）①，就这样一直坚持了两年的时间。这些梦境与先前那些年的梦境有所不同。这些梦里有大量与性爱有关的素材②，然而，他纳闷的是自己的性欲为何到了白天却消失了③。对他来说，他做的几乎所有的梦都是具有意义的。多年以来，他在科学研究中对宗教产生了越来越大的兴趣，现在它则占据了主导地位。充满幻影的迷狂状态起初只是间或地出现，而后来就伴随着大量不同寻常的梦境经常地出现了。

在有限存续的精神分裂症发作期间，幻象开始出现。这里所列的乃是早期阶段的一些例子。

（1）1744年④："我晚上10点上床睡觉。半小时后，我听到自己脑子里发出一些嘈杂声。我相信那是潜入的诱惑者发出来的声音。正是在那一时刻，我油然觉得一阵战栗袭来，从头部开始，很快就传遍周身。这种感觉重复发生了好几次，同时伴随着一些嘈杂声……然后，我入睡了。但是，大约12点，凌晨1点或2点，一种强烈的战栗压倒了我，同时伴随着雷鸣般的嘈杂声，听起来就好像突然下起了大雷雨。我辗转反侧，掩面藏身，那情形难以用某种方式来加以描述……我彻底醒来……我怀疑这一切可能关涉到了什么东西。我似乎是在清醒地说话，然而我意识到这些话却是塞入我的嘴里的：啊，全能的耶稣……我双手合十来作祈祷，瞧，我马上感到一只手正紧紧地握着我的手。我继续祈祷……在那一时刻，我坐在他的膝盖上，面对面地望着他……他向我说话，询问我是否有健康证书。我回答：'主，您比我更了解这件事。'他说：'好的，那就做些与此有关的事情吧……'"⑤

（2）1745年："我在伦敦的某个酒窖餐馆，午饭吃得晚了些……我饿了，吃得津津有味。这顿饭要吃完时，我注意到有某种模糊不清的东西挡住了我的视线。那东西变黑了。我看到地面上覆盖着一层最令人厌恶的爬行类动物，

---

① 见格鲁勒在《心理学研究》第5卷中的分析。——原尾注
② 拉姆，第173页以后。——原页内注
③ 同上书，第143页。——原页内注
④ 英文版在此处作注，这里依据汉语习惯将注释号移至引文之后。下同，不再一一注明。——中译者注
⑤ 拉姆，第156页。——原页内注

像蛇、蟾蜍等。因为我是完全清醒和有意识地看到的,这就令我更为惊讶。周围越来越阴暗,突然,它被撕成了碎片,这时我看到一个人正坐在屋子的角落里。由于我是孤零零的一个人,所以当他说'不要吃得那么多'时我变得害怕起来。眼前的一切又变黑了,不过旋即又变亮了……如此出乎意料的震惊让我赶紧往家跑……我回到了家。在同一个晚上,同样还是那个人再次向我显现了他自身。这时,我不害怕了。他声称自己就是上帝……他已选定我来向人类解释经文……作为考验,他向我显示了神灵世界以及地狱与天堂的世界,我辨认出了许多属于我这个阶层的熟人:从那天起,我背对世俗的学问,只关心我自己精神方面的事情……从那时起,上帝经常打开我的眼界,以便使我可以在光天化日之下观察他人的生命,而且可以在完全清醒的时候与那些天使和神灵进行交谈。"①

(3) 那段时期,斯威登堡在他首部系统注解《圣经》的巨著中记述道:"这样的动物(蟾蜍)曾经向我显示其自身,它们就像出自我的内心,显得非常逼真,我甚至能够看到它们就在我的眼前爬动:它们突然聚成一体,变成了火堆,随即发生了解体,它们破裂成碎片时便发出了嘈杂声,听起来就像是爆裂声。然后,这个地方再次洁净如初。这件事发生在伦敦,时间是1745年4月。它就像是从我的气孔里冒出来的水气,但我在地面上看到的却是一大堆正在爬行的蛇。"②

斯威登堡对下述两种情况作了区分:一是让他听到与看到的那种在超自然的世界里所发生的事情;二是他所解释的那些梦境,诸如此类的梦境起初只是一些符号,直到1745年才与他产生了关联并直接地显示出来。直到最后的那些日子,这些定期重现的新情况还在他处于睡眠与醒来之间的那种状态下发生着,"在这种状态下,人只知道他是完全清醒的"。后来,他描述了自己所了解的这两类出神状态。

(1) 心灵从肉体中脱离出来。"就第一种状态而言(即脱离肉体),情形

---

① 据罗布萨姆(Robsahm)报道,他原原本本地重复了斯威登堡自己的描述;拉姆,第176页。——原页内注
② 拉姆,第177页。——原页内注

如下：某个人处于睡眠与正在醒来之间的状态，他在这段时间里只知道自己是完全清醒的。在这种状态下，我清楚明晰地看到了神灵与天使的形象并听到了它们的声音，这事看起来很奇怪，我却甚至已经触到了它们，不过在这样的情况下我的肉体好像已不存在了。"

（2）"至于其他的感觉，那就是，心灵与肉体分隔开来，迁移到另外的地方，我自己极为逼真地经历这种情况已有两次或三次了，而且我知道究竟是怎么回事以及如何发生的。我在此想举出这样一个例子。当我与神灵进行交谈时，我穿过某个城镇的条条街道，并且穿越一些旷野，不过我起初只是意识到自己正处于清醒的状态，我看到了与平常完全一样的各种事物；但是当我像那样走过几个小时后，我突然意识到——而且亲眼看到——我已到了某个完全不同的地方。"

从心理学的观点看，这两种情况其实是相似的：它们的出现意味着清晰可辨的精神分裂症正在发作，同时伴以频繁出现的重复性的方位与描述性的内容，它们各自的表现形式，从以假性幻觉（内在的声音与形象）的方式表现出来的真实幻觉（罕见），到纯粹创造性的或想象性的思想，可谓变化不等。

正如人类的言语，神灵的言语同样是可以听见的；正如他所解释的那样，神灵的言语首先进入思想，然后从那里借助于内在的通道进入听觉器官。邪恶的神灵时常显示出"他在培植对人的凶残的仇恨，仅仅喜欢摧毁人的灵魂与肉体"。如果别人想要见到神灵，他就会警告说："当心，那是径直通向精神病院之路。其中的原委在于，当某人处于这样一种出神的状态时，当他念念不忘这样一些精神上的与超自然的问题时，他就无法让自己免遭地狱恶灵的背叛行为的伤害……"

开始的时候，斯威登堡还能直率地说出自己的幻觉，后来，他就变得越来越缄默了。不过在夜间，人们经常能够听到他在自己的屋子里与邪恶的神灵大声地争论。此后，这样的事情在白天也曾发生过。他的面部表情经常发生彻底的改变，眼里同时迸射出火焰来。人们时常断言他已疯了。他不再去教堂，因为他在那里无法免遭那些邪恶的神灵对布道词（the preached Word）

喋喋不休的驳斥。

有些时候，神灵们会同他开各种出乎意料的玩笑。"他们使糖尝起来就像那盐一样。""他们使食物闻起来就像那粪便与尿一样。"他觉得神灵们就分布在自己身体的各个部位，如头部、胃部等。他有时能够理解神灵们默无声息的思想交谈，因为他们在他的嘴部引起了某种变化。[①]

让我们来总结一下过程进展的表现形式，这里既包括精神分裂症过程的证据，也包括特别详细的现象：精神分裂症的起始阶段开始于1736年（斯威登堡当时48岁）；之后，伴随令人惊惧的现象、严重的烦躁不安与危机，精神分裂症从1743年至1745年进入急性发作阶段；随后便是一个平静的时期[②]，斯威登堡在这个时期获得了自信感与和谐感。继续贯穿于他的生命中的那些无数的启示与幻觉，"完全丧失了曾经呈示于《梦境日记》中的那种令人心醉神迷、惊厥震撼的特征。斯威登堡在《精神日记》（*Diarium Spirituale*）、《天国的奥秘》（*Arcana Coelestia*）[③] 以及神学时期的其他著述中冷静地解释了他在神灵世界的经历，这与他在《梦境日记》中的那种狂热的描绘有着巨大的差异"。

让我们进一步检视一下他在晚年（从57岁直到84岁去世）洞察神灵世界的一些例子。根据斯威登堡1745年以后的所有著述，毋庸置疑的是，他生活在两个世界里，而且他在这方面的经历有助于为他的那些断言提供证据："唯有借助于上帝的恩典，他才能够同时在神灵世界的天使中间和世俗世界的人类中间传递这类的消息。"上帝"用他的仁慈开启了我的灵魂之门，以便可以觉识天堂与地狱并且理解它们的本性"。

斯威登堡在其出现幻觉的状态下所看到与听到的那些东西，可以或多或少地帮助他发展超自然领域的博物学与有其自身范围的地形学，帮助他深入完善对人死后的状态以及产生某些特殊个性的条件的认识。基本的观念是两个世界——自然世界与神灵世界——彼此对应、相互关联，不过以大众的那

---

① 拉姆，第255页。——原页内注
② 以下几乎照搬自拉姆所著的《斯威登堡》第180页。——原页内注
③ 英译者将"*Coelestia*"误作"*Coelestica*"，现据德文版改正。——中译者注

种方式是无法了解神灵世界的。

关于他的幻觉以及他对这些幻觉的描述，仅举少数几个例子就足够了。就像无数的同类患者所写的作品那样，它们总的来说乃是单调、重复、乏味的，确切地说，在最后的分析中甚至没有切身体验的东西；它们以这种病态的形式表达出来，并不直截了当，而是披上了古老观念的面纱，下面就是一个例证：

> 醒来后，我开始深深地沉浸于上帝之思中。当我抬头仰望天空，我看到一道眩目的白光，呈卵状。在我注视之际，它不断地伸展开来，直至遍及整个地平线。然后天穹洞开，我看到一些宏伟壮丽的景象。朝南望去，天使们站在敞开之域的尽头，围成一个圈，相互交谈，等等……
>
> 作为证明，我想在这里揭示一个天国的秘密：所有圣洁的神灵都面向上帝，面向太阳。而那些邪恶的神灵，则转身背离上帝……

他听到在亚里士多德（Aristotle）、笛卡尔（Descartes）、莱布尼茨（Leibniz）的信徒们之间正展开着一场辩论：①"他们聚集在我的周围，即亚里士多德的信徒在我的左侧，笛卡尔的信徒在我的右侧，莱布尼茨的信徒在我的身后。隔着一段距离，我看到有三个人戴着月桂花冠，我在内心里告诉自己，这三个人就是各自学派的领袖。莱布尼茨的身后还站着一个人，正挽着他的长袍的前摆。那人就是沃尔夫（Wolff）……"② 上帝"赋予我一种特权，可以同我在人间所知的一切人进行交谈，即使在他们死了以后。因此，我可以与这些人保持接触，有的接触了几天，有的接触了几个月——有的接触了几年，而且我也可以与天国与地狱中成千上万的神灵进行沟通。有些人在死了两天之后同我说话……他们声称并未失去任何东西，他们只不过是从一个世界转移到了另一个世界。他们的思想与欲望、感觉与乐趣，与他们在人间时是一样的。每个人刚死去时过着与其在人间时相似的生活，只是逐渐地开始

---

① 英译者在此处作了分段处理，德文版则没有分段。本译文据德文版恢复了原貌。——中译者注
② 同上。

第二章　斯特林堡与同等智识超群的其他精神分裂症患者的比较

转向天国或地狱……"

他所提及的那些地形参照经常是非常精细的，例如，"这些神灵居住在半山腰，位于基督天堂的左下方"；或者他谈及天国世界里非凡的城市，"我看到了这些建筑，不得不钦羡其完美的排列和无限扩展的可能性。"

理解经文的隐含意义意味着要采取完全不同的方式来接近其与超自然世界的联系。"上帝通过富有内在意义的圣言与人进行联系。因此，圣言统摄并超越了一切被书写下来的东西。"他枚举了那些富有隐含意义的作品，其意义并不是每个人都能理解的："只有在得到上帝的启迪之后，人的心灵才能理解精神上的意义乃至更为神圣的意义……人的内心最深处敞开了；他的灵魂在神圣的光芒下舒展开来。灵感便是其内在本性的真实舒展……在充满灵感的状态下，他们通过上帝——而不是通过自己——察识圣言的真意……"

这些经历是一种典型的症状：例如，患者一定要从刊登在报纸上的广告中读出某种隐含意义来等。就患者而言，那意义当下就是清晰、确定的，而不是编造出来的。这就经常伴以某种推测性的解释以及对各种精神体验所作的总结，结果便产生了某种彼此相关的系统性的意义。

斯威登堡主要通过一些故事赢得了声誉，这些故事可以证明他超人的洞察力以及通过经验的方式从死者那里接收信息的能力。①*

全部经验——即便那些完全"疯狂"的经验——的内容，都肯定会必然地成为精神性的东西。因此，它们总是可传达的。就某种变为客观对象且已演化为思想的经验而言，它基本上也是可以用言辞来表达的。这些思想主要依赖于周遭的环境，也依赖于前世所传下来的那些思想之总和的内容。

斯特林堡与斯威登堡的经验方式只有在这些可识别的病态状况下才是可

---

① ＊这类的记述可见于：例如布里格－瓦瑟福格尔，第321页之后［荣格－施蒂林（Jung‑Stilling）］；康德：《一位视灵者的梦》（*Dreams of a ghost‑seer/Träume eines Geistersehers*）、《致冯·科诺勃洛赫女士的信》（*Letter to Miss v. Knobloch/Brief an die Frl. v. Knobloch*）、《丢失的收据》（*Lost Receipt/Verlorene Quittung*）、《致瑞典女王的信》（*Letter to the Queen of Sweden/Brief an die Königin von Schweden*）等。斯威登堡并没有给康德回信，正如他可能也没有给拉瓦特（Lavater）回信那样。我曾两次遇到过头脑清醒的精神分裂症患者，他们自称拥有对世间偶发事件的心灵感应能力，并能详细地将其描述出来。（顺便提一下，有些人并没有患精神分裂症，他们也自称拥有这种能力）客观地证明他们的才能的尝试尚未成功过。——原脚注

能存在的。康德（Kant）曾将这种方式表述为："那种清晰地洞察超验世界的能力，在这里只能通过丧失某些需要理解这个世界的心智能力来获得。"不过，这里所谈及的诸如此类的内容乃基于现实的证据以及直接的物质性；否则，它们就只是一些虚假不实、无中生有、诗情画意或者模仿失真的内容。

无论这些离开精神分裂症就无法分享的独特经验如何特殊，不过患者一旦谈及它们，它们就以相当普遍化的范畴表达出来了。这些范畴，这些独特的形式联系，既不是合乎情理的，也不是荒唐不经的，而且肯定不是超自然的，它们恰好是人类之间相互交流的中介。因此，在神智正常的人们所作的纯粹理性建构与这些精神分裂症患者基于生存之需所作的交流之间无疑具有某种一致性。

这些问题的焦点主要在于，是否可以说在另外一维上客观地存在着某个神灵的国度。这个神灵国度的存在须得予以证明，要么通过人对世上感性—空间的经验这种客观的方式，甚或借助于实验的方式；若通过传心术以及诸如此类的方式所引导的那些实验，就像众所周知的那样，它们从未产生过无可争辩的结果，而且其逻辑前提早已依稀地潜存于大部分事例中了。①* 或者，这些内容契合于某种意识形态的需要，作为一种信仰，它根本就不必具有精神分裂症的特征，而且假如是那样的话，我们也从未发现它充分实现过其意义（除非歇斯底里或其他具有精神病理特征的因素牵涉进来，也就是说，这种特征完全且经常地关联于那些相异的病症）。或者，它们契合于某种诗意神话的渴念，这种渴念并不严格需要确凿的事实来提供证据，或者对这种渴念来说那事实具有完全不同的意义。最后，这样一个神灵国度的存在可以通过那包含意义的经验得到证明，对斯特林堡与斯威登堡来说这就是确凿的证据。到了这种程度，患者们就能够描述异乎寻常数量的此类现象，例如，简明扼要地描述他们的肉体经验，在这些经验中，他们满足了自己其他各方面的需要，而且可以从中获得文化意义。然而，这是一种带有物质性的经验，因而

---

① * 大量颇为奇异的记述谈及个人在特殊境况下的种种经验（尤其是在盎格鲁-撒克逊的文学作品中），这些记述从未得到令人满意的解释，也不是我们的兴趣所在。——原脚注

第二章　斯特林堡与同等智识超群的其他精神分裂症患者的比较

它是外在的。这里的问题是，心灵是否与其他类型的精神分裂过程保持着别的方面的联系。

有关斯威登堡精神分裂过程的诊断已引起了争论。格鲁勒宣称这个过程并非没有可能发生，但可能性并不大。我则认为它肯定发生了，尽管可用的资料尚不足以使诊断成为绝对正确的，正如斯特林堡的病例那样。有人或许推测，这是一种歇斯底里症，就像圣·特里萨（St. Teresa）及其他人的情形一样。就斯威登堡所处的时代而论，那时出现的精神分裂症会比以后出现的更令人奇怪，这就使得那些基本的症状令人感到格外费解。再者，人们可以认为他的思想内容既基于历史传统，又基于导致精神病的思想状况，这种推断是绝对确切的。不过，正如斯威登堡的病例，这种基于真实的经验得以领悟的内容几乎不可能不出现偶发的精神分裂症。有人最后把他与其他一些神秘主义者作了比较，而后得出了这样的结论：在所有的患者中，这个过程是相似的——起始阶段，危险期，归于平静。我则认为这种井然有序的发展路径并不适当。理解这类偶发的经验（因为它们尚不足以为人所理解）确实是我们的任务。如果仅仅依靠比较历史上的那些传记，而不涉及我们这个时代的人们中与之相类似的病例，那么我们就不能够从心理学上来完成这项任务。另外，从注重实际的心理学观点来看，在那些异乎寻常的神秘主义者（就自传的概念而言，要完整地获得他们的某种自传概念）之间所存在的差异显得更加富有魅力，例如，圣·特里萨与斯威登堡之间的差异就是如此——这种比较就纯粹变成了歇斯底里与精神分裂之间的对比。最后但并不是最不重要的一点是，那些伟大的神秘主义者提出了诸多有创造性的观点［如普罗丁（Plotinus）、埃克哈特大师（Meister Eckhart）、托马斯·阿奎那（Thomas Aquinas）］，但是他们既不能被视为歇斯底里症患者，也不能被视为精神分裂症患者，甚至不能被视为不正常的人（参看本书最后一节中的比较）。

第二节　关于精神分裂症患者之智识的精神病理学经验

可以设想的是，任何一位精神病理学家都不仅根据那些显而易见的症状和清楚明晰的概念范畴对患者进行分析，而且让自己着手于思忖人的整体存在的哲学探究，这样做的结果就是，他时常既无法做出明确的描述，也无法做出令人满意的探讨，因为每件事情依然是难以辨认、晦暗不明的。这就涉及如下的问题：对精神分裂症患者在急性发作阶段、疾病肇始初期的大部分时间以及在疾病肇始与首次急性推进期间的种种征候，他将做出怎样的处理与论述。这些患者与斯特林堡和斯威登堡颇为不同，他们后来容易发展成为十足的痴呆症患者，或者至少易于产生持久的孤寂感。看来在他们那里已经敞开了一个形而上的深渊。然而，这对我们来说仍是一种难以界定的经验。关于这个问题，我们虽然仅仅取得了某些尚待质疑的成果，但是依然可以想方设法来解释它。

在这些人的生命中，某种东西在某个时候好像暂时显示了其自身，这种东西引起了他们的恐惧与狂喜，不料在那无可救药的白痴状态发展到最后阶段时却只留下少许残存的追忆。我们屡见诸如此类的报道，有的患者在疾病发展的早期阶段钢琴弹得非常动人，那些现场的听众竟无以记得曾听过与此相媲美的乐曲。在诗歌与绘画领域，艺术家的才能同样日渐明显起来，尽管这些才能在作最终分析时几乎是无足轻重的，不过对当事人来说却意味着一种能够引起深切的激越状态的端兆。生命中的行为越富有激情，就越发直截了当，那得到强化的情感越缺少限制，就越发趋近于自然；与此同时，那举止越古怪反常，就越发疯狂得像是着了魔一样。宛如狭小的人类视域突然间就被一颗流星照亮了，不过，在那些深为惊愕的见证者逐渐真确地对此有所意识之前，这种着魔似的人物业已通过精神病或者自杀走向了终结。

那些因着其深度而卓然超群的人在大量类似的患者中自然是颇为罕见的。尽管一般的患者也能经常留下自己的思想观念以及不懈探求与劳作的踪迹，不过，只有那种秉具天赋才能的天才才可能在即便是精神错乱的情况下仍会留下富有意义的作品，并能以另外一种异常清楚的方式表现那些相当主观的体验。当然，即便在当时，那种在精神病条件下才能得以显露的原初观念仍是缺乏的。当时的那种表现基本上还是原始的、感性的，并未提供出某种比宗教的畏惧更加恐惧、比形而上的至乐更加欣快的超验体验。不过，诸如此类的超验体验并不是我们经常关心的东西。无论如何，那些在罹患精神病伊始就给我们留下深刻印象的人确实并不少见。

我们在此讨论的各种事实须尽量做到清晰明确，并且须得经过悉心的挑选。对一切精神性的事物而言，那种或许是"纯粹主观性的"东西其实就是真实的存在。恐惧同样属于一种纯粹主观性的体验，只有像瞳孔大小之类的五官特征及其面部表情等才是所谓客观的。当我们称某种面部表情表现了恐惧，事实上这已是一种主观性的解释了。那寓托于这种主观性的哲学体验中的客观之物，就是我们所说出来的话以及所做的一切（譬如诗的形式与内容）。我们的首要任务乃是理解，为的是理解纯粹基于表象便可成为某种内在感知的东西，而且这种内在感知的东西乃是可以在客观表现中得到理解的事实。如果想把内在感知的东西明确地表达出来，我们就需要使用诸种范畴来谈论情感、观念、内容等。为了总括一下我所说的是什么意思，如下的陈述在我看来乃是正确的，尽管我宁愿从中得出任何一种结论：在我们思忖精神生活之际，我们既领悟诸如情感之类主观性的东西，也感知客观性的东西，它们作为被心智所把握了的现实，就好像已被感知、理解或看到了一样。为了分析这些摆在我们面前的东西，我们不仅要谈及实际存在的事物，还要通过实际存在的事物谈及更多包括智性领域的东西。相对而言，这种智性的东西具有部分的客观性。现在，就让我们假定某种智性的东西乃是主观性的存在，并假定心智乃是某种不朽、永恒的东西，它既在时间性的存在中显示其自身，也在心理学家完全不加区别地将其置于某种称为感觉或情感的概念中显示其自身。这是一种充满魔力的现实，它需要永不停息地去征服，需要没完没了地去实现，需要在瞬间接近绝对存在，需要在至乐与恐惧之中经受永久的心神不定之苦，对此，我们则需要做出一种与精神病无关的阐释。就目前的情况而论，这种充满魔力的东西看来是以屈从而富有秩序与目的的方式存在于神智正常的人们之中的，而且这种从长远看来富有创造力的东西是可以在疾病发端之际伴随最大的激情而迸发出来的。这并不是说存在于我们中间的天才的心灵是有病的：这已超越了健全或不健全的对比；毋宁说，疾病过程为魔力的迸发提供了最后的推力，即便这只是瞬间地推进。灵魂似乎变得轻松起来，正是在这种状态下，心灵显示出了那种命运性的深渊，结果却在放松状态的巅峰时刻变得僵化与混乱起来，最后竟走向了分崩离析。

斯特林堡与斯威登堡的那些崭新的经验具有客观的属性。如果它们在当时就具有深度的话，那是因为它们是一些客观、有形的东西，当它们已不在场时，给人留下的只是单调、怪异之类的印象。我们谓之极其主观的患者首先在个体生命的深处获得一种富有深度与奇异性的体验，然后以创造性的形式、图画、观念、寓言等将其表达出来。离开体验的深度与奇异性，也就失去了表达的创造性。斯特林堡的不同之处则在于，他从未陷于混乱不清的心境；无论在基本的现象中表现出来的真实有多少，他的内在生命的机能总是保持着完整无损的状态；然而，我们看到有的患者的深度则依靠主观的体验，依靠介入全部的心灵，他们后来变得心理失常，在那种不是精神病医生的人看来，他们彻底地疯了。

如果希望获得更为明确的结果，我们就无须把自己的眼界限定在那种平常类型的临床观察患者的范围之内，而是须得寻找那些心智杰出的创造型人才，他们已成为精神分裂症的受害者，荷尔德林与凡·高就是这样的人。在这里，心灵已被精神分裂症所压倒，创造的形式和体验完全深植于这种心灵之中，尽管那些形式和体验在事后可能是易于理解的，但是，倘若没有精神分裂症就绝不会使其变得如此显豁。我们有幸能够比较这两类杰出的人物，因为只有通过比较，我们才能将蕴含于两者之中的那种共同的东西与典型的东西都阐发出来。然而，我们从一开始就须得承认，彻底洞察那被认为是根本性的东西依然是不可能的。

这里所表达的一切都是与患者们的创作活动相契合的，他们基于自己心灵的骚动来从事创作，并且基于瞬间的激情来进行塑造；不过，与此同时，他们也一直处于某种持续不断的规约之力的压抑之下——规约之力可以在这些患者身上不断得到增强,并依靠那种瞬间的强力的推动而达至异乎寻常的程度。斯特林堡与斯威登堡所写的那些作品的内容都是纯然客观的东西,很容易就可得到理解。就形式、节奏与形象而言,患者对主观体验本身的理解则是更加主观的。无须口头的表达,这种深邃的"意义"也是可以感知得到的。观察者可能会因着将如此之多无法解释的东西悬置起来而感到震惊。依照客观的分析,某种事物乃是"前后矛盾"的,不过它在主观的分析中却可显示其深邃的意义。

根据精神病学方面的范畴,人们很可能会在一首诗中发现狂热新潮、陈规老套、缺乏秩序、飘忽不定、生造新词等并置的现象,还会发现那渴盼理解的愿望终将导致一种沉迷于其中而不得自拔并毫不掩饰地暴露于心灵机能紊乱之中的内在情绪。

人们可能会对主观的深邃性与精神错乱开始发作之间的关联这一实情进行反思:在这个世界上,经常见得到的那些形成反差的东西须得联系起来,肯定的价值须得通过否定的价值来予以获取。或许这就是形而上体验所带来的最伟大的深度,它是人在感知超自然界的过程中所涌现出来的绝对意识、恐惧意识与至乐意识,此时此刻,心灵已被扯得四分五裂,它的机能最后竟达到这样一种境地——除了废墟,什么也没有留下。

第三节　荷尔德林

兰格(Lange)在其专著《荷尔德林》的精神疾病部分已经非常尽心地写到了荷尔德林的病志。①* 据他所写的事实,荷尔德林(生于 1770 年②)在

---

① * H. 兰格(H. Lange):《荷尔德林》,斯图加特:恩克出版社 1909 年版。在精神病学的意义上,这部书是颇为客观的,但是在分析作品时,作者对作品价值的评价却是建立在对这些价值的有限的尊重基础之上的,由于这一事实,该书不幸地失去了它的影响力。尽管这一事实非常明显,读者轻而易举地就能漠视它,但严重的缺陷并不能掩盖贯穿于其中的客观性的优点,因此该书仍有其不可轻视的价值。——原脚注

② 英译本译为"1779 年",当为"1770 年",现据德文版改正。——中译者注

1800年初次显现精神分裂症征兆,这些征兆在1801年变得相当明显。1802年,他的疾病已为周遭的人们所明知;1806年,他因过于频发的周期性兴奋症而必须住院治疗;1807年,他在家人的照料下病情有所缓解;直到1843年,他在生命的最后阶段依然生活于精神分裂症的阴影之下。

兰格所提供的丰富素材,在这里只用到其中很少的一部分来说明问题。1800年,荷尔德林遭受异乎寻常的心灵动荡之苦。他感到自己的创作能力在衰退,"许多美好的时光"都在"半是懒散半是郁闷的心境"之中度过去了。一种越来越"使人麻木的不安感"征服了他,他经常觉得"所有的人都显得过于清冷与矜持了","在许多场合下都像那冰一样"。荷尔德林被一种孤独感与寂寞感压倒了。1801年3月,他给自己的兄弟寄去一封带有这种心理特征的信:"我觉得长期以来我们已不像先前那样相互关爱了,这全是我的过错。是我首先表现得冷漠无情……对那永恒的爱的怀疑已经捕获了我……为了在信仰与感知中紧紧抓住一种更好的生活,我已殊死搏斗到精疲力竭的地步。是的,鉴于这一切,我忍受着痛苦而搏斗,这种感受比一位男人倾其全部力量所能忍受的其他任何一种痛苦都更令人难以置信……最后,在我的心已不只是从一侧出现断裂之后,我依然毫不动摇地坚持着,我不得不让自己的思想与那些邪恶的怀疑——通过清醒的眼光去审视它们——纠缠在一起,这些怀疑其实是很容易就能得到解决的,即厘清永恒的生命或短暂的生命哪个更有价值。"1802年3月至6月,荷尔德林在波尔多(Bordeaux)做家庭教师,当时,他因令人愤激的事情的侵袭而感到痛苦。荷尔德林辞掉工作返回家中,出现了明显的衣冠不整、言语粗野的症状,已完全具备了精神错乱的特征。愤激发生的阶段是与狂热的行为结合在一起的。谢林(Schelling)在1803年就他当时的情况写道:"精神彻底破碎……完全心不在焉……他仪表不整,令人讨厌……举止狂乱……文静而内向。"[1]*

---

[1] *一个人想要获得对疾病的清楚的看法,除兰格的《荷尔德林》之外,他还应参阅下述原始资料:W. 韦布林格(W. Waiblinger)《荷尔德林的生活、诗歌和疯狂》(莱比锡:克塞尼恩出版社),参阅其中由 O. 弗里德里希(Friedrich, O.)所编的"患者荷尔德林"一节。此外,关于荷尔德林从波尔多辞职回家后的情况,可参阅 Fr. 泽巴斯(Fr. Seebass)记述的《荷尔德林在法国》,载于《帝国》(Das Reich)1919年第3卷,第598页。最后这篇记述并不见于 E. 图姆勒(E. Trummler)编的《患者荷尔德林》(慕尼黑:O. C. 雷希特出版社1921年版)之中。——原脚注

第二章 斯特林堡与同等智识超群的其他精神分裂症患者的比较

　　从精神病学的观点看,不用参阅对其作品的任何一种可能的评价,他的疾病过程的年表便可建立起来。其明显的变化仅仅发生在他的内在生活之中,与其他的病例相比,这是一种可辨识的典型方式,从一开始它就留下了明显的标记。那些心智性的作品从创作伊始就存在于作品本身之中并关涉作品本身;无须考虑其缘起,我们就能从一种纯然的质的立场上来接近、理解并赋予它们以价值。这种方法并不考虑现实与内容,而是考虑对人来说当下介入其中而理解、吸收的真实意义。甚至可以说,就连这种富有创造力的人的意图都无须考虑;恰恰相反,我们可以发现那些艺术品反倒会对此后时代的人们产生与艺术家的意图完全不同的影响与价值,它们或多或少都具有自然之作那样的效果。这种推测与评价发自作品本身,其合理性是坚不可摧的。这并不受那些通过运用它们并询问其真实与缘起的人的分析的影响——假如它是真实的。分析者诚然能够理解那些可能的效果,并能够理解从诸如此类的效果中提取出来的经验,不过这样的理解一定是预先设定的,因为否则的话他甚至无法询问这些问题。如果我们居然现在就将这类心智性作品的起源关联于某种疾病,那么下述推断仍然是不证自明的:心灵不可能患病;这是无限宇宙的一部分,它的真实性只是在特定的条件下并以特定的方式才显现于现实世界。正如一只害了病的牡蛎可以生长出珍珠,同样,精神分裂症过程也可催发出独一无二的精神作品。而且,就像欣赏美丽珍珠的人并未想到害病的牡蛎,一个为具有精神创造力量的生命所感染的人也想不到那些作品或许就是精神分裂症的结果这一可能性。不过,一个希望了解这个问题的人自会深究问题的根源与其间的关联,并且对自己的问题不设置任何界限。

　　荷尔德林自 1801 年至 1805 年的作品无疑是在他已成为精神分裂症受害者之际写成的,令人吃惊的是,这些作品受到了多么不同的评价。由于已被漠视了一个世纪,只有部分作品得以出版——后期的作品遭到了圈外人的歪曲,兰格宣称它们在我们今天看来显然逊色于荷尔德林早期的作品,因为它们显示了精神变态的迹象;然而,冯·海林格拉特(v. Hellingrath)[①] 则将它

[①] [德] 冯·海林格拉特(1888—1916):20 世纪荷尔德林研究的奠基人,曾主编《荷尔德林全集》。他通过自己的学术实践使被埋没近一个世纪的荷尔德林"重见天日"。——中译者注

们赞誉为"荷尔德林创作的中心、精髓和高峰,事实上是他临终的遗嘱"。诚然,这两种观点在其评价中是相互排斥的,不过双方基于各自的观察而论及的事实在各个方面都无须势不两立。兰格通过宣称精神变态引起了诗歌风格的变化,他的看法可能是无误的;同样,冯·海林格拉特在未经探询有关精神变态的问题就已觉察到这种变化之际,他的看法也可能是正确的。

荷尔德林自1801年以来写的诗,是否可以说经历了某些改变而带来了某种不同的面貌,这还是一个问题。让我们首先不用顾及那些内容,而是仔细考量语词的效果、形式以及它们的顺序,这些所谓形式与本质的方面才是诗歌创造的真正生命。当今的精神病学范畴全都过于粗糙了,根本无法用来分析荷尔德林在罹患精神分裂症起初的那些年所写的诗。正相反,精神病学须得从诸如荷尔德林与凡·高那样独一无二的病例中汲取经验。鉴于此,我们不得不首先求助于那些研究语言的表达方式与可能性的学者,求助于那些掌握概念工具并用其来进行分析的学者,让他们想方设法利用瞬间感知到的经验(包括通过心灵搏斗所获得的每一样东西)来帮助我们。在这里,寻找某种貌似客观、真实的东西的困难乃基于如下事实:每一种结果势必预先就得到了某种确定的理解,单靠对内容进行理性的理解则是没有助益的。而且,结果一旦被提供出来,它们就只能通过那些秉有审美心灵的人才能得以理解,却不能为那些寻求可得以计算与测度的客观特征的人所察觉。虽然后一种情况也可能间或出现,但是即便那样"意义"也须得为我们所把捉,或者我们只是处理难以理解、索然无味的表面形式问题,这些表面的形式却仅仅具有量上的特征,而不具有独异的特征。精神病专家们经常以否定的评价来选择一条便捷易行的道路,仓促之间就匆忙地宣布某人"不可理解",因而称其"怪异失常",继而称其空虚无聊、微不足道、天方夜谭、杂乱无章,这类的做法是非常危险的。虽然这样来做可能显得简明扼要,但是在这些尝试中所找到的更大的兴趣,乃在于让某种东西显得确定无疑、生动逼真、易于理解、充分实现、实际可用,其中的原委在于,只有采取这样的方式才能有所获益,而那种否定的断语却把所有重要的东西都仓促地泯除掉了。兰格的分析所包含的东西远远不只是此类的评价。相反,他在荷尔德林的语言中颇为公允地

第二章　斯特林堡与同等智识超群的其他精神分裂症患者的比较

寻找明显的变化。譬如，他当时发现荷尔德林越来越多地将形容词用作名词，或运用不定式，或频繁使用"填充词"①，如使用"可是""那就是""像往常一样"等。尽管如此，如下的问题依然存在：它们是否真正地被用作了填充词？

如果询问专家们会就这些变化谈些什么东西，我们就会发现，那些答复还是颇富启发性的。我们想要提及冯·海林格拉特所作的出色的分析，他最大限度地利用了粗糙无文的句法结构与雅致流畅的句法结构之间的差异②，或者把早期诗歌的版本与晚期诗歌的版本作了比较。③ 然而，那开始于1801年的变化是否显示了某种导致后来所有的作品都好像充满特殊氛围的断裂，而这种特殊的氛围并未出现于荷尔德林的早期作品中，当我们询问这一问题时，冯·海林格拉特的答复是，绵延不断的进展虽然直到大约1805年才发生彻底崩裂，不过从精神的观点来看，这完全是可以理解的。狄尔泰（Dilthey）看来也持有相同的观点。狄尔泰曾谈及以《夜歌》（"Nachtgesänge/Night songs"）作题名而为人所知的那些圣歌："这是荷尔德林最后一个时期所写的至关重要的作品，他的全部诗歌的发展从受限制的韵律形式中摆脱出来，涌向彻底自由的内在情感节奏，不过，直到触及精神分裂的界限，他才采取这最后的步骤。"狄尔泰发现，"凭借着独异的自立与活力，他形成了一种属己的内心形象"④。"当薄暮降临在他周遭之际，英雄与众神似乎呈现出巨大的尺寸和奇异的形状……借着诗的象征力量，他的文风已接近于一种奇特、怪异的色调。为了呈现这种新的风格，他的诗已将病态的色调与天才的直觉集

---

① 使用"填充词"是日常对话中常见的交际策略之一，这一策略无论是在外语交际还是在母语交际中都会用到。譬如，在汉语交际中，说话人为了延长思考的时间，往往在说话间插入诸如"嗯""这个""就是说""那么"等口头语。同样，在英语交际中，常用"um""well""you know""let's see""that is to say""ok"等来赢得思考的时间。当然，填充词的使用也应有其限度。过多或频繁使用填充词会让人感到说话人准备不够充分，缺乏自信，从而影响交际的效果。——中译者注
② ［德］N. v. 海林格拉特（Hellingrath, N. v.）：《荷尔德林的品达抒情诗手抄本》（*Pindar Transcriptions by Hölderlin*），耶拿，1911年版。——原注
③ 海林格拉特编：《荷尔德林全集》第4卷，第105页（德文版标注为第305页——中译者注）。——原尾注
④ ［德］狄尔泰（W. Dilthey）：《体验与诗》（*Das Erlebnis und die Dichtung/Experience and poetry*），莱比锡：1906年版，第390—392页。狄尔泰在该书中揭示了荷尔德林向我显示的最完美的东西，这些东西是我在阅读荷尔德林时已曾获悉的。——原尾注

于一身。"作为一个例证，狄尔泰提供了一首题为《生命过半》（"Hälfte des Lebens/The middle of life"）的诗——顺便提一下，这首诗显然令人联想起了凡·高的绘画：

> 湖畔的黄梨
> 与遍布的野玫瑰
> 倒映在湖面上，
> 可爱的天鹅，
> 因亲吻而沉醉
> 你们把头
> 浸入神圣肃穆的水里。
> 哦，当冬天来临时
> 我将到哪里去看花，到哪里去
> 寻找阳光
> 与地上的避荫？
> 围墙时隐时现
> 无言而冷漠，在风中
> 风信旗哗啦啦作响。[1]

我，一个外行，在此避免对上述探讨作某种裁决。是的，我觉得自己在阅读冯·海林格拉特编辑出版的《荷尔德林全集》第4卷时，其语言和形式表达（除了该卷开始部分的一些诗外，这些诗可追溯到1800年或1799年年末）呈现出一种不同的氛围，而我却不能客观地表达这种感受。我不得不向专家们请教，荷尔德林是否早于1801年就在同样的"意义"上抛弃了韵律形式的限制？而且，如果情况不是这样的话，那么在何处可以发现为此后的发展所做的准备？狄尔泰在《夜歌》中发现了这种准备，然而，其中所有的诗歌都是作者在精神分裂期间写成的。不言而喻，我们无法处理绝对地突然骤

---

[1] 汉布格尔（Hamburger），第371页。——原页内注

变这一问题。由于他那严重的精神错乱状态经过极其缓慢的过渡此时毕竟改变了方向,这无疑意味着一次真正的断裂,一次发展过程的彻底崩溃。早期的过程断断续续地延展着,摆动得越来越强烈,结果是,直到首次严重发作几乎彻底改变了一切,这种摆动的症候才几乎全部消失。

不过,即使在整体氛围突然发生彻底改变之时,那事实也并不必然归因于精神分裂过程。譬如,人们可以指出,在那些伟大的艺术家的生命中就存在趋近某种完全不熟悉的风格的例子。对这个问题的答复是:在所有的可能性中,新风格的发展和疾病的发展曲线出现了暂时的巧合,这就暗示了某种联系;而且,疾病在发展的后期阶段也开始加速(这种可能性与青春发育期和此后的早年时期的情况全然不同),于是,疾病的加剧与精神愈加明晰的演变之间在某段时间里便出现了并行的情况,这就为答复前面的那个问题提供了一个恰切的例子。

只有基于这类外部的证据,我们才有可能在与其他病例的比较中提出这样一个问题:我们是否正在探讨某种独特的精神分裂症,而这种独特的精神分裂症根本就不必具有存在于一般患者中的那种普遍的特征。完全有可能的是,只有在那些极其特别和罕见的病例中,这种精神分裂症才会表达它自身。运用粗糙的精神病学范畴来分析荷尔德林的诗是无效的。不过,他的诗的某些特性反倒可以用来阐明其精神分裂的性质(然而,在这种疾病的广大范围内,只有某种特定范型的精神分裂症才能如此),而且可以更好地阐明精神分裂症的概念。

自 1805 年与 1806 年以来,荷尔德林的诗在逐渐的变化中再次呈现出一种根本不同的风格。诗作变得更加简朴、单纯与空灵,只是偶尔出现一些韵律,而且也仅仅是准押韵的。有时,尽管我们做了最为艰巨的努力,诗句的意义却依旧难以理解。不过,下面所举的这首诗还是能够读懂的:

春①

唯因神灵佑护人类无忧无虑

---

① 德文版未将题名 "Der Frühling"(《春》)单列出来,而是将其置于该诗之前的诠解性文字之中。德文版原文为:Ein noch verstehbares Beispiel("Der Frühling")。——中译者注

　　　　春光明媚，万物婀娜多姿，
　　　　　绿色原野一望无垠，
　　　　美哉溪流淙淙波光摇曳，
　　　　　群山巍峨万木蔽荫，
　　　　天高海阔自由呼吸……①*

　　我们经常会碰到一些即兴的短诗，单纯中透出一种清晰而感人的气息：

　　　　　　世上令人愉快的东西②
　　　　我在世上欣享的东西是令我愉快的
　　　　　青春的时光已溜走多久啦！
　　　　那遥远的四月、五月，遥远的七月；
　　　　我现在什么都不是，我只是在百无聊赖中苟延生命。③

　　迄今为止，这些简直无法理解、含混难懂的作品依然没有可靠的版本。这些诗作没有提供过渡的痕迹，彼此之间也没有什么衔接，其内蕴的思想和描述的连续性似乎都是偶然的（不连贯的），或者包含无意义的重复与置换。这类的作品几乎就没有出版的可能性。

　　我们可以转而在荷尔德林的诗作中查找某些明确变化的瞬间——我的意思是说，这类的诗作含有实质性的东西，或者说可以从中追踪诗人的经历。

　　（1）自我理解。荷尔德林从青年早期就开始意识到诗人的呼唤；他在诗人、先知、英雄那里感觉到了如上帝般富于创造的气息。对他来说，英雄的行动就相当于诗人的呼唤。"最为重要的是，我们想怀着深情与真诚来接纳这

---

　　① ＊这首诗的译文并不见于迈克尔·汉布格尔（Michael Hamburger）所编的荷尔德林作品选中，可能是因为它过于短小简约了。该诗粗略地谈及人类愿意忘记自身的烦恼，而身边的大自然则呈现出一片千颜万色、美丽怡人的春光。这首诗题名为《春》（"Spring"）。——原英译版脚注（德文版在这里没有加标注——中译者注）
　　② 英译者在这里附上了该诗的德文原文，并根据诗的命意将德文题名"Fragment"（《断片》）改为"The World's Agreeable Things"（《世上令人愉快的东西》）。——中译者注
　　③ 汉布格尔，第587页。——原页内注

种高贵的说法：'我是人，人所具有的我都具有'①*；这就可以防止我们变得轻薄无聊，让我们真正地成为我们自己，进而富于想象与宽容地接近世界；与此同时，我们并不想让诸如矫情、夸饰、负气、奇异之类的无聊闲扯妨碍我们全力以赴地进行斗争。我们想要做的是，以全副的严厉与温柔让自己明白：我们的做法经常带来更大的自由，唤起所有的人们——我们与其他所有的人——之间都保持更为亲密的关系，并通过象征予以表达或在现实中予以实现；当黑暗的力量即将以其威势强行侵入之际，我们就要投笔从戎，并以上帝的名义正告自己：哪里有最大的危险，哪里就最迫切地需要我们。"（1799年1月）"如果需要，我们就砸碎我们不幸的弦琴，并依循艺术家的梦想来做事。"②

确实，年轻的荷尔德林意识到了诗人的呼唤，不过，他总是不断地陷入困境之中，认为自己不能够妥善处理与现实的关系，不能履行自己对当代的责任。他的一些信函的摘录可以为此提供证据。譬如，1793年："这是我渴望并践履着的神圣目标——这个目标，我可能在我们这个时代播下了它的种子，此后，这种子将结出果实。所以，我相信，我能够有所收获，即便热情较少，也能够与某些人保持联系。"1798年："我在自己的生命中努力超越自身的界限显然太早了；我过早地渴慕伟大的东西。无疑，只要我活着，我将不得不为之而苦修；我对自己能够歆享彻底的成功有所犹疑，因为我不能以那种慢条斯理、温文尔雅的方式让我的天性臻于成熟……我想要为萦系于心的艺术而生存，而不是必须在人群中艰难前行，以致步入一种从内心里对此感到全然厌倦的境地。……只有少数的人尚未湮灭其将会成为诗人的愿望。我们身处其中的时代风气并不成全诗人，这就是几乎十个人中也不会剩下一个诗人的原委所在。"1799年："……或许由于这种不幸的爱好，我从青年时期就由衷地对诗歌所保有的向往，通过所谓更加基本的行动，在我这里依然持存着，

---

① * 出自古罗马喜剧作家普卜利乌斯·忒伦底乌斯的讽刺喜剧《自己折磨自己的人》第一幕第一场，原文为"Homo sum, nihil humnai a me alienum puto"，也可译为"我是人，人性所在，我无例外"。——中译者注

② 引自狄尔泰《体验与诗》，第311页。——原尾注

而且，根据我能够在自己身上观察到的一切，这将在我的一生中继续持存下去。"1799年："那种神圣的鼓舞已离我而去了，我不得不一天天地呼唤着它回来。当我想起伟大时代的那些伟人们，他们就像神圣的火焰伸出援助之手，把这个世界上一切无生命的东西、一切木然的东西和一切废物都燃成一团火，伴随它们一起飞向天空。值此之际，我认为自己就是一束微弱的火光，四处散射，不顾自身燃烧殆尽而继续彻夜地书写——看！一种异常的战栗征服了我，在渊默中，我提醒自己记住那可怕的真相：一具活尸！"1799年："我深刻地意识到，我为之而生存的目标是高贵的，它对人类是有益的，但愿我能知道如何表达它并致身实现它……如果我万一不能清晰、充分地表达我内心深处的思想（这在很大程度上要依赖于我的好运气），那么我至少知道自己一直在想做的事，——我想做的事，并不只是人们从我的智性努力的结果中可能推断出来的那些东西……"

他在心里对自身抱有虚幻的意识，在外部则缺乏与世界相一致的意识，这类意识屡次露出苗头来。1793年："我不满于我自己和周遭的一切，这驱使我处于心不在焉的状态。"1796年，他坦承自己"从某种自以为是的立场出发来接近每一位新认识的人，并且珍视童年时代的某些想法，认为只有牺牲这些想法，才能学会理解周遭的人"。1798年："啊！从少年时代起，世界就把我的精神驱回我自身之中，这就是我直到如今仍在痛苦的东西。确实有这样一个退隐之地，每一位同我一样遭遇不幸的诗人也可以我的方式体面地逃避到那里——哲学。……我缺乏的不是力量，而是悠闲自在；不是观念，而是细微的变化；不是主调，而是多重协和的诸种音调；不是光，而是光的投影，而所有这一切都基于一种原因：我过于惧怕现实生活中的平庸与低俗。……我虽然并未因为自己担心那现实会干扰我的自我而局促不安，但是我还是因为自己担心那现实会干扰我用以把我的内心与我所喜爱的他物联系在一起的内在关切之情而感到胆怯；我惧怕自己内心涌动着的温热的生命会在冰冷的日常世界里逐渐冷却下去……"[①] 1799年："在我所做与所说的一切

[①] 参见《荷尔德林书信选》，张红艳译，经济日报出版社2001年版，第154—155页。——中译者注

中，我的存在极其无常与难堪，究其缘由，我就像那呆头呆脑的鹅，平足立于水中，朝向天空，无力地拍打着翅膀。"

　　一个令人感伤的事实是，患病期间，荷尔德林焦躁而痛楚的自我意识逐渐由哀婉动人转向一种坚定且绝对受控的状态，事实上，他的诗也委实不再指向现实世界。这位孤独无依的人此时感受到的孤独反而越来越少了，他已将诗歌置于超时间的永恒之域。由于在那深邃动人的愿景与充满活力的结构力量之间保持着最大的张力，他的诗风有了新的发展。让我们再来看一看基于时间先后顺次排列的谈论所透出的这种发展的消息。1800年："那么，我无论必将走向哪里，我最后必定要说：我曾经活过！而如果既无骄傲，也无欺骗，那么我就会有把握地说：由于我的人生磨砺，我在这方面已逐渐变得更加坚定、更加安宁。"1801年："就人的可能性而言，如果我所做的是我必须分担的事，那么我就是履行我在这个世界上的天命，因此，经过青年时代的磨炼之后，我依然感到心满意足。"1801年："终于，我知道绝对的爱只有在绝对的力量下才能够存在；令我惊讶的是，在那一时刻，我打量自身，感觉到彻底纯洁与自由。一个人在其自身内部越安宁，在其如意的生命中越泰然自若，能够越容易地从受压抑的状态恢复至通常的心境，他的目光势必越敏锐、越包容，于是他就有勇气直面他在这个世界上认为是轻松的或困难的以及伟大的和可爱的一切。"此时有人会说，在经历精神分裂症暴发之后，古希腊已成为他真正的生存的现实，古希腊的事物对他来说依然是有兴趣的。那些圣歌是以自由体诗节写成的，它们为荷尔德林创造了当代的神话世界。他以伟大的力量创造了这个世界，这种力量摆脱传统的形式而自由自在地表现出来，完全从那痛楚的规训与坚定的信念中涌动出来，旋即化成感性的形式，不再关联于当代或者现实。对他来说，这些圣歌就意味着崇高的誓言的喷泻：这是诗人的呼唤。他曾经说："其内容将直接向祖国或时代发出呼吁。"在精神分裂过程中，诗人的遭遇到了何种程度并不重要，他受到现实需要的真实影响到了何种程度也不重要，对他来说，它们已完全失去了意义。他完全为自己的工作而活着，不再关问其他任何事情，这给了他以激情，正如无意之中就可达于理解的那样，这激情关联于精神分裂所激起的那种形而上的欣快。

因此，我们可以发觉，最后诞生的那些诗恰好写于他神志清醒之后逐渐发生转变的时期，此后经过缓慢的过渡，他后期诗歌的那种碎片化的风格也就出现了。

（2）神话人生哲学。荷尔德林的人生哲学从一开始就显示出一种深刻的人与自然、人与古希腊世界、人与神的睦邻关系的意识。这三个世界说到底乃是一体的，对他来说同样如此。这种人生哲学先前充满着渴慕、冲突、痛苦与距离感，而在精神分裂症过程期间则变得愈加真实、直接、丰盈，同时被提升到愈加普遍、客观、非人格的永恒领域。他体验到一种神话现实，这种神话现实并未在所谓自然化的人的现实与像神一样的绝对者的当下在场之间做出区分。因此，随着渴慕逐渐地变弱，那满足感则不断地增长着。于是，当荷尔德林实现了自己的成功并愈加亲密地接近属己的世界时，他也就变成了别人眼中的陌生人。荷尔德林在写给比伦多夫（Böhlendorf）的一封信（1802年12月）[①]的某些段落中，对他当下如何看待这个世界——在那些圣歌中获得其客观性的世界——作了说明：[②]"我已经很久没有给你写信了，这段时间我在法国，看到了令人悲伤、孤寂的大地：法国南部的小屋，还有一些美景，以及在对爱国主义予以怀疑的担心和对饥饿的恐惧中成长起来的男人和女人。那强大的自然力，天空的火焰，人的宁静，以及人在自然环境中的生活、克制和满足，这一切都在不停地感动着我，正如人们所称道的那些英雄，我也承认，阿波罗（Apollo）打动了我。在与旺代（Vendée）交界的地区，那狂野、尚武的气息引起了我的兴趣；十足的阳刚之气，生命之光毫无约束地从双眸和四肢中焕发出来，直面死亡而使自身充满艺术般的自我表现能力，并且自己也充分意识到了这种渴望。这些南部儿童所秉具的审美天性，依然存活于体现古代精神的废墟之中，这种审美天性使我更加亲近地理解了希腊人的真正特性；我学会了认识他们的天性和他们的智慧、他们的体质、他们在其气候中成长的方式以及他们用来保护其跃动的天赋免受自然力

[①] 这封信收入中译本《烟雨故园路：荷尔德林书信选》，张红艳译，经济日报出版社2001年版，第217—220页。——中译者注

[②] 英译者在此处作了分段处理，德文版则没有分段。本译文据德文版恢复了原貌。——中译者注

伤害的规则。……我越是研究家乡的自然的本性，它就越强有力地感动着我。雷雨不仅以最为激越猛烈方式显现自身，而且正是从作为力量与形式这一点来看，它凸显于天穹的其他现象之中；光对其周遭的环境发挥着影响，既作为准则又作为天命的创造者，它提醒我们要保有应具的敬畏之心；它来去匆匆，留下自己的演进轨迹；森林及其周遭富有特征的事物，各种自然事物的特征交汇于同一个地方并相互影响。这一切就是我当下的欢乐之所在：这个地球上的所有圣地都围绕着一个地方，而射向我的窗户的正是那哲学之光……"① 在荷尔德林这里，那燃烧着的对于遥远的古希腊的渴望现在变成了现实。他的心灵不再在想象的形式中了解诸神，对于他和我们来说，诸神已成为现实与原初的存在。在某种程度上说，他后期圣歌的迷人效果便源于这种变化，而荷尔德林也充分地意识到了这一点。他在上述那封信接近末尾处写道："我想，我们不会对从过去直到我们时代的诗人们作评价，但那种可以用来吟唱的诗歌将普遍地呈现出一种不同的特征，除了不断重新开始那始于古希腊时代的歌唱祖国与大自然——这确实是原初的母题——外，我们其实什么也不会做。"通过判断荷尔德林的终极目的，这种发展可能在总体上是可理解的，不过它同许多精神分裂症病例中自发产生的发展形成了对照。以鉴赏的眼光来理解荷尔德林的精神发展与在因果式的理解中将其精神发展归因于他的疾病其实并不矛盾，毋宁说，二者是相辅相成的。精神分裂症并不是一种智力缺陷，许多人患了此症并未出现明显的人生观紊乱——虽然这种紊乱相对而言屡次成为一种与疾病相关联的因素。依靠精神分裂症所松动的土壤，此前这土壤中就存在的精神发展的可能性使它成为一种无条件的、压抑不住的亲身体验，结果在催生出独一无二的花束后却毁灭了一切，这在精神正常的人们那里则是不可能的。因此，原初人格对这种体验是具有决定意义的，而且标示了精神分裂症的界限。确实，那些最初受到限制最大的患者和单纯的功利主义者，他们在疾病开始发作时因遭受形而上的焦虑偶然也会出现某种人生观紊乱的情形。在那种情形下，就需要假定他们先前就已存在疾

---

① 英译者在此处作了分段处理，德文版则没有分段。本译文据德文版恢复了原貌。——中译者注

病的种子，尽管它在当时完全处于尚无法看见的潜伏状态。在像荷尔德林与凡·高这样的知名人士身上，我们可以最为明显地观察到那真实发生的变化，他们也让我们通过与那些不能表达或缺乏智力的患者的比较得到了理解。我们可以看到精神分裂症如何逐渐催育了他们自身的神话，这对他们来说是毋庸置疑地存在的事实，由此而经常带来某种祈向永恒的性格。通过比较诗人的梦幻内容——即精神分裂症的内容，我们可以发现这些内容与历史上的神话有着奇特的平行关系。

（3）内在紧张。我们可以在荷尔德林诗歌的先后顺序中分辨出两个阶段：第一个阶段大约在1801年，第二阶段大约在1805—1806年。第一个阶段临近于精神正常与疾病过程的边界，第二个阶段则在疾病过程之中。这两个节点之间的那段时间始终贯穿着过程与自律意志之间的强大张力，疾病过程使心灵趋于分裂、亢奋并改变其特定的功能，自律意志则借助终极力量来寻求连贯、秩序与整体。海林格拉特和兰格在论著中研究了荷尔德林的手迹，将其手迹依着时间先后顺序作了排列，让我们从中感觉到了这种心理学上的变化。患病之前，他的字迹轻软柔顺，颇为流畅平滑，达到了一种高度形式化的水平；患病之后，其字体变得更大，笔势更加整齐有序（海林格拉特也提请我们注意纸张的大幅尺寸），笔势更加有力，只要字迹没有被乱涂与模糊所干扰，我们就可以看出这一点来。海林格拉特还提请我们注意这样一个事实：到了后期，那笔锋变得越来越险峻陡峭，最后获得了稳定性——这也是意志紧张努力的标记——结果又变了回去，那笔势更加倾斜平滑，更加不规则，不过留下的总体印象是早些时候的那种美观的形式，只是偶尔被某些不整齐、松脱插入以及模糊不清的字迹所中断。

有人势必会试图设想这些人在其患病早期阶段的心灵结构，认为这种心灵结构被他们深深感受到的那种人格撕裂的威胁所征服，也被纯粹功能性的症状所压倒——这些症状是由他们在主观上对那强烈的思想过程感到可怕的经历和担心丧失控制自己思路的力量的威胁而产生的。这样的患者倾向于说：我觉得，倘若仅仅屈服一瞬，我就会发疯。这种维系着意识的自我同一性及其连续性和通常的感觉与举止的张力必然是巨大的，它在荷尔德林的身上同样显示了出来。荷尔德林写于1801—1805年的诗就表现了这种张力，然而这种张力却不见于较晚的那些诗中。它们是通过单纯的联想或巧合就轻而易举地产生出来的，或者它们代表了一种自然情感的表达。正如韦布林格（Waiblinger）所述说的，那持续凝聚的戒律不复存在，那感人深邃的精神内涵也不复存在，它们已被那智性上空洞无物的亢奋状态所阻断，只剩下一连串充满过多可能性的功能和"矫揉造作的习气"。我们在最后阶段找到了所熟知的精神病人的全部症状，如简单化的意象、突如其来的念头等，这些症状除了可以对他最后阶段的诗歌所充满的那种基调做出说明外，还透露了这样一种消息：这是荷尔德林的最后阶段，其他的诗人都未曾经历过。

令人感动的人生体验与那戒律、理性、成形的秩序之间形成反差，这是所有富有才智的人们所共有的特征，而且可以在每一个人的身上发现它的痕迹。这种张力之所以在荷尔德林身上比在其他人身上更为显著，不仅因为他秉有卓异超群的智力，而且因为他从一出生就秉有一种动荡不安的心灵结构。1797年，他曾谈及那种可以经常在神经质的人们身上观察到的感觉："我与黑格尔（Hegel）的接触对我来说受益匪浅。我喜欢全然冷静的理性主义者，因为当你不知道是否与你自己以及世界相一致时，他们能够给予你很好的指导。"1798年："冷静的理智是神圣的盾牌，它在生命的搏斗中保护内心免遭毒箭的伤害。"——这种对比在此涉及了很多东西，包括大量无须分开的因素：清醒的意志，活跃的才智，诉诸直觉的构形能力，富于创造的表现能力。在他患病期间，这种不堪忍受的反差得到了强化。不过，由疾病引起并加重的这种体验不仅提供了意义，而且具有精神深度；它并非无关紧要，而是可以像某种启示一样突然发生，可以像上帝一般神圣庄严。因此，荷尔德林在1801年12月写道："我曾经可以为着一种新的真理而欢呼，为着高于我们的那个主宰（Him）而欢呼；现在，我担心我的命运可能就像那位老坦塔罗斯（old Tantalus）①的命运：他从诸神那里接收了太多的信息，甚至已经超出了

---

① 坦塔罗斯：希腊神话中的人物，因泄露天机而被罚站于湖中，为此饱受痛苦折磨。——中译者注

他的承受能力。"①*

（4）强烈的神的影响。由于神的启示，他遭际了压倒一切的威胁。神的启示过去只是在最后的句子中有所表达，而在患病期间则再次出现于荷尔德林直接体验的神话世界之中，就像上帝强加于人类的危险观念一样，这种威胁对他来说乃是毋庸置疑的事实。在疾病开始之前，他仅仅在《恩培多克勒》的断片中暗示了看起来有些相似的观念。祭司赫谟克拉底（Hermokrates）对恩培多克勒势必遭到毁灭的原因给出了解释：

[选自《恩培多克勒》第二版]②
比利剑与烈火更具破坏性的
是人的灵魂，尽管接近于神
人如若不能保持沉默与包容
神的秘密便不会显露。如若在它的深处
它静默地提供所需，
它就强健而富有生机；那狂野地吞噬一切的火焰
立刻烧毁了束缚它的脚镣。
跟着那个裸袒灵魂的人一起飞升
于是，伴着它，他灵魂内的诸神，不顾一切地觅寻
为了道出那不可道出的秘密，他挥霍掉
危险的财富，就像洒水一样轻轻地泼出。
那种愚行比谋杀更糟糕
……而且……要……继续存活下去
……在痛苦与愚行中毁灭一切
是谁……向人伸出了援救之手。③④

---

① *冯·海林格拉特编：《荷尔德林全集》第 5 卷，第 317 页。海林格拉特对荷尔德林的（语言）组织作了可观的探察，指出了他用寥寥数语所表现出来的那种心智的健全和诗风的裂变。见《荷尔德林的品达抒情诗手抄本》，第 57 页之后。——原脚注
② 德文版未作此说明。——中译者注
③ 根据波姆（Böhm）所编《荷尔德林选集》第 3 卷，第 98 页。——原尾注
④ 汉布格尔，第 278 页。——原页内注

第二章　斯特林堡与同等智识超群的其他精神分裂症患者的比较

在这里，也许我们面临陀思妥耶夫斯基（Dostoyevsky）在《大法官》（*Grand Inquisitor*）中提醒我们记住的问题，或者面临在可能的沟通与系统阐述那类秉具预言家与施令者气象的个性时涉及的问题，这些个性不仅对人类有益，而且可能带来危险，那么在他们开始发病之后，我们的问题就具有了一种完全不同的性质：现在，正是诗人自己处于危险之中；他可能遭到毁灭，他的任务恰恰就是把神圣的危险编织进他的诗里，并且以这样一种方式，它能够无害地传达给人类。就像酒神巴库斯（Bacchus）①的诞生，他是宙斯用雷电击中塞默勒（Semele）之后诞生的，以至于现在天火仍作为一种无害的奠酒传递给人类，于是诗人捕捉那天谴，并以颂歌的方式传达那种不经过他改头换面就会有破坏性的东西：

[选自《犹如在节日里》]②
因此大地的子孙们如今已脱离危境
他们举杯庆祝那天火。
然而，我们理应跟随诗人
光着头立于天主赠予的大雷雨中，
我们依旧用自己的双手去抓住父的光束
而且以歌声裹起上天恩典的礼物，
并将这赠礼献祭给民众。
因为只要我们内心纯洁
父的纯洁的光束就不会灼烧我们的心灵
而且带着深深的震颤，分担他的苦痛
他比我们更强大，立于天主漫天倾泻的
暴风雨中
当他靠近时，内心依然坚定。③

---

① 巴库斯：古罗马神话中的酒神，对应于古希腊神话中的酒神狄俄尼索斯。——中译者注
② 德文版未作此说明。——中译者注
③ 汉布格尔，第375—376页。——原页内注

这种赋形与惩罚的力量是能够消解那种打击的。正如凡·高的绘画就像避雷针一样帮助了他，荷尔德林的诗歌也使他得到了拯救。这并不是一个可以掩饰或者仅仅局部地揭示危险的知识的问题，而是一个赋形的问题；它并不是一个隐藏秘密的问题，而是一个创造的问题。因此，诗人小心翼翼地与诸神保持着联系：

[选自《调停者，你这从不教人相信的……》
（《和平庆颂》初稿）]①
因为仁慈且始终晓得尺度，
天神只在一瞬间触摸
人类的居所……
抓住这个机运实在太难了，因为
那位赐予机运的神若不宽恕，
我们家以前放在壁炉地面上的财富
早就被大火焚毁，连同那屋顶与地板。②

天国的力量宽恕了人类：

[选自《面包与酒》第七节]③
因为并不总是脆弱，那易碎的器皿仍能容纳他们，
唯有我们人类才偶尔承受得起诸神的直接冲击。④

我们这里所谈的乃是为直接的体验赋形的问题。感觉到神圣联系的艺术家的这种体验或许与此相仿；很多艺术家可能会被荷尔德林的诗句所打动。不过，这里所表现的并不是人的自然的苦难，而是人的命运与欢欣，这样的

---

① 德文版未作此说明。——中译者注
② 汉布格尔，第426—427页。——原页内注
③ 德文版未作此说明。——中译者注
④ 汉布格尔，第249页。——原页内注

欢欣伴随着某种憧憬感而发生，并通过诗人的表白以及与上帝的神秘亲近而得以传递，这在没有遭受精神分裂之苦的人们那里是众所周知的。荷尔德林的表现方式并不是以诗的形式来丰富这些自然现象，毋宁说，这种表现方式采取的是极其文学化的手法。之所以这样说，乃是因为我们在他的信件节录中找到了证据，而且因为我们了解荷尔德林的真实的人生。这类完全真实、极其危险的体验，只有在精神分裂症患者们中间才是可能的，譬如歌德（Goethe）永远也不可能有这样的体验。

每一种分析都是在考察相互之间有其联系的问题。关于荷尔德林，这并不是一个看待绝对品性与意义的问题，而是一个看待其人生的不同时期是如何彼此联系起来的问题。毋庸置疑的是，他的作品经历了持续的变化。不过，有的人可以无视他的疾病，仅仅考察一种不间断的渐进性发展，这种发展直到后来患病期间才遭受挫伤。有的人可能坚持认为，不管他的疾病如何，那种发展毕竟已经发生了，而且他依然能够保持神志正常，另外由于知性的必要性，那发展也采取了同样的路径；或者有人可能声称，那变化可追溯到疾病开始之际，而且只与他的疾病有关。对后一种观点，除了已经谈及的情况外（同样作为与精神病学上相似的精神分裂症患者的一种比较），还需格外强调这样一个事实：荷尔德林从 1801 年至 1805 年的诗歌在文学领域被认为是独一无二的，其他任何一件文学作品都不能够与其相比。相较之下，尽管歌德在某种程度上代表着人类表现的最高范型，但是甚至连他也无法与荷尔德林相比肩。荷尔德林的独一无二性源于以下的事实：一位相当杰出的诗人（尚未患病时，他就是一流的诗人），恰恰是以这样的方式成为精神分裂症患者的。在绘画艺术领域中，只有一个病例能够与他相媲美，这个人就是凡·高。除此之外，再没有能够如此这般地把创作与疾病结合为一体的其他病例了。

第四节　凡·高

一　病志

就凡·高而言，我们不可能（像对待荷尔德林的病例那样）勾勒出一个现成的病志。因此，根据我能获得的材料①*，我将作一简要的编纂并试图勾画其特征。

凡·高（生于1853年）的原初性格是与众不同的。他趋向于孤独与隐居，但同时又充满着对爱与友谊的渴望。对多数人来说——并不是所有的人——与他相处是困难的。他与人们的关系并不令他开心。"凡·高的举止、态度容易引致笑柄，原因在于，他的行为、思想、感受和生活都迥异于他那个时代的其他的人。……他的面部总是流露出心不在焉、沉思默想、深奥严肃、忧郁悲伤的神情。不过，当他确实大笑时，他总是由衷地发出兴高采烈的笑声，此刻他的整个面部都在熠熠发光。"② 他吃力地适应着周遭的环境，或者说根本就不去适应；他似乎没有一个目标，可是他的内心深处却充盈着某种东西，我们或许可以将这种东西称作信仰。尽管很长时间里他没有正式

---

①　*主要的原始材料有：文森特·凡·高（Vincent van Gogh）：《致弟弟的信》（*Letters to his brother*），两卷，凡·高的弟妹乔·凡·高－邦格（J. van Gogh－Bonger）编，德译者利奥·克莱恩－迪波尔德（Leo Klein－Diepold）（柏林：保罗·卡西勒尔出版社1914年版），附有生平介绍。进一步的资料有：文森特·凡·高：《书信集》（*Letters*）（柏林：布鲁诺·卡西勒尔出版社），其中有致他的朋友伯纳尔（Bernard）的信；E. H. 凯娜－凡·高（du Quesne－van Gogh, E. H.）：《回忆文森特·凡·高》（慕尼黑：皮珀出版社1911年版），这部著作中有诸多实例说明；V. 梅尔－格雷费（Meier－Graefe, V.）：《凡·高》（慕尼黑：皮珀出版社）；尤利乌斯·梅尔－格雷费（Julius Meier－Graefe）在《文森特》（慕尼黑：皮珀出版社）中收录了更多的作品。进一步的资料还有：皮珀出版社出版的凡·高的作品集；在第一次世界大战之前，凡·高的画作已得到了出色的翻印，由阿姆斯特丹的 L. J. 维恩出版社以对开本发行，另有汉斯·冯·马雷斯协会（Hans von Marees－Gesellschaft）编的《凡·高画集》，1919年由皮珀出版社以对开本发行。最后可参阅的资料有：1912年科隆联合协会（Kölner－Sonderbund）展览的作品样本；大量的插图和说明也见于不同年度的出版物《艺术与艺术家》。——原脚注

②　M. J. 布吕斯（M. J. Brusse）：《作为书店店员的凡·高》（"Van Gogh as Bookstore Attendant"），载于《艺术与艺术家》1914年第12卷，第590页。——原尾注

的目标或职业，不过他还是意识到了那驱使自己的命运。年轻的时候他就笃信宗教，直到去世之前，他依旧凭借一种未曾依附于教堂或教条的宗教意识持之以恒地做了他想做的一切。从一开始，他的心灵就指向了生存的核心、本质及其意义。因此，他，这位雇员，无法达到古皮尔（Goupil）艺术品商店的要求，因为他把艺术的价值和艺术品的质量置于了公司的利益之上。在英格兰，他当老师失败了，因为这里也对他提出了诸多与教师职业无关的要求。作为神学家，他当得并不成功，因为学究气的研究让他长期无法从事向民众传福音（Gospel）这件重要的事，而且因为他考虑到，"全部的大学，至少就神学院来说，就是一个令人讨厌的大骗局，它只擅长于法利赛主义（Pharisaism）① 而落于平均水准"②。最后，他到博里纳日（Borinage）矿区的矿工中间做了一名义务传教士和助手；然而，他听任自己，变得完全不顾及自己的外表，终致有一天，他的父亲来找他，把他接回家。他当时大约26岁。

对凡·高来说，这是极度痛苦的一段时间："简单地说，我的悲伤是这样的：我可能对什么有益呢？我不能想方设法帮助并有益于他人！"然而，就在那时，凡·高终于发现自己的人生价值可以在他所意识到的一种职业中得到实现。"我对自己说：我将重新拿起画笔，我要再次开始画画。从那一刻起，一切都发生了改变。"从此以后，他成为艺术的信徒。他先是在家里完成了最初的自学训练；然后，他在海牙（Hague）研究那些伟大的艺术家；他前往安特卫普（Antwerp）学习绘画，还到乡村度过了很长的一段时间。

1881年，凡·高爱上了一位年轻的寡妇，不过他不得不就此罢休，正如他从前的那次遭遇——1873年，他第一次爱上一位年轻的女孩，最后不得不就此罢休。不久以后，他把一位贫穷、邋遢、有孕的妇女带到自己家里，并把自己全部的爱恋与关心都倾注在她的身上，直到那极度的厌烦感与萦怀于心的悲伤超过了他所能忍受的生命悲哀之际，他才与这位粗俗鲁莽、工于算

---

① 法利赛主义是古犹太教的一个流派，这个流派的成员拘泥于形式，墨守外在的教规，表面上虔诚，《圣经》中称他们为言行不一的伪善者。——中译者注
② 《致弟弟的信》第2卷，第9页。——原页内注

计的家伙分道扬镳。

从1886年初到1888年春天，凡·高一直在巴黎与弟弟提奥（Theo）住在一起，并且开始熟悉那些印象派画家。直到去世之前，他仍旧依靠弟弟的供养而孤身生活。若没有这种血缘关系——充满深深的理解和无私的兄弟之爱，凡·高那特有的生存样态是难以想象的。

如果我们依时间的先后顺序来研究凡·高的那些信件，以便寻找后来发生精神病变的最早的先兆，那么我们就会发现，那最早的先兆出现于1885年12月，他在当时的信件里接连谈到自己的身体失调。首先，凡·高经济拮据，陷于窘境，因为他把钱主要都花在绘画及其耗材上了，因此他很少能吃上一顿热饭，主要靠面包来维系生活，并且抽烟很凶，为的是克服空腹时的纠结不安之感。这种境况延续了很长一段时间。他断断续续地感到"身体倦怠"，而且费力工作之后"感到胃部虚弱"。他开始怀疑自己的体质出了问题，不过当一位医生误认为他是一名钢铁工人时，他又高兴起来。可是他的胃最后还是起来造反了。他开始咳嗽，自称"简直已经精疲力竭"。最后，他意外地注意到，他感到虚弱与发热（1886年年初）。他猜想，尽管自己基本上仍可能是健康的，但已经受到了严重的损害。他在一段时间里感到有所改善，但后来却屡遭复发之痛。看起来他在巴黎那段时间里（1886年到1888年春）的身体状况并不太令人满意。

1888年2月，凡·高前往阿尔勒（Arles），这时，他继续与弟弟通信，说自己很快就感到比在巴黎时好多了。"确实，像那样再继续下去是不可能的。""当我在盖尔杜米蒂（Gare du Midi）离你而去时，我心伤欲碎，几乎病倒。为了继续工作，我已近乎成为一个酒鬼……""离开巴黎后，我实际上快要中风了。我开始戒酒、减少吸烟的数量，并且开始慎重思考而不是摒弃我的思想，那时，确实就是我经受打击的时刻。苍天在上，绝望令我实在难以忍受，我感到多么精疲力竭啊！"不久，一切又有了巨大的好转。不过，他非但没有停止对自己健康状况的谈论，反而热衷于谈论各种阴暗的东西，而且越来越频繁地谈到精神的异常。至此，我们可以明显地看到，凡·高的确在"用几乎崩溃的头脑"回顾1885年2月的健康状况，尽管有的东西已被他克服了，不过同样明白无误的是，伴随身体的好转，一种同时发生的精神变化变得显而易见起来。我们继续依时间的先后顺序进行考察（从单纯的身体症状到精神现象的表征）。

凡·高对自己确实很"生气"，他想让自己健康起来。当他"小心翼翼地对待自己的身体时，他的自我保养也会得到一定的回报"。他的"胃部依旧非常虚弱"，"一杯法国白兰地就让我醉了"。他因"恶心"而感到痛苦，"有些日子很严重"。他抱怨调制的食品有害、不好吃。5月，他第一次想"让自己的神经系统镇静下来"。接着，在赢得了必要的镇静之后，他又盼望自己不要过早地垮掉。他在紧张的工作之余，感到彻底"疲惫不堪、心烦意乱，以至于失去了走路的力气，也不敢保持孤单的状态，只好任由他人摆布自己，只要能让他们高兴就行"。他吃得不好，勉强"拖着脚走路"。然而，就他的胃口而言，他还是感到有了极大的好转。然后我们读到："我病了；这将永远不会改变，我真的永远也好不了了。"他紧接着就说："我确信我将再次健康起来，而且自从最近一个月以来，我的食量很大，食欲有了好转。有些日子，我因莫名其妙的激动而不适，又因无可名状的厌倦而痛苦。"他曾经总结道："我的骨头要散架了。我的大脑彻底紊乱，不能胜任正常的生活，因此，我应该马上去精神病院。"夏天的"炙热""使他恢复了体力"；是的，他很快就觉得"过去的力量正在恢复，而且这次比他期待的还要强壮"。与此同时，"对女人的欲望"减小了。然而，他总是觉得自己好像正坐在一座火山上："我也感到自己是怎样的精疲力竭，自己从事创造的时间怎样的悄然逝去，自己的力量怎样的伴随着生命的衰退而衰竭……我经常只是坐在那儿，茫然地凝视。"他觉得自己的生命过于"匆忙慌乱、烦躁不安"。他从不知道自己的力量能否会持续"到明天"。"然而，体力并没有丧失，我康复了，特别是我的食欲大有好转。"他觉得"自己的头脑也轻松多了"。例如，9月："如果我没有感到如此严重的混乱不堪，也不总是不得不在这种心神不定的状态下工作，那么我就几乎会说自己正在向前发展。"10月，他抱怨"眼睛过度疲乏""头脑空空"。"我没有生病，但是，如果我不更好地吃饭，不把画画停下来一段时间，那么真的就要病倒了。我觉得自己几乎就是埃米尔·沃特斯（Emile

Wauters）画笔下的胡果·凡·高斯（Hugo van der Goes）那类疯狂的牺牲品；正如他那样，倘若不是因为具有双重本性（半是修道士，半是画家），我也早就毁灭了。确实，我并不相信像我这样的疯狂会是受害狂躁症，因为我的心灵处于兴奋状态，总是关注无限与永恒的生命。可是，我必须怀疑自己的神经可能出了问题。"恰好在他接近危机的时刻，高更（Gauguin）前来造访。"顿时，我感觉生病了，不过高更的到来也给予我可以思考的其他许多东西，因此我确信这种感觉将会消失的。"

基于这些有说服力的资料，如果我们现在想要探究疾病的真正开端（在1888年12月已发展成为一种急性精神病），那么答案就会是这样的：就他的生活方式而言，他最早的身体失调看起来已足够清楚了。由于缺少他在巴黎期间的信件，我们对他在此期间内的行为尚一无所知；在巴黎，他与弟弟住在一起，尽管这时的物质生活有了好转，但是显而易见的是，他的身体不适在临近这一时期结束之际就已发生了恶化，于是，他试图借着喝酒、抽烟来缓解痛苦；同样可以确证的是，他的身体在后来出现了好转，并伴以精神现象指向精神病开始发作的可能性，回顾起来，这之间确实存在着内在的关联。我认为他的疾病可能开始于1887年与1888年之交前后，不过显而易见的症状无疑出现于1888年春天。

从1888年10月底起，高更与凡·高住在一起，他给凡·高带来了极大的刺激。就凡·高而言，他们的关系从一开始就很不正常。"我们的谈话有的时候因着异常强烈的共振而显得生气勃勃，有的时候却如放电电池般相互排斥且争得头破血流。"有一次凡·高写道："我相信高更不太满意阿尔勒这座小镇，他也不太满意我们在其中工作的黄色小屋，……尤其对我不太满意。……事实上，我相信有一天他会突然离开。"高更在写给凡·高弟弟的信中表达了同样的心境，不过他们还是达成了和解：高更暂时住了下来。但是，当凡·高第一次遭受精神病侵袭之害时，高更竟然在1888年圣诞节前的某一天突然离开了。[①]高更记述道："在我逗留的最后期间，文森特（Vincent）异

---

① 关于这一点，参见［荷］乔·凡·高－邦格编《致弟弟的信》第1卷，第39页之后。高更的解释见于《艺术与艺术家》第8卷，第579页之后。——原尾注

常粗鲁、吵闹，之后又平静下来。有次晚上，令我非常惊讶的是，我看到文森特起床并站到我的床边……对我来说那已足以显得非常严重了：'文森特，你怎么了？'而他却没有说一句话，又回到床上，酣然睡去了……另一天晚上，我俩去一家咖啡店；他点了一杯清淡的苦艾酒。冷不防，他把盛满酒的杯子掷向我的头部。"接下来的那个晚上，高更看到凡·高手持一把调色用的刀片突然向着他冲来。当高更注视他时，凡·高却转身而去。接着，他切掉自己耳朵的一部分，用信封包着来到妓院，把它交给了妓女。她们后来发现他躺在床上，血淋淋地不省人事，就把他送到医院救治。他的弟弟前来探望。"当他清醒时"，他很快就又胡乱颠倒地念叨起哲学与神学来。他很快有了好转。早在1月7日，他就被容许出院了。不过从此以后，这样的侵袭每隔一段相对短暂的时间就复发一次，尽管在停歇期间他也能完全重获清醒的意识，但他再也没有重新回到过先前的状态。

凡·高曾谈及第一次持续时间很长的发作情况，述说自己忍受了难以置信的痛苦，不过这一切中最为严重的痛苦就是失眠。"患病期间，我看见了我们在津德尔特（Zundert）旧居的每一间屋子：花园中的每一条小径、每一株植物，周围的一景一物，原野，邻居，墓地，教堂，我们的蔬菜园，还有墓地里那高高的合欢树上的喜鹊窝。"到了1月底，他报告说："除了还做噩梦外，到如今那无法忍受的幻觉已经消失了。"起初，那些危机频繁重现，到后来每隔几个月复发一次，在停歇期间伴有一些轻微的类似发作般的变化。"在危机期间，我相信我所想象的东西都是真实的。"在出现这些危机之前，他试图创建画室和艺术家聚居区的努力完全失败了。"我相信这件事导致我在危机期间这么多的大喊大叫。我想要为自己辩护，但未能如愿。""顺便提一下，我在很大程度上已经记不起来那些天所发生的事情，因而无法想象有关那时的一切事情。"1889年8月，他在反复发作之下忍受着巨大的痛苦。"在有些天里，我彻底混乱了。""新的危机在一个暴风雨天压倒了我，当时我正在野外画画。""危机期间，我内心充满恐惧，行为更像一个胆小怕事的懦夫。"危机的本性经常呈现出一种宗教的色调："我恐惧所有宗教的夸张。""令我奇怪的是，我带有现代观念，崇敬左拉（Zola）、龚古尔兄弟（Goncourts）及其艺术品，但我却接受了那些秉有迷信观念的人们的影响。接着，各种疯狂的宗教观念就控制了我。"12月，他又报告说，自己"再次"感到"完全神志不清了"。他对这一期间所发生的事情有着深刻的印象："在我患病期间，飘着潮湿的雪；我夜间起床，凝望着风景。那风景从未显得如此动人，如此善解人意。"另一次："就我的大脑而言，我不再晓得自己正身处何地，最后会到达何方。""疾病发作时就像一场暴风雨袭过。"之后他就感到"精疲力竭"。或者他只是感到"彻底神志不清，没有痛苦，只有全然的迟钝"。也有较短的时刻病情有所好转，并没有混乱之感："当激情高涨到出现精神错乱或先知异象的临界点，当我感觉自己就像那位站在希腊三足鼎上传达神谕的先知，我就体验到了没有混乱的瞬间。""哦，最近的三个月对我来说显得多么得奇妙！这么多难以言表的恐惧；此外还有徐徐展开的面纱与似乎瞬间消散的命运。"

尽管从最剧烈的发作到最轻微的缓和期间存在诸多过渡形式，但是我们仍有可能把凡·高在多次简要的陈述中所谈及的发作期与相对统一的间歇期区分开来。他的情感状态变化得非常大。他"感到虚弱，有点儿焦躁不安、无精打采"，"这种状态并不宜于写作"。"天气总是不够晴朗。"第一次危机之后，"他的眼睛极其敏感"。"我感觉好多了；同样，我的心气也全被激发起来，我又开始期盼很多的东西。"片刻之间，他感到"非常正常"。他的"内心"经常充满"晦昧不明的悲伤"。"与此同时，沮丧的情绪以一种越来越强大的力量征服了我，这恰恰发生在我的健康状况不断好转的时候。""与此同时，我经常被抑郁症所压倒。"

他并不喜欢思考那些急性的发作。"我将在这里鲁莽地停止谈论我对疾病复发的恐惧，我将开始谈论另一个话题。""更好的做法是，不再谈及前些日子烦扰我的那一切。""我既不想考虑也不想谈及它。"

能够显示他动荡不安的心灵结构的其他陈述还有："思维逐渐复元，不过比起过去来，我却远远不能再做那么多的实际工作。我完全处于心不在焉的状态，无法马上知道如何让我的生活有序起来。""此外，大部分时间里，我感到既没有热切的渴望，也没有强烈的懊悔。可以说，曾有这样的一些时刻：

第二章　斯特林堡与同等智识超群的其他精神分裂症患者的比较

当欲望的暴风雨征服我之时，在我渴望拥抱某个人、某个女人、某个像慈母般关爱我的女人之际，我周身涌动的波涛却撞碎于晦暗的绝望之崖。"他经常说自己的身体是安康的："非常惊人"，"我的身体状况比过去那些年更好了"。关于他的体力，我们听到他这样说过："此刻，我感到我好像有太多的体力"；在其他时候他又说："我搞不明白那么多的体力对我来说有怎样的用处。""我依然感到没有丝毫的意志力，也没有任何欲望，日常生活中的其他任何事情并非永远都是如此的……""我依然因可怕的抑郁症而痛苦。"他谈及自己的"精神怠惰"与"漠不关心"，相信自己由于患病而获得了"更大的耐性"，他不再"那么鲁莽冲动"，感觉"他的自我更加放松了"。

他发现自己的面部表情"比先前更健康了"。他把自己的一幅肖像与较早的一幅作了对比："我的面部此后变得更加鲜亮了，可是我的形象与其曾经的样子确实是一样的。人是充满激情的。"不久以后他又说："你将注意到，尽管在我的眼里那神色更加茫然，但是我的面部表情比过去更加放松了。"

自 1888 年 12 月以来，这种持续变化的状态被剧烈的精神病发作打断了。凡·高先是住进了阿尔勒医院；接着，从 1889 年 5 月直到 1890 年 5 月，他又住进了邻近阿尔勒的圣·雷米镇（St. Remy）的一家精神病院；1890 年 5 月之后，他从精神病院出来，在加切特医生（Dr. Gacher）善意的引导下，他住在巴黎附近的瓦兹河畔奥弗村（Auvers – sur – Oise）。7 月 27 日夜间，他开枪射中了自己的胃部。他死于 7 月 29 日，死前，他同加切特医生清醒地交谈着，嘴里还叼着一只烟斗。他并没有透露自杀的动机。当加切特医生就此询问时，他只是耸了耸肩。7 月 25 日，他在致弟弟的信中写道："今天，我本想给你写许多事情。但是，我已失去了动力，我认为这已完全没有用了。"7 月 27 日，他又着手于给他的弟弟写信；然而，他并没有写完，也没有寄出。在这封信中，他以一种对他来说并不常见的悲怆口吻写道："可是，我亲爱的弟弟，这一点我曾经常对你说，而且一再对你强调，它是我执着的思绪所能聚集的全部焦点。今天我要再次对你说：我看中你的是，你不同于那种微不足道的艺商。由于我，你对某些画的创作过程出过力气，使它们即使在全然混乱的状态下仍然保有了价值……好了，我的劳动成果现在都是你的了。我为那些作品典当了自己的生命，我一半的心智已被耗尽了……"

二 工作强度的变化

疾病的进程（预发阶段是1888年，首次发作是1888年12月，然后屡次间歇性发作，直到他1890年7月自杀）是与工作强度的变化相一致的。在预发期间，工作强度的递增超过了此前的正常量，然后，这种强度在第一次发作后降低，不过，艺术的水准在此期间仍得以持续，甚至得到进一步的发展。①* 我们再来查阅一下他的书信，看看其中有关他的工作情况的那些记述。

1888年3月与4月期间，当时正住在阿尔勒，他"疯狂地忙于工作……因此，几乎不可能以清晰的头脑写信"。在同一个时期，他屡次谈及自己的身体状况有所好转，他"在剧烈摇荡的极点"仍怀有"一种未曾间断的想要工作的热切渴望"。无休无止的工作时间使他感到非常疲乏——至少在一开始是这样的："我彻底精疲力竭了。""我整整一个星期都在艰难地工作，站在麦田里，炙烤于骄阳下。"6月："亲近自然的那种兴奋感与肃穆感引导着我们——这种兴奋感的效用有时真的是非常强大的；一个人甚至并未意识到在工作。有时疾病也伴随而来，突然发作，迅疾并持续一段时间。它们彼此相伴而来，就像谈话或信中使用的词语一样。"他"对同伴的渴望小于他对狂热的工作的渴望……我觉得，只有在疯狂地投入工作时我才活着"。"我只是全神贯注于某个兴奋的时刻，然后我就让其达到极点。"某些作品是他"以此前从未有过的速度迅即完成的"，他认为这是他的"最好的画作"。"不过当我从这样的时间中返回日常状态时，我向你保证，我的头脑真的非常疲惫不堪，而且当这种情形在收获的时节经常发生时，我就完全心不在焉，无法致力于

---

① * 比较他在每一年中完成的画作的数量，可以在表面上为我们提供某些迹象。由于似乎并不能够列出他的全部作品，因此，我引证的科隆展览会（1912年）样本目录中包含的108幅这样的数字，只能提供一种受到曲解的且在数量上并不可靠的参考。这里就将特定年份（括号内是画作的数量）的详情作如下说明：1884年（4），1885年（5），1886年（3），1887年（12），1888年（46），1889年（30），1890年（7）。——原脚注（这里所列画作数量的总和是107幅，而不是108幅。——中译者注）

某些最简单的日常事务……那时,就像一位身陷两难境地的演员,我的头脑紧张到几欲爆裂的极点。我不得不在半小时内思考成千上万的事情。"7月底:"我越是混乱,就越发变得病弱;越是感到精疲力竭,就越发处于艺术创造的状态……"8月,他就一幅肖像写道:"那就是我的力量,也就是说,坐一会儿的工夫我就能倾吐出那样的一个人像来。"也正是在8月,他开始惊奇地意识到自己思想的丰富性:"我对新的绘画怀有丰富的想法。""我为自己的工作想出了大量的主意。""与此同时,我的计划排得很满……想法多得数不清。""对于工作,我的想法蜂拥而至……我就像一架机器那样全速地工作着。"此类的措辞在成倍地增多着:"有时一坐就是12个小时,不过那时我也能不间断地睡上12个小时……";"现在,当我开始创作时"(他提及的此前的那些年指的是"没有从事创作的那些年"),"我觉得就像一个完全不同的人,与我刚来到这里时的感觉迥然不同。我不再怀疑,处理起工作中的问题来也不再犹犹豫豫,而且工作强度还会不断强化……我无法充分地告诉你我竟如此陶醉于、入迷于、着魔于我所看到的一切。这给我带来了秋天的计划,沉醉于兴奋之中,时光不知不觉间就飞逝而去了。""今天我从早晨7点一直工作到晚上6点,其间除了取些近在咫尺的食品外,我一动未动。只有在自然而然的状态下工作才进展得如此迅速。……就在此刻,我沉浸于工作之中,头脑清醒,或者像一位陷入爱河的恋人那样心醉神迷。对我来说,多重的色彩是新鲜而重要的东西,因而不停地使我处于兴奋状态中。——没有丝毫的疲劳感……我情不自禁地这样做,不过我感觉头脑非常清晰……""我依然充满非常集中的力量,我想把这力量仅仅花费在工作上。""有些时候,我委实完全清醒着。这些天里,大自然是如此的美丽,值此之际,我变得不知道我自己,画起画来好像在梦境之中就取得了进展。"这种情况是"濒于生死边缘的努力。我深深地沉浸于工作之中,已经没有停下来的可能了"。他屡次谈及"把画倾吐出来",也一再谈到他"经过一周的工作感到精疲力竭","我感到创造的冲动驱使我濒于精神碎裂与身体耗尽的节点。"

急性发作(1888年12月)之后,在跨度更长的一段时间内,他的工作一再完全中断;他在停歇期间创作的绘画并没有显示出先前那些年的令人心悦诚服的力量。仅仅在某些短暂的瞬间，那种狂猛而清醒的心智才重新得以恢复。

眼下（1889年1月）他感到情绪低落："我无法重新从疾病把我摧垮的过程中获得高度。""我总是能够再次变得强壮吗？我要锲而不舍地工作。"此后状况又有所好转。工作进展"轻快而不沉重，随着勇气的倍增，我彻底为工作所吸引"（1月23日）。"从上午到晚上，我不停地苦干"（设想着我的工作并非基于幻觉）。（1月28日）他把工作视为一种有益于健康的"消遣"；"这促使我过上一种有条理的生活，以便我不会伤害自身"。尽管如此，他在3月却说："我不做工作的时间至今已有三个月了。"在遭受疾病纠缠之时，他"想念"工作，正如他所宣称的，工作可以"取代疲劳"。

在被转送到圣·雷米镇的精神病院之后，他于1889年6月写道："我对工作的责任感让我感到了责任自身的力量，我相信自己很快就能恢复所有的工作能力。不料，工作却经常吞没我，直至达到这样一种程度：我相信我将保持心不在焉的状态并无法胜任余生。"他接着写道："想工作的愿望扎下了一点根。""我对工作怀有巨大的渴望，更不用说它所带来的兴奋了。"（6月19日）

9月，他的工作强度再次加大。"我在自己的屋子里不停地工作着；这令我感到安慰，驱散了我的不安和那些反常的想法。""我从早晨一直工作到晚上。""我就像疯子一样奋力地耕耘着。我比以前任何时候都更加充满一种渊默地燃烧着的对于工作的渴望。""我竭尽全力地奋争，努力掌控着我的工作，并对自己说，如果我赢了，那么这就是预防疾病侵袭的最好的避雷针；我将因此而出类拔萃。""我手指间的画笔飞快地滑动着，就像那小提琴的弓子在掠过琴弦。"

接着，他在1890年4月写道："两个月来我未能工作；我非常烦躁不安。"不过那时他经历了一次新的提升。"当我在庭院里短暂散步时，我重新获得了自己对于工作的全部清晰的观点。我有了更多的想法，我将永远不用头晕目眩就能够完成工作。画笔的触点宛如在一架机器的驱使下移动着。"他工作的"热情非常高涨，看起来掌握特定的握法比涂色更难"。"我告诉你，就我的工作而言，我的大脑受到了极大的鼓舞，而且笔触纷至沓来，彼此之间非常合乎情理。"

他在接下来的两个月里住在奥弗（Auvers）。在这段时间里，他写及他的工作："我的手比我来阿尔勒旅行之前更有把握了。""在我返回后，我全力以赴地投入工作，但是画笔近乎从我的手中滑落出去。尽管如此，既然我知道我所寻求的东西，我还是画了三幅大尺寸的作品。"

三　自我分析的变化

如果按照年代顺序来考察凡·高作品的特性、创作意图以及他的自我解释，那么我们就会发现那变化的印记是清晰明了的，尽管这种变化并不具有决定性的意义。

在所有的时期，甚至在患病期间，他都在进行着自我判断，这种自我判断是非常严苛并切合实际的。他说自己在阿尔勒早期的那些日子里所创作的作品比他在巴黎时的那些作品"更好"。譬如，大约6月，他在某处宣称（这归功于南部的风景给作品带来的变化）："视点改变了，一个人若从日本人的视角来观察事物，他就会获得一种不同的色彩观念。我也相信长期寄居于此会有助于我重新获得自己的个性……我虽然只在这里逗留了几个月的时间，但请告诉我，我在巴黎的时候可曾有过一小时之内画完数艘船只素描的情况？更何况，我在作画之时甚至并未经过什么考量；我只是任由画笔自由挥动。"他在8月写道："我越来越发现自己是如何远离了我在巴黎之时所学到的一切东西的，以及自己是如何找到了回归乡下之时闯入脑际的那些属己的思想的，甚至可以说，这些想法在我知道有关印象派的那些事情之前就已萌动于心了……鉴于此，我不再精确地再现眼前看到的事物，而宁愿无拘无束地运用色彩，为的是更强有力地表现我自身……我夸张地表现金黄色的头发。我倾向于使用橙黄色、铬黄色和浅黄的柠檬色。在头像背后，我不再画通常的墙状物，而是选定了那种无限的空间。我为此发明了一种最为浓艳的蓝色作为背景，这是我所能想到的最深的蓝色。这样一来，那金光灿灿的头像在深蓝色背景的衬托下就呈现出一种神奇的效果，宛如闪烁于蔚蓝夜空深处的一颗星星。""我始终都在试图发现一种更为简化的技法,这技法或许不必是印象主义的。我打算以这样的一种方法来从事绘画,每一位看到它的人都能留下极其明晰的印象……看,这就是我所称呼的那种简化的技法,而且我须得告诉你,在这些日子里,我正竭尽全力地尝试着不用精微的细节就能带来某种重要的东西,并设法只用画笔交替着触击画布,就能创造出其他某种重要的东西来。"

我们可以用有关色彩象征意义方面的术语来说明这种强化明暗度的做法:"两位恋人的爱须得通过两种互补色彩的紧密结合来予以表现,并且通过它们的混合与补充以及相似色调的奇妙感通来予以表现。为了表现头脑中的观念,可以通过深色的背景来衬托明亮的放射线条。此外,还可以通过一颗星星来表现希望,通过落日的光线来表现人心中的热情。""我画过一间晦暗肮脏的棚屋……这是我曾经创作的最丑的一幅画……我试图通过红色和绿色的用法来表现人的可怕的激情。""在描绘咖啡屋的那幅油画中,我试图表现的想法是,咖啡屋是一个人可能会发疯与犯罪的地方。为此,我作了如下尝试:利用柔和的粉红色、血红色、红宝石色之间的并置对比,使路易十五(la Louis XV)时代的娇媚的绿色、意大利维罗纳人(Veronese)的土绿色与那种黄绿色、冷硬的青绿色形成对照。所有这一切都表现了受着情欲支配的下层社会的那种黯淡凄苦的氛围,表现了左右着沉睡麻木之人的那种黑魆魆的力量。"

从青年早期起,凡·高所做的一切事情对他来说都是一个关乎生存的问题。慈善活动、宗教、艺术——三者交融为一个整体,自然而然,令人信服。"抽象"艺术给他带来了痛苦,因为"人并未在生命中挺立起来"。他在1888年8月的某个时候写道:"为什么我的艺术家的存在变得如此短暂,总是痛惜于雕塑与绘画之中没有生命?"他不久之后又写道:"既然一个人已完全受到创造活动的诱导,那么他就会设法孕生观念,而不是在肉体上生产孩子,不过这依然可以让人在人性中挺立起来。因此,我想要通过绘画来表现某些东西,某些像音乐般令人感到安慰的东西。我想画男人与女人,连同那富有永恒之光的表情。这永恒的表情曾经是用神圣的面纱来象征的,我们则试图在放射的光辉与颤动的色彩中发现这种无限。"9月,他毁掉一幅自己第二次试图表现"在橄榄山（Mount of Olives）上的花园里的基督与天使的习作"。他写到自己"对宗教——我胆敢说的一个词——表现出的那种极度的渴望。晚上，我出去画星星，而且我总是梦到这类布满大群友好动人的形象的绘画"。描绘星空的这种期盼一直在伴随着他。

我们还应提及变化过程中另一个值得注意且非常明确的时刻。1888年春天，他宣称自己选取的画布的尺寸越来越大，这种大型的版式更适合于他。①* 他也一再地说（尽管此前类似的说法肯定也曾宣称过），他认为画人物显然比画景物更重要。"我目前想要画人物。在绘画中，那确实是最能打动我内心的唯一的对象，这种对象让我对无限的感知比其他任何事物都更为强烈。""当我画肖像时，我总是让双脚踏在坚实的土地上。我感到这类的工作确实是有价值的（或许这并不就是恰当的表达），不过这种工作却能让我将生命中更为美好、更为庄严的部分培育出来。"

尽管凡·高取得了这么大的进展，且迷于其中并付出了这么多的艰辛，但是他却从未对自己工作的结果感到过满意。他在1888年6月或7月写道："不过我对自己正在做的事情并未感到满意。"他满怀热情地思考着艺术的未来，觉得自己肯定拥有着未来艺术首次萌芽中的一部分。然而，至于他自己，他的感觉则是"我无法设想这种未来的艺术家会像我现在这个样子，流荡于下流场所，用假牙咀嚼，结束于祖阿夫（Zouave）妓院"。他一再认为自己的绘画"不够好"，只是不断地考虑如何改进自己的工作，并不想反驳那些认为他的绘画"不完善"的批评家。

当我们对凡·高的上述表达进行总结时，我们应该询问的是，他在业已患病期间对自己的艺术所作的这些解释以及所表明的这些意向是否透示了其他什么新的消息。答案只能通过比较更早的信件来予以发现。结果是这样的：即使在此之前，他对印象派是不是最终的解决办法的某些怀疑就已表现出来了。譬如，他谈及各种各样的色彩，谈及这些色彩的欢快情调以及其他各种表情特征；他说自己喜欢画人物，而不是画风景；等等。不过，这里所传达

---

① *由于缺少可用的资料，我无法查明这里所说的在何种程度上是客观无误的，也无法查明1887年及此前的画作在版式上是否真的就小于1888年的那些画作。——原脚注

的乃是一种完全不同的色调，它愈加宁静，就愈加无伤大雅，富于反思的精神与混沌未分的特征。倘若就此认为有人可以在凡·高关于他的艺术的说辞中发现直接由精神分裂症导致的东西，这将是完全错误的。我们仅能发现，在1888年与此前的那段时间之间存在着极大的差异，这是任何一位公正、细心地看过这些书信的读者都必定会注意到的事实；此外，这种反差极其突然地显现出来，而且同那基于毫不相关的症候便可觉察到的精神病过程开始存在一种暂时的巧合。因此，下述说法看起来乃是可取的：在各种各样的因素中，有一种因素须得找出来对精神病负责。那种痛切的诚挚感弥漫于他精神错乱之前与精神错乱期间的所有书信中，从头至尾都是同样的。这些书信（仅仅是他精神错乱以来所写信件的四分之一左右）在整体上就是一种关于哲学生活、人的生存以及高度的道德精神的记录，表达了无条件地钟情于真理的情感、深刻的非理性信仰、无限的大爱、慷慨无私的仁慈以及对那不可动摇的命运的爱（amor fati）。这些书信属于近年来最为动人的言辞之列。这种气质与精神病之间并不存在什么联系；相反，正是在精神错乱期间，它明确地证实了自身的价值。

　　到目前为止，我们已经解读了疾病过程预发阶段的诸种表现。让我们再来看一看急性发作后的那些表现。我们并没有发现决定性的变化，只是偶尔有更加强烈的表现。这时出现的新情况仅仅是，他认为复制品极为重要，这方面的例子有米勒（Millet）、德拉克罗瓦（Delacroix）、伦勃朗（Rembrandt）。"我邂逅它们并发现它们富有启发性和慰藉性，纯属巧合。"不过，与荷尔德林从古希腊转译过来的类似作品相比，这些复制品愈加缺少真正的仿效意味。它们乃是富有独创性的作品，虽然也受到了那些范例的激发，但是已被置入一种全新的领域。它们的本质呈现于下述的一些事例之中：1889年1月，他曾谈及自己1888年绘制的向日葵画："有必要真正地燃烧起来，为的是在一幅花卉画中产生此类金黄的色调；并不是每个人都能恰切地做到这一点，这需要一个人专心致志地倾注全部的力量和努力。"为了让他的疾病稍稍显得貌似合理起来，他在1889年3月说道："去年夏天，为了带来这种刺目而完美的黄色调，我须得将每一样东西都略微地推向极致。"尽管他曾明确地放弃了宗教，但他依旧倾向于那些直接的宗教主题。"我必须告诉你——而且你会在《摇篮曲》（*Berceuse*）中注意到这一点：无论我的努力会是多么的微薄与缺乏完美性，我都会奋力继续下去。我本该从真实的生活中创造出表现圣洁的男人和女人的绘画，这些圣洁的人具有我们这个世纪的面容；他们是当代的公民，可是他们却关联于那些真正的、最早的基督徒。然而，努力带给我的兴奋是非常强烈的，我已无法再坚持做下去了。不过，这并不意味着在此后和更晚的某个时候我就没有可能重新返回到那项工作中去（大约9月）。"在同一段时期内，他曾宣称："在我最好的时刻，我的梦想并不是力求产生强烈的色彩效果，而是谋求那些中性的色调。"

他的自我分析始终保持着对过去的深刻批判；无论是在消极的意味上还是在积极的意味上，它从未畸变成某种幻觉。"不管我（从大约写于1889年3月的一封信中）感受到的东西可能怎样的强大有力，或者当我感官上的激情已然消失之际，我在某个时候可能形成了怎样一种表现自身的能力，在经历如此令人伤心的过去之后，我永远也不能建立起一座高大雄伟的大厦来。"5月他说："我敢确信，我将永远不会成为一位伟大的画家。"9月他又说："我永远也不能够完成我应该——本该——力求去做的事情。由于经常受到眩晕的影响，我仅有可能位列于第四或者第五的位置。""10年努力的结果仅是一些微不足道、轻浮无根的习作。目前，更好的时光可能正在到来。但是我必须在绘制轮廓方面变得更加强大起来，而且我必须通过彻底研究德拉克罗瓦和米勒来更新自己的记忆。"

四 作品

最后，如果我们现在打算比较凡·高连续的作品年表与其疾病发展之间存在的明显对应关系，并关注他的活动强度及其有关艺术欲求的谈论，为的是看出由精神错乱导致的心理变化与其作品的变化之间在何种程度上是相一致的，那么我们立即就会碰到一个技术性的难题。我并不晓得有某部书曾列出他的全部画作，也不知道那些画作的原创日期。如果它存在的话，人们就须得使用那些原件。即使这两个前提都给定了，仍还需要掌握美学方面的全部术语来进行分析，而我却不曾拥有这种分析能力。尽管如此，我依然应当怀着存疑的态度在此大胆地发表一些意见。①* 当然，要想确定无误地回答这个问题，尚需来自艺术学领域的学者予以完成。

　　首先，我将试图解释艺术在凡·高的全部生命中所扮演的角色，以及艺术是如何在他身患精神病之前或在此期间一再对他产生决定性影响的。我们必须把他的性格、行为、气质、生存和艺术创作理解为一种复杂到非凡程度的整体。如果孤立地考虑他的艺术品（更不用说仅孤立地考虑其中少数几件艺术品了），我们就难以引导大家理解这类艺术的真正意义。他创作的那些艺术品乃是根植于人的整体精神的一部分，它们作为艺术品自身只是喻示整体精神的格言、警句而已。假如我们并没有看过他的书信以及有关其人生遭际的记述，假如我们看到的仅是一些相互之间并无关联的单幅绘画与个别记载，而不是弥撒于其全部生命的整体精神，那么我们看到的就会是完全不同的另一种记述。如果把艺术品视为整体的一部分，那么艺术品自身所显示给我们的，就没有穷尽艺术家以整体精神为背景而进行的创作活动的全部意蕴。有一种反对上述观点的美学偏见却把艺术品看成是孤立的完成品。然而，在凡·高的画作中，或许没有一件单个的作品就其自身而言是绝对完美、彻底完成的。除非那些在最宽泛的意味上看待艺术的人，或许才会从一种技艺的或装饰的观点把艺术品错误地看成是绝对完美与彻底完成的。事实上，在富于创造力的艺术世界里存在着这样一种具有极性的东西。一方面，我们已经拥有的那些尽善尽美的作品，每一件都是自成宇宙的完成品。这类作品以快乐无比的美给人提供一种永恒的享受，而不再以疑问来引起人对个体生存与其他作品的关切。另一方面，西方艺术史一次又一次地告诉我们，不管那自我圆足的艺术品如何无可怀疑地存在以及它如何富有美的形式，但是，作为局部的解决与通向整体之路的踪迹，艺术创作仍然在表现人格方面发挥着影

---

　　① ＊这些作品的主要根据是1912年科隆展览会的记录，那里展出的108幅画作已被收集起来，然而，人们并没有考虑任何有系统的质询或者对于文献目的有何用处。科隆展览会上的样本目录显示的只是凡·高在这些年里创作的作品，并没有按照时间先后顺序列出每一年的作品。我对能够列出一个准确无误的作品年表始终持怀疑的态度。——原脚注

第二章 斯特林堡与同等智识超群的其他精神分裂症患者的比较

响。我们在凡·高的绘画中,发现了实现后一种可能的极端形式。从作品自身来看,凡·高的作品无疑位列于近 500 年来伟大的艺术创作之列;从整体上来看,如果离开他的作品,他的生存也就没有什么与众不同之处。不过,这里所要强调的是,正是那种艺术成全了他独一无二的伟大。深刻的内涵,遥远的期待,现实主义的态度,浸润于宗教献身与绝对真实之中——所有这一切联合起来发挥作用,为我们提供了一个关于凡·高的整体形象。①* 凡·高的作品根源于这种统一体,归功于他的宗教、道德与艺术冲动的一致。大约在 1877 年,他为了致力于研究神学而学习古老的语言却未能取得成功,当时他曾对自己的老师说:"……我所追求的,就是给这个世界上命运多舛的受难者提供心灵的安顿。"② 统观他的一生,我们随处都可发现类似的谈论。他是想通过自己的艺术来慰藉心灵的。

现在,就让我们尝试着用我们尚不够充分的方法来解释一下他的作品中所发生的变化。1888 年,他的全部作品都出现了此前并未达到如此程度的一种色调。相比之下,他此前所做的一切看来都是无伤大雅的。从 1885 年起,伴随着以深色所点染的那些中性色调油画的出现,其色调呈现出日趋鲜丽的变化;到了 1886 年,那色彩就变得全然明亮、透澈起来;但从 1888 年起,那些可被称作风格主义(mannerism)的特征开始显露,最终臻于其极致之境。这些鲜明的特征,与其对绘画观赏者所产生的那种令人奇妙而兴奋的哲学影响是相辅相成的,而这种影响在 1887 年或之前的作品中却是不普遍的。确实,这种影响具有一种极其主观的性质,不过许多观赏者都体验到了它。事实上,凡·高想要画的乃是基督、圣徒与天使。由于这种想法令他过于兴奋了,他委实曾经下决心要提防它。作为替代,他选择了那些最为单纯的绘画对象。不过,即使一个人并未意识到表现于他的信件中的这些动机(这种体验是属于我自己的;当我第一次观看凡·高的画作时,我对他的信件尚一

---

① * 关于这一点,奥斯卡·哈根(Oskar Hagen)在其介绍凡·高画作集的文字[马雷斯协会(the Marees Society)编]中有充分的谈论。——原脚注
② 门德斯·科斯塔(Mendes da Costa)对他的拉丁语学生文森特·凡·高的回忆见于《艺术与艺术家》1912 年第 10 卷,第 98 页之后。——原尾注

无所知），那蕴含于画作之中的宗教冲动还是能够被觉察出来的。

他的所有作品都带有一种紧张寻找的性向，一幅画的创作驱动着另一幅画的创作，进而被卷入这种不停奋争的旋涡之中。他的作品并不太多，但可以帮助我们的研究；这些作品并不就是完成了的整体，但可以进行单独的分析与综合。确实，这样的艺术家顾不得左思右想，只是醉心于发现当下可感与可触的每一样东西；因此，他的每一件作品一方面是渴望着完美的碎片，另一方面又是自身完美的——这种完美达至极致便可以让观赏者在瞬间忘掉那暴风雨般的骚动。当观察其中的一些画作时，人们并不能忘记那些未完成的半成品给人带来的影响——这种设计的效果很快就会伴随其他的东西而到来。

假如有人试图从凡·高的绘画观念中挑出某种具体可感的东西来，那么他绝不要忘记，每一种东西毕竟只是整体的一个要素。如果把每一种个别的观点单独挑选出来并将其做绝对化处理，那么它就会被视为荒谬可笑的。例如，从1888年起，他在剧烈的张力下所获得的那种手法是引人注目的，并占据了主导的位置：笔触将透视平面还原成几何图形的普通尺寸，而不再是那种庞大的形式。这一时期，不仅那笔法与半圆形是引人关注的，值得注意的还有那盘绕的图案、螺旋线——形状使人联想起阿拉伯数字6或者3中的某一个——以及拐角和角度。在无限制地重复那些相同形式的同时，一种形式上的变化也与之相伴出现。笔法开始变得富于变化，它们中不仅有并行的平行线，而且有向四周发散的射线，或者被画成了曲线。这种单纯运用画笔勾勒出形状的方法，给绘画带来了一种神奇的刺激性因素。风景的基底看起来好像充满着生机，浪潮似乎在高涨，落潮随处可见，树木就像是燃烧的火焰，每一样东西都扭曲盘绕，似乎痛苦万状，天空闪烁不定。

色彩是燃烧的。凡·高通过神奇、复杂的组合，成功地带来了人们几乎不可能想到的那种刺目、紧张的效果。他并不画阴影部分，也未曾认识到大气的存在，整幅画面只有那直线透视的深度；每一样东西都是当下可感的，描画正午炽烈的太阳则是他的志业（métier）。不过，所有这些极其奇特的东西乃基于下述的事实：这种不可抗拒的真实是富有奇异的作用的。他渴求真实，这令他在单纯虚构的绘画——不管他感到多么为其所吸引——与神话的主题面前踌躇不前。他只想画出当下在场的真实。反过来，他又把这种存在设想成一种神话；通过强调真实，他将其看成是超越的。不过，有的人却从未有过他所获致的这种祈向超越之维的独特感觉。这种超越之维对他来说完全是不言自明的，而且他的努力所直接指向的便是抓取全部的真实——他不断地与自然比邻而居，总是要求找到那目标——和技法。正如他的信件所显示的，他并不渴求那些稀奇古怪的东西，也不去寻找某些轰动的事件，而只想要那种自然而然、必不可少以及可理解的东西；他认为自己的绘画在某种程度上几乎总是有些不完美。每当凡·高写及自己真正的理想乃是那些中性色调时，他确实使诸多通过其艺术而着迷以及认为是轰动的东西都相对化了。

在我看来，他最后几个月的某些绘画比传世作品的色彩更为炫目、更为艳丽，也比早期作品的色度更为明亮。与此同时，他从未顾及此类与事实不符的透视或构图错误，最终，这些因素出现得越来越多。弯曲的烟囱，歪斜的墙壁，扭曲的头部，这些似乎都不是有意而为的，而是无意之中画出来的；内心的骚动似乎松开了他的自我约束，那带有独特风格的笔触和曲线变得更加天然，绘画的模式也变得更加粗野不羁。我记得有两幅描绘奥弗的油画可作为证明这一说法的例子，画面之中尽是大片的麦田和一些散落的房屋。有人或许会就此推断，凡·高的症候于此瞬间趋向了最后阶段（同样值得关注的还有荷尔德林在1805年以后所写的那些晚期诗歌），而且他在这一过渡期间内结束了自己的生命。

现在，就让我们来总结一下他的作品与其精神错乱之间的关系。作品的发展期结束于1888年年初，与此巧合的是，这同时也是他精神错乱的开始。1888—1890年的那些作品对我们和我们的时代产生了巨大的影响，他在这一时期创制的作品多于此前那些年所有画作的总和。这是一个令人心醉神迷的强烈而狂暴的时期，虽然还总是有所约束的，其最后几周的作品给人留下多少有些无序的印象，这时他看起来已开始进入第二个时期，色彩变得愈加狂暴不羁。这些画不再炫目多姿，也不再富有内在的紧张，而只是具有一种狂热粗野的特质，人们从中感到了精致情感枯萎乃至自我约束瓦解的可能性。

斯特林堡与凡·高

凡·高 1888—1890 年的作品充满着一种紧张与亢奋，就好像世界问题与生存问题都在渴望着表现自身。这种艺术作为哲学式的存在影响着我们，虽然凡·高并没有打算宣称、思考或设想某种特定的哲学。我们在此所体验到的乃是奋争、惊奇、爱之类的意念。艺术选取的角度仅仅是表现上述体验的中介，虽然它也是由创作技巧丰富起来的。这是最后的也是最主要的原因，而不是其意欲取得的效果；并不是他所习得的东西变成了对象，而正是他在沉沦期间所真实体验到的东西。我们可以拿荷尔德林来与此作一下比较：这宛如一根琴弦，当猛力一拉，嘎巴一声，就断了。

与凡·高型的艺术家截然相反，我们在歌德的身上发现了完全相对的另一极：这样的个性从不会被自己的创作彻底吸引，它总是像一种背景一样在持存着。荷尔德林后期的诗、凡·高的画、克尔凯郭尔的哲学，它们对似乎能做任何事的歌德来说是陌生的。那种富于创造力的人常常会走向毁灭——其实，导致其毁灭的并不是他所创造的东西，也不是他努力取得的东西或者过度的劳作，而是他的体验和主观感受（或许仅仅因为机能的变化或者精神崩溃）。他表现这些体验和主观感受的过程，同时就是趋于毁灭的过程；精神分裂症自身并不具有创造性的价值，因为只有极少的精神病患者才具有创造性。人总是秉有个性与天赋的，不过这在他们那里是无害的。对这类的个性来说，精神分裂症后来就成为敞开生存深渊的前提（诱因）。

有人可能会提出相反的意见（就像在谈及荷尔德林时一样），认为不考虑精神病的因素，而完全根据原初的精神旨趣就足以理解凡·高艺术的变化（无人能够否认他的艺术发生了一定程度的变化）。特别是 1888 年春天，凡·高第一次来到南方，直面那灿烂灼目的色彩，当时的情况就更是这样的。诚然，这是一个重要的事实论据，不过我一定要说，正是在精神病开始发作的时候，我们也恰好看到新的风格极为快速地呈现出来，如果说这是一种"巧合"的话，那么我宁愿认为这种巧合是不同寻常的。人们须得注意的是，在任何一个方向上，都要避免超出限度。如果凡·高没有通过近 10 年的艺术努力与毕生的生存斗争而颇为严肃地获取艺术创造能力的话，那么他在精神分裂症的助推下也就创造不出什么东西来。精神分裂症绝不是引致某种新风格

第二章 斯特林堡与同等智识超群的其他精神分裂症患者的比较

的绝对原因,而是说,它起到了协调某种业已存在的各种力量的作用。精神分裂症有助于从原初的人格中创造出新的东西来,如果没有精神分裂症这一诱因,它们就不能产生出来。不过,倘若我们目前就假定在风格变化与精神病发展之间存在某种密切的、本质的联系(鉴于现有的事实,这种对照性的推测极有可能会成为打在脸上的一记耳光),那么我们就要在亲身的观察中,更加严密地检视迄今为止的年表"曲线"中出现的那种巧合,而不是已然成为定论的那种一致。

　　缺乏一份精确的作品年表是非常碍事的,而且最有可能的是,鉴于有必要标明具体的月份,这样的年表永远都无法建立起来。目前有关作品原创时间的那些资料,总是仅仅提到年份,有时其间的跨度甚至达两年之久。我一再看到,在可以得到的出版物中,由于编纂者的粗心大意,所标明的那些日期往往缺乏足够的根据。其实,熟悉凡·高传记与书信的任何一个人都可以依据所看到的资料标出若干作品的日期——因为这些文献曾提及他临时居住于某个确定的地方[例如,那些描摹南方风景的绘画或者在布拉班特(Brabant)居住时所创作的那些绘画]——或者其他作品的日期(因为他在信件中提到了这些作品)。可是,有时某些信件也没有注明确切的日期,即便如此,倘能恰当地归一下类,我们从中推定的日期总会比那些画作集中所标明的日期更准确一些。

　　如果现在就从一些确定的时间点——例如,1885 年、1886 年,他在布拉班特学习绘画;1887 年,他在巴黎过着平静的生活;1888 年夏,他在阿尔勒创作的画,尤其是那些有关圣·玛利亚(Saintes-Maries)的画;1889 年,他在精神病院的花园里创作的画以及其他的画;1890 年 5 月至 7 月,他在奥弗创作的画——出发,那么我们便可注意到其间的风格所发生的变化。我们可以假设这种变化的过程能够连成一条巨大的曲线,它几乎可以同凡·高在特定地点创作的每一幅画天然地联系起来。我将通过下述几个时段,冒昧地描述一下这个假定的曲线图的特征。

　　(1)到 1886 年为止的这段时间。先是大量地学习具有自然主义特征的绘画,后来则学习具有印象主义特征的绘画。他为各种各样的东西所吸引,画的速度很快。这一时期，尚未出现断裂型的线条。

（2）时间色彩前后一贯的发展。他过着平静的生活，画出了最富有秩序的花卉画；与此后的那些年相比，这一时期的一切都是极其宁静而稳定的。

（3）1887年下半年至1888年初夏。色彩继续前后一贯地发展着，他创作出了最美丽的花卉画。精神分裂的症状逐渐露出端倪，不过他的作品尚没有显示出这一点。在这个"过渡"时期，"观念性的东西"开始令线条发生断裂，特别是那些风景画，如果将其看作一个整体，那么就会给人留下一种宁静而稳定的印象（举例来说，素描和水彩画中画有阿尔勒附近的一辆"蓝色马车"）。曾经占据更为强大的主导地位的抽象风格看起来已瞄向了各个对象的本质；内容无限丰富，然而并不在于显示也许从植物学上可以识别的那些花卉的类型，而是通过某种可能的植物的形式，显示草地或花园里充满活力的姿态。人们用不着去询问那些特殊类型的物体可能是什么，可是似乎已经意识到了正在探察的现实事物的最深刻的意义。

（4）1888年夏季。早些时候开始出现的那种紧张状态目前在每一幅画中都变得显而易见起来。不过，这种巨大的内在紧张在一种有把握完成的自信中表现着自身。在这种张力下，最为宽广、鲜明的意识以最大限度的规条和形式加以控制，这样就给人一种强烈、内在且当下在场的感觉；经由急剧的攀升，终于达到了这一制高点。那些描绘圣·玛利亚乡间街道或阿尔勒咖啡屋的画作，便可作为例证。

（5）从1888年后期至1889年。1888年12月，一次剧烈的急性发作使凡·高迈出了精神分裂症过程中具有决定性的一步。单纯靠动态笔触作画的笔法在他的作品中越来越占据优势地位，那种紧张状态虽然还是可控的，但已不再通过自由、生动的合成作用来予以表现；取而代之的是，他的画作变得更加束手束脚，显得越来越矫揉造作——尽管如此，他在这一时期仍然秉有较好的感觉能力（例如，许多柏树画富有极其丰富的姿态）。不过，在越来越一般化的运笔背后，那种特别独异的东西以及有关独一无二的物体的观念渐渐消失了。

（6）1889年年初与逐渐进入1890年之际。在极端亢奋的影响下，出现了枯竭衰微与心神不宁的征兆。那种根本而巨大的冲动不再具有创造力，也不再丰赡饱满——大地、群山看起来就好像是一堆奔流、可塑的团块，一切富有特性的东西都消失了，一座山看上去与蚁丘并没有什么两样；在特定的轮廓线方面，也不再能够引起人们更多的兴味。我们发现其作品中堆聚在一起的笔画缺乏与众不同的生命，本应显示无限意蕴的轮廓也缺乏那种通过激动所产生的个性特征。以前，所有的姿态都基于一种明确、有序的结构，而今这种结构却越来越衰减了。他的绘画质量看上去越来越差，细节看起来越来越系于偶然的巧合；有时，那暴烈的冲动则变成了一种缺乏形式的胡乱涂抹，精力四溢却缺乏意义，绝望、战栗却缺乏表情。至此，他已创造不出那种新的"观念结构"了。

不言而喻，这种依时间顺序而发生的变化并非呈现为一条均匀平滑的曲线。其实，并不是所有那些较差的油画都始于1890年，即使在1890年他也曾创作过一些高质量的作品。不过，我所设想的是，如果并不存在可以用来证明这种设想的立场，那么在依其作品前后顺序排列的时间跨度中，一幅特定的绘画可被标明日期相对来说就不是那么重要的。为着承担这样一项任务，我还缺少一整套常备的复制品，更不用说那些原创的作品了。令人遗憾的是，感觉总是多于用言辞所能表达的东西，因此，我认为自己所发表的意见尚有诸多不足之处；我在艺术领域也缺少专门的训练，而且，仅仅因着可用的相关素材尚不够充分，我便无法将研究进行到底——这时就会带来不良的影响，而将研究进行到底则似乎是相当重要的。

五 凡·高对自己疾病的态度

作为最后一点，我们须得提及在凡·高那里颇不寻常的一种现象：他对自身的疾病秉持着独立掌控的态度。

若要谈论他在较为短暂的危机期间的态度是不可能的。在那段时期内，凡·高总是陷入惶惑不安与幻觉妄想之中，不过，在显然更占优势的过渡时期，他则从未间断地探问着自己的症状和命运。他在1890年2月说道："无论如何，试图抓住真理不放的努力可能就是与经常困扰我的疾病作斗争的一种方式。"他从一开始就充满这样的渴望——渴望清晰地观看，渴望看到真实，渴望获得一种摆脱错觉的观念。这也正是他以哲学为途径而趋向艺术的基本特征。"可以抚慰我们的是这种看清现代生活的能力，尽管它难免会给人带来悲伤"，但这并不意味着凡·高变得冷静与空虚了。我们知道，他充满着宗教渴望，他的艺术掌控着他"感知永恒"的程度；不过，他也反对一切直接地象征超自然力量的做法。他怀疑——精神分裂症患者的异常态度——自己在严重危机之时所感受到的那些宗教"迷信"内容，不仅抵制它们，而且不允许它们对自己产生丝毫更深的影响。与此相反，他把如此巨大的力量、如此难以表达的宗教虔诚或哲学生命看成一种可资召唤的力量，并将其转换成对真理的单纯的爱以及对这个世界上最单纯的事物的构想。

现在就让我们来检视一下他所秉持的关键性的态度。1889年1月，在第一次危机之后，他立即就执意要把病情准确无误地告知亲属，这样做，他们就可以不用过于为自己担心了。当然，他无法知道自己究竟出了什么问题。他就可能的原因得出了各种各样的结论，而且总是致力于预后的反思。不言而喻，就上述两种表现而言，它们都是与精神病不相符合的。

早在1月，他就说道："我希望这只是一位艺术家疯狂的想法，因损失了相当多的血，伴随而来的便是高烧。"他设想自己"还没有疯"，而且为自己保留了"一切美好的希望"。1月28日，他总结道："我非常清楚地知道，一个人可能会折断一只胳膊或一条腿，而这是可以治愈的；但我却不知道，一个人可能会撞坏了脑袋，而那也是可以愈合的。""确实，我们都已分享了艺术的疯狂，而且我并不想否认，我正在使自己腐烂下去，直到连骨髓也都全部烂掉。"（1月底）他重申道："这次康复令我感到非常惊讶。""我不妨直言不讳地告诉你，我的话虽然证明我还带有一些过去的混乱，但是你不应该感到惊奇，因为生活在泰雷斯坎（Tarascon）这块神奇的田园里，每个人都是有点儿疯狂的。"他推测道："如果一个男人真的曾经病过的话，那么他肯定不会再次患上那种病。在这个方面，健康与疾病恰好可以同青春与老年形成一种对照。""在这点上，每个人都在遭受痛苦，要么是发烧，要么是精神妄想，要么是疯狂。人们可就此达成相互理解，就像一个家庭的成员一样。"他希望危机可能不会再次发生在自己身上。他说道:"就我能够做出的判断而言,我并不是真正的疯狂。"他接着说道:"真正的实情是,我们所有的人都会深受这些疾病之害。当然,你知道,假如由我来选择的话,我就不会选择精神失常。不过,如果一个人已曾罹患过某种疾病,那么它就不可能再次复发了。""这种疾病与大多数的疾病一样……当然,我明显觉得,我在心理上和肉体上都已有病了……很久以来,我在内心里就一直感到沮丧,不知这种疾病究竟是如何招引到我身上来的。其实我也明白,其他的人早就能够识别精神崩溃的症候,而且他们能够比我更好地对其进行观察;我确实相信这是正常的——当然,实情并不是我所想的那样。"

他明智地推究着自己的病情及其治疗方法:"假如有时我的病情发生恶化,我就须得遵从医生的要求,并不会进行抵制……我有充足的理由认为,我必须尽我所能耐心地等待我的命运,始终希望自己会好转起来。"1889年3月,由于抱怨当地居民闹得自己心神不宁而与一群家伙发生争执,他再次被送进了医院。显而易见,在那个时候把他送进医院并没有什么必要,因为凡·高的表现在某种程度上是完全切合实际的。他希望让一切事情都安静下来,他给弟弟写信,说他眼下并没有精神错乱,让他的弟弟在当时无须采取措施。"如果我没有控制自己的愤怒,我立即就会被看成一位危险的疯子。"他并未觉得自己已彻底免遭焦虑不安的伤害:"我有点儿担心,假如我离开这里而暂获解脱,那么我不可能总是能够控制我自己,那样的话我还会遭受戏弄或凌辱。"他暂时未给匆忙离开自己的高更写信:"在我完全恢复正常之前,我不愿意给他写信。"

1889年5月,凡·高转进了圣·雷米镇的一家精神病院。他在那里第一次看到了精神病患者,这对他产生了显著的影响。他认为住进这家医院对自己来说是有益的。"起初,我在这个动物园式的地方直接面对真实的精神错乱者和各种各样的精神病人的生活,我对疾病不再感到莫名的害怕与恐惧了。逐渐地,我使自己恢复了理智,进而像对待其他任何一种疾病一样来看待精神错乱";"我注意到,其他人在危险期也会听到奇怪的声音,看到周遭的事物似乎改变了样子。这一点减轻了我曾在经历危机之际所体验到的那种惊悚……不过，当一个人明白这只是疾病的真实性质时，他也就能够更好地应对它了"。这些观察所得在引起他注意的其他病人身上也重复地出现着。他充满深情地描述了医院里的生活，讲述了病人们是如何相互帮助的。

与此同时，凡·高依然能够意识到发生在自己身上的变化。"我须得忍受到目前阶段仍带给我的那些强烈的焦虑不安之苦！""我不知道它是什么，但我知道我的大脑肯定受到了某种损害。"不过，他面对自己的危机重新获得了自信："经过我目前的悉心照料，应该不会再旧病复发了，而且我希望不会再发生新的危机。"但是，当一次新的严重发作终究袭来时，他随后就陷入了绝望。"我看不到保持勇气的可能性或者保持希望的理由……我亲爱的弟弟，这次新的危机在一个暴风雨的日子把我击垮在田野里，我当时正在画画。"此后不久，他又说道："痛苦不堪和疾病的折磨让我感到特别低落，我可能夸大了当时的病情，但我不知怎地还是感到害怕。"

令人奇怪的是，他对自己疾病的态度在9月发生了一些偏转："危机期间，我感到胆怯与恐惧。我的表现比事出有因的胆小鬼更像一个懦夫。也许正是这种精神上的怯懦限制了我与其他患者的关系，令我尽量不与他人交往，唯恐自己旧病复发，然而在此之前我就已经没有任何复元的奢望了。我设法恢复健康，就像某个人试图自杀，结果发现水太凉了，又匆忙逃回到岸上。"然后他又写道："我相信，一个人若能勇敢地摈弃自我中心和自我意志，任由生与死完全按其自身的路线运行，身体的复元就会降临在他的身上。然而，根据我的情况，这种做法却是不合适的。我要作画，我要了解人与事并生活于其中，而且每一件事都关联于我们忙忙碌碌的生命。"

10月，他时而写及精神失常的问题："我相信佩龙（Peyron）先生（精神病院的院长）的断言是正确的，他说我确实没有发疯，因为我的想法绝对正常，有时很清晰，是的，甚至比过去的时候还要清晰。但是，在我罹遭危机之时，那还是非常可怕的。我对周遭发生的一切完全失去了想法；不过，这正好驱使我投入工作，让我严肃认真地做事，就像矿工那样，总是冒着潜在的危险，快速地完成自己的工作。"接下来的冬季，他一直打算搬到北方靠近巴黎居住下来。他希望自己的疾病能在那里逐渐痊愈。"然而，我们绝不要忘记，一只破碎的罐子也就那样了，无法再次弥合了。"慢慢地，搬到巴黎附近居住的这个打算即将付诸实施了。起初，他还是很焦虑："危机的来临并不令人愉快，而且，我是否应该冒着可能再次遭受此类发作的风险而与你和别人相处，这仍是一个问题。"人们应该记住，危机时常是不可避免的。"不过，假如疾病还会发作的话，到那时我总是会去精神病院或社区收容所的，那里可为精神错乱的人们提供单间的禁闭之所。""看来最好还是自由地生活，只是仍需处在医生的监管之下。最重要的是认识那里的医生，免得在我发病的时候会落到警察手里，要知道他们是会强行把我送到精神病院去的。"

1889年5月至次年冬季期间，他对精神病院的态度发生了相当大的变化。甚至在阿尔勒时，他都害怕返回自己的画室。不知怎地，他在医院里觉得可受到保护，可他又渴望工作。假如没有工作的机会，只是决定把他监管起来，那么他宁愿去做外国志愿兵。他非常认真地考虑这样一种举动。5月，他在阿尔勒宣称："我住在医院这里，须得遵照特定的规定来生活，我的头脑是平静的。"他住在圣·雷米镇的精神病院时写道："我在这里可以比在室外更愉快地工作。假如能在这里住上一段时间，我会习惯于一种有规律的生活，而且我的生活会更加有条不紊；我不会那么容易就变得怒不可遏，这将带来一种收获；此外，我也不会鼓着勇气在室外重新开始工作了。"——随着时间的延展，凡·高又改变了自己的态度："只要再过上几个月，我就会变成十足的白痴，变成这样一种头脑简单的傻瓜，那无疑是最好的一种变化。""由于成年累月千篇一律、单调无趣，加之与那些完全无所事事的可怜之人的交往，这里的生活已让我感到极其倦怠、委顿了。"凡·高也希望换换环境将有利于自己病情的好转："我完全相信，我在北方很快就会恢复起来，起码过上一段时间是会康复的；虽然几年以后还会再次出现衰退，但这种衰退并不会马上发生。""尽管我并不敢判断患者在这里所接受的治疗的效果，不过我足可看到剩下的最后一点理性和能力是如何发挥作用的，只是仍然属于我的这点理性和能力正处于濒危之境。"

搬到奥弗居住这件事发生在1890年5月。开始的时候，他仍抱有很大的希望："我总是确信，南方的生活对我的疾病负有责任。"不过，他的这种态度很快就发生了变化:"我尽可能设法理智地去做事,但我不能隐瞒你,我永远都不可能指望自己有足够健康的身体状况了。如果我的疾病再次发作,请你原谅我。我仍然全心全意地热爱着生活和艺术……然而,让我们还是别谈它了吧。我想要表明的是,至于这样做可能带来怎样的改变,我已没有丝毫的想法了。"此后不久,他又说道:"我现在只能说,我们每一个人都需要泰然自若。我感到自己已经受够了。这就是它看起来的结果。我觉得这就是我的命运;我理应承担它,因为它是不可改变的……未来看上去漆黑一团,我根本就看不到幸福的未来。"没过多久,凡·高就结束了自己的生命。

毫无疑问,凡·高遭受了精神病过程的痛苦。留待回答的问题,仅仅是这个过程确切地说当属于哪一种范型。如何才能使其得到诊断呢?治疗凡·高的医生认为他患了癫痫症,可是他却缺少癫痫症的抽搐症状以及癫痫症所特有的愚蠢行为,因此,我看到的上述诊断结果并没有正当的理由。唯一值得讨论的问题可能就是,这究竟是一种精神分裂症过程还是一种麻痹症过程。我们并不能完全确定地将麻痹症排除在外。在凡·高的一生中,似乎有诸种可能的迹象一再表明他可能感染上了梅毒。麻痹症只能通过身体症状来予以验证,而我们对此却一无所知。有关它所产生的影响的唯一线索是,恰好在凡·高后期的一些画作中出现了某种放荡不羁的特征,而且凡·高自己也亲手记述了某种特定的不安全感。然而,尽管如此猛烈的精神病侵袭了他长达两年的时间,但是他对自我批评与自我约束的绝对掌控致使麻痹症极有可能并未发生;对精神分裂症来说,虽然这是不常见的,却是有可能出现的。在我看来,精神分裂症的可能性似乎是最大的。精神病学家的责任心要求我们记录最低限度的不确定性,相较于荷尔德林与斯特林堡,这种不确定性对诊断凡·高的疾病更是具有特殊的意义。然而,由于凡·高的自杀,我们缺少了那种可供确证的传记的续篇,除此之外,我们还缺少相关的医学报告。

第五节　精神分裂症与创作能力的关系

我们若要探询精神分裂症与创作能力之间的关系，那种颇为普遍的关系性概念便可呈现出完全不同的另一种意义。

人们从一开始想要探询的问题就不外乎以下三个。第一个问题，就这些人而言，精神分裂症是他们从事创作的肇因，还是他们的创作导致了精神分裂症？在高深莫测的生理学—心理学联系中，虽然创作本身无须显示出精神分裂的特征，但是，精神分裂过程仍是其中的一个因素。正如俾斯麦（Bismarck）当年在向德意志帝国国会（Reichstag）发表演讲之时，通常要提前喝下大量的酒精饮料，因为离开酒精作用的帮助，他就无法做出更为精彩的演讲。精神分裂症也是如此，当它持续了一段较长的时间之后，虽然对患者的生命来说肯定具有非常重要的作用，但是对他的工作来说却不再具有特别的重要性。人们或者会询问第二个问题：如果伴随着精神分裂出现了明显的风格变化，那么它或许就是导致这种风格变化的特定条件吗？假如没有这些条件，上述效果或许也可显现于其他个体的身上，既然如此，那么这些效果能够单纯由精神分裂症产生吗？或者它们也许同样能够由麻痹症、其他某些大脑疾病、酒精中毒等产生吗？第三个问题是：某种特定的原因多多少少都会在作品中显示出来吗？这些作品有明确的精神分裂症特征吗？欲回答第二个问题须首先确切地回答第一个问题，而要回答第三个问题也须得确切地回答第二个问题。答案可能仅仅带有经验的性质。值此之际，由于病例的数量有限，因此这里只有可能给出一种临时性的阐释。本书试图在这一方面做点贡献，不过这只是一个小小的开端。根据前面已经证实了的观点，接下来就让我们分析一下上述三个问题。

要使精神分裂症作为某些伟大的艺术家创作艺术品的一个先决条件真正成为可能，必须通过艺术创作风格的转变与精神病发展的时间进程和艺术家感觉与行为方式的转变间的巧合来予以说明。尤其是当人们发现一些此类病例时，这种偶然发生的巧合就是最大的奇迹。有人可能就此主张，天才的全部发展都显示出这种性格特征，艺术家首先体验到了新的启示，然后很快就着手于发展自己的新风格。有人则主张，即便没有精神病，这一过程的存在也是早已为人所知的，这不仅是可能的，而且是天才身上颇为常见的一种品质。只有拿那类未患精神分裂症的天才的发展履历来作比较，观察其创作风格逐步发生变化的过程，人们才有可能对这一问题给出清清楚楚的回答。就我所知，像在凡·高那里目睹到的情形（在长时期有意识的劳作之后，他的创作风格一蹴而就地发生了剧变），我们在其他地方还没有发现过。或许类似的情形会发生在青春期或者青春期刚过的几年里（或者更晚一些，因为使一个人趋向于人为状态需要一种理论上的决断）。不过，当这种剧烈的变化在一个三十岁的人身上发生时，每一位从现实出发进行心理学理解的研究者都会从中找到某种外在的原因。然而，至关重要的是，在凡·高那里，不仅超过数月而开始的骤然的发展是显而易见的，而且其发展的曲线在接下来的时期与外在的过程继续保持其紧密的关联，因此这种变化中的一部分只可能被理解为精神的变化。长期持续展露才华的天才为自己创造了一个新的世界并在其中成长；患精神分裂症的天才也为自己创造了一个新的世界，不过他却把自己毁灭于其中。假如有人现在承认疾病在精神分裂症期间是对艺术创作负有责任的一个条件，那么他所说的就仅是一种缺乏内在关联的推论，其中的原委在于，这种说法只是重复了长期以来早已为人所知的东西：任何一种神经系统的兴奋，都会使有如此倾向的人易于释放创造力。我对这种一般陈述根本不感兴趣，不过，当我在独一无二的具体病例中发现了特殊关联的证据时，我感到了极大的兴趣，并且委实深深地震撼了我。然而，我所感兴趣的问题却无法以科学术语来回答。

我们接着来谈第二个问题：可以确切地估定创作风格的变化——在它被视为某种特定的东西之前——不仅是由精神分裂症而且是由其他外在的刺激引起的吗？就我所研究的那些持续不断的变化，它们并不仅仅伴有独一无二的创造或工具发明，迄今为止，那种短暂的酗酒案例或短暂的疾病案例尚未进入我们的讨论范围。因此，我们宁愿对精神分裂症与其他精神病或大脑质变过程作一比较。酒精中毒可以改变整个一个人，它本该对风格的转向产生相应的影响，而我却从未看到过这样的情况。可以说，这样的情况是完全不大可能出现的。就像古斯塔夫·西奥多·费希纳（G. Th. Fechner）的情况，一些小病可能带来这种或那种新的偏执并进一步强化患者的兴趣，但这并不就是某种根本性的风格变化。生命作为未分的整体仍保持着完整。如果确实发生了某种断裂，它也缺乏意义与深度，而是仍然停留在肤浅的表层上。然而，精神麻痹症所产生的后果却可与精神分裂症的后果相比较。尼采（如果可以认定最后的诊断结果完全被发现的话，把他与精神分裂症和精神麻痹结合起来似乎是不可能的）伴随第一次精神转变经历了明显的风格变化。他也有两副面孔，专家在大多数情况下可立即觉察出他的某一部作品究竟是第一副面孔的产物还是第二副面孔的产物。

现在我们可以来追问第三个问题了：由精神分裂症带来的作品风格的变化会如同那些易于觉察的具体事物那样显而易见吗？人们必须在对比麻痹症所导致的病例的过程中来比较与寻找可被阐明的那些差异；而且，人们必须比较——不是用传记来作比较，而是用作品来比较作品——作为整体的精神分裂症艺术家的作品之间的不同，也必须比较每一位精神分裂症艺术家的作品与具有天赋但并未患精神分裂症的艺术家的"正常的"变化之间的不同。我们在这个问题上尚面临着繁重的任务，迄今用来掌握这个问题的措施仅迈出了很少的几步。

早在凡·高与荷尔德林成为医学病例之前（凡·高在1888—1890年，荷尔德林在1802年之后），他们的行为已经让那试图置身于二人疾病肇始之时的精神病学家感受到了他们诸多作品中的那种"精神分裂症氛围"。对今天的观察者来说，由于现代作品之间的相似性，发现这一可能的缘起时间显然比过去（譬如1900年）更为困难了。不过，从诸如此类的感受与概念中并不能获得什么东西，我们只是得到了一项尚处于构拟阶段的任务。这仅仅暗示我们，存在着的某种东西要求我们找出客观化的措辞与阐述来表达它。在从事这项任务伊始，我们就必须摒除某些很容易也很可能出现的误解。首先，精神分裂症对人们来说并非一个全然确定了的概念，而是有着丰富的内涵，它在不同情况下富有不同的含义。其一，它意指一切不可逆转的过程，但这并不能被称为脑器质性变化过程或癫痫；其二，它意指一种感觉，这种感觉需要心理学—现象学的理解，对无数独特而确定的概念来说，一个整全而陌生的精神世界虽然被创造了出来，但并没有人能够在整体上对其做出总括性的界定。我们面对着大量无法通过那些简单、有形而客观的特性来予以辨识的事实，但我们仍可将其视为某种特定的精神整体（关于它的存在，专家有时确实能够从其所知甚少的症状中得出一些结论，不过在他看到那种以其整体而呈现的画面之前，那些结论仍然保持着不确定性）。譬如，我们不要根据推测而把凡·高同人们所熟悉的那种老生常谈的精神分裂症患者联系在一起来解释他的绘画。这些绘画能够开阔人们的视野，使人们认识到精神分裂症就存在于人的生命本质与惊异的事实之中，并让人们能在其中看到一些在临床病人那里并无法明晰显露出来的东西。然而，首先需要的一个前提是，他在这里要有意地洞察独一无二的东西。任何一个想把这种完整的艺术与那整体上可理解的历史性关系结合起来的人，或者不能通过其他某些方式来洞察那种独一无二的事物的人（这并不是每位原初艺术家都能做到的），都会错失我和其他人能从这些绘画中获得"震动"的机会。因此，只要一个人的精神尚封闭于那种可解释的东西之中，他就不可能就此进行提问，而且对他来说也没有寻求解释的渴望。

另一种误解也是必须予以摒弃的。如果人们试图阐述作品中的精神分裂症氛围，那么，这并非意味着那些作品就是"病态的"（sick），这是因为精神乃存在于健康与病态相对立的彼岸。不过，从那种已被断定为患病过程的土壤中孕育出的作品会具有一种独特的风格，这种特有的风格构成了精神宇宙的一个本质的部分。但是，只有这一过程创造了诸种必要的条件，这种精神宇宙才会在现实中显示其存在。庸常的腓力斯人（The Philistine）却习惯于以贬抑的态度将这个过程称为一种疾病（ill），或者将其加入的那种观念间的联想视为某种浅薄离谱的东西,这些都会使一个人对我们今天只有通过决疑论的方式才可能理解的现实以及我们根本无法解释的现实视而不见。确实,对这类现实的阐述让我们陷入了困境,这大概是因为我们仍然拘囿于那些定性评价的有限范畴或依旧束缚于我们的智力。与此同时,我们感到对这类现实的阐述将会把自身消融于一种更加无所不包、更加自由通畅、更加灵活多样的境地之中。

现在,让我们对这些有限的因素作一下总结,这些因素是依据我们所趋向的这个世界的具体要素而发现的。

对人们来说,在荷尔德林与凡·高之间作对比是颇具启发意义的。他俩所从事的艺术创作领域并没有多大不同,不过,二人的秉性则形成了鲜明的对照:荷尔德林是个属意于来世的理想主义者,凡·高则是个关切现世的现实主义者。二人的个性都不易改变,但又有很大的不同:荷尔德林生性柔弱、易受伤害;凡·高则生性强悍,若受到威压与惩戒等刺激,他就会做出强烈的反应。不过,当罹患精神分裂症之时,二人原初秉性的不同非但没有排除症状的相似性,这种相似性反而从一开始就以渐进的方式变得愈加明显起来:首先,在第一次精神病急性暴发与此后再次发作之间的相对间歇期间,与初期表现出的那种富有哲人态度的激昂状态相伴的,便是一种日趋强化的安全感或自我肯定的恬淡感。与此同时,他们作品的风格也发生了显著变化,这些作品被他们自己也被别人视为其成长与取得成功之目标的顶峰。这时,他们都保持着创造力,创作不受妨碍地持续着,并创制出了一些全新的作品。在这整个过程中,自始至终存在着强烈对抗与自律创造之间的巨大张力。他们以极大的努力同越来越增长着的摧毁力量搏斗,并勉力夺取着制高点。其次,在精神分裂期间,那种神秘的感觉与神秘的存在对二人来说都是某种不言自明的东西,无论这种东西究竟是更多地以现实的形态还是更多地以理想的形态呈现自身。与此前相比,他们的艺术与生命都获得了所谓形而上学或宗教的意义,其作品越来越失去优美的色调。荷尔德林诗歌中那缺乏联结的跳跃的节奏与凡·高绘画中那奇瑰刺目的色彩有异曲同工之处。对他俩而言,人们所理解的与生命、自然、世界的亲密感获得了更大的内在实现，并具有了更为丰富的形而上学意义。

然而，精神分裂症的世界是无限广大的，它汇聚了其他众多的表现形式。我们不仅在过程的开始就目睹了那种着魔般的释放，而且看到了最为惊人的压抑与孤寂形态；我们所见证的是一种原初性偏执狂及其机械变形。如果限定在本部专论中的几个病例，我们会看到，荷尔德林与凡·高代表着一种典型，它与斯特林堡和斯威登堡表现的那种典型形成了鲜明的对照。在斯特林堡与斯威登堡的作品中所表现出的精神分裂症仅仅关联于其内容与质料才有意义，而对荷尔德林与凡·高来说，受影响的是最内在的形式和创造力本身。事实上，前两位艺术家并未受到现实衰退的影响，他们的文学创作一直持续到了最后阶段；而后两位艺术家的作品则在激烈的精神震荡期间生长，并标示着某种趋向特定的顶峰的态势。从那一时刻起，瓦解的过程就获得了力量。在最后阶段，他俩都失去了创作能力与文学生产的能力。荷尔德林与凡·高的创作在其精神分裂的起始阶段与急性发作的那些年明显达到了辉煌；斯特林堡的作品在19世纪90年代的急性发作期是匮乏的，而他的几乎所有有影响的作品都是在最后阶段创作的。

不管在何种程度上对比这两种典型样态，它都通过那些富有显著个性的病例得到了范示，这范示自然是概要式的。我们不能把所有患精神分裂症的诗人、哲学家或艺术家都置于这些范畴之下。以克尔凯郭尔为例：假定他可能是一位精神分裂症患者，但是这一假定并不能得到当下的证明，因为就他而言，我们并不知道有关他的那些粗暴的原初症状，所以他不可能属于我们所说的两种典型样态中的任何一种。既然显著的精神分裂性人格总是罕见的，人们或许转而会在诸种精神领域中考察精神分裂症患者留下的大量文字、素描、绘画或雕刻，以便能在他们巨大的变化中发现精神分裂的因素。但是，我们在这里并不能发现稍许只有在伟大的人物那里才能引致那种创造力的精神分裂症的天赋与肥沃土壤。不管怎么说，精神病院收藏的那些病例已给我们提供了诸多值得注意的诊断结果，这些结果正有待于我们作系统的分析与

第二章 斯特林堡与同等智识超群的其他精神分裂症患者的比较

比较①。如何发现某种对所有精神分裂症来说都通用的共同特征,并不是一件太难的事,但是这却不如去一丝不苟地辨识与确定它们之间的差别。目前,人们尚未下决心去研究这些问题在引导那些伟大人物方面所起作用的明确程度,也未想去探究它们在何种程度上可以带来积极的效果。迄今为止,我自己尚未看到任何人的成就能够同荷尔德林或凡·高相媲美,而其他的人要么某种程度上指向了斯特林堡与斯威登堡之类的人[如约瑟夫森(Josephson)],要么指向了与上述两种范型均无关联的那类人[如梅里翁(Meryon)]。然而,精神分裂症肯定可以为我们提供另外一些迥然不同的情形,这些情形迄今尚未在秉具特定天赋的患者身上显现出来。精神分裂症是一个自我包蕴的完整世界。在探察这一问题时,人们应该考虑隐含于其他事情之中的下述观点:比如年代顺序——本人作品的源起日期与疾病在不同阶段发展过程的源起日期——是一个毋庸置疑的前提。在这两者之间建立起恰切关联的能力,可以使我们意识到初始阶段的重要性,也就是说,对预发阶段、第一次发作以及后来伴随的危机和交替出现较少受到干扰的间歇期做出辨识是很重要的。为此,我们必须观察患者在那些有限的时期内的直觉表现是否到后来却变成了自我模仿,必须观察我们已谈及的那种存在于精神的真实渴望与自我约束形成的作品之间的张力是否显著,或者去观察那些与之形成鲜明对比的大量素描、图形等是否经过坚持不懈的紧张劳作之后就能轻易地产生出来。鉴于有些病人直到罹患了精神病才学会素描、绘画与写诗,我们还必须观察他们的学习过程——关于技巧与内容——是在何种程度上进行的。相比于精神分裂症患者的总体数量,这些病人的数量自然是较少的,尽管这些"艺术家"的

---

① 荣誉应归于普林茨霍恩(Prinzhorn),他在海德堡精神病诊所以非凡的努力和坚持收集了也许是无与伦比的精神分裂症患者的艺术品(300多名患者的大约5000件作品)。而在此之前,这些分散于中欧各个医院的画作却没有多少价值,目前被集中在一起后,它们则能够让人从医学的角度进行比较和审查。依据现有的文献,普林茨霍恩已撰写了一篇综合性的批评报告:"Zeitschrift f. d. ges. Neurol. & Psychiatrie",1919年,第52卷。普林茨霍恩还撰写了一部杰出的论著:《精神病人的艺术才能》,第2版(柏林:尤利乌斯·斯普林格出版社1923年版)。在较新的文稿中,值得关注的还有:摩根泰勒(Morgenthaler)的《罹患精神病的艺术家》(伯尔尼:E. 伯彻出版社1921年版);R. A. 法菲尔(R. A. Pfeifer)的《精神病患者及其作品》(莱比锡:A. 克罗尼尔出版社1923年版)。——原尾注

绝对数量在精神分裂症患者中并不显得那么少。假定那些患者在开始发病之前就已习得了自己的专长，患病之后又创制出更多的作品，那么极有可能的是，这些作品并不是患者有意留给观察者从中获得的那种印象，它们看起来像是自然而然地创制出来的。因此，我们有必要在有意识的艺术创作、诉诸直觉的表现形式与总体上以某种吸引人的方式而偶然聚合的产物之间做出区分——尽管将这些特征完全分离开来几乎是不可能的。最后需要指出的是，在更早的时代（早于1900年）与我们时代的精神分裂症作品之间进行比较是很重要的。这将会或多或少地带来某些特殊的东西，这些跨越时代的东西理应富有典型的精神分裂症的特质。正如歌德所看到的，《西西里的巴拉哥尼亚别墅》（Villa Palagonia in Sicily）中的那些著名人物，给他留下的直接印象就是其与现代精神分裂症作品之间有着最为紧密的关联[1]。

有人试图解释说，伴随着直到疯狂之时所受到的那种阻抑力量的释放，创造力在精神失常期间则变得显而易见起来；疾病令患者摆脱了抑制，也就是说，无意识的东西开始涌现出来，文明所强加于人的那种阻力终于爆裂了，这使梦境、神话与孩子般的心智之间具有了相似之处。这种阻抑与去除阻抑的观念可以具有不同的意义，它的图式在麻痹症中变得最为明显。如果有人意识到尼采后期的作品是从其原初的心智中产生出来的，只不过是从其受阻抑的状态中释放出来的，那么他就会获得非常多的东西；然而，准确说来乃是他所察觉的患者与凡·高或荷尔德林形成对照之处。我们在此更愿意相信我们感觉到了新的力量。先前，我们总是使用某种开始趋于分裂、尚显有些含糊的病例，在这些病例中，诸种精神体验是由此前并不存在的力量带来的。在这里，我们不仅通过张力而获得了一种夸大了的创作能力，这种创作能力也引导人去发现某些新的趋向于丰富普通的艺术表达的道路；更确切地说，这些新的力量产生了足可获致客观的表现形式的力量，它们在精神自身中既不是健康的，也不是病态的，而只是在疾病所提供的土壤中茁壮成长起来的。

---

[1] 见克雷佩林（Kraepelin）《精神病学教科书》第1卷中的说明。——原尾注

第二章　斯特林堡与同等智识超群的其他精神分裂症患者的比较

附记：有些创造了辉煌作品的艺术家变成了精神分裂症患者。只要这种现象尚关系到我们所研究的问题，他们的病理图式就仍需加以书写，他们的作品也必须加以考虑。我们在此只能指出如下几个案例。

（1）约瑟夫森是一位可与斯特林堡那种范型的患者相比较的艺术家。除了精神病这一事实外，斯特林堡并不能与荷尔德林作比较；同样，约瑟夫森也不能与凡·高进行比较。对约瑟夫森来说，在他正常时期的自然主义作品（这些作品给他带来了声誉）与患病时期的作品（这些作品的内容具有神奇的魔力，并没有创造出任何一种明确的形式，气氛沉静且没有任何一点儿迷狂的痕迹）之间存在着迥然的差异。正如斯威登堡在正常日子的早期所写的科学作品与后来所写的神智学著述，约瑟夫森在正常时期与患病时期所写的作品之间同样存在着某种裂隙。直到最近，才有人对其精神病期间的这些作品感兴趣。"以艺术学术语的通常意义来衡量，它们并不能被看成是艺术品。它们显示了某些不相连贯、漂移不定的东西，这些东西是从已对形式和比例的感受力变弱的大脑中产生出来的；尽管如此，它们还是显示了一种不同寻常、富于想象的精神性观念以及敏感于修饰点缀的特征。人们可以本能地感觉到，这些作品已摧毁了指向未来的可能性。"①

（2）梅里翁是一位令人颇感兴趣的艺术家。现有的那些阐说让人们很容易就能接近他的作品。比如，格斯塔·艾克（Goesta Ecke）所撰的《梅里翁》，收入《图解大师》第 11 卷②。艾克的精彩介绍，对梅里翁留下的感人印象给出了佐证。迄今为止，有关他的传记资料仍未得到足够详尽的阐发（艾克提到，现在仍有大量的精神遗产尚未得到研究）。在此，我有必要提及那些最为明显的资料：他生于 1821 年，青年时期当过海军军官，辞职后开始学习版画艺术的时间并不会早于 1849 年。此后，他将全部的生命都交给了版画艺术，不过并未将自己所倾心的艺术仅仅视为一种艺术，而是将其视为自

---

① 这些论述引自沃林（Wohlin）论约瑟夫森的一篇文章，写于 1909 年《《艺术与艺术家》第 7 卷，第 479 页之后。该文对他平时的作品作了大量的阐说，不过并没有单独阐说他患病期间的某部作品）。——原页内文字
② 莱比锡：克林哈德与比尔曼出版社，未标日期，序言撰写于 1923 年。——原页内注

己所了解的神奇力量的一种显示。他的精神病开始的时间恰好是他创作出第一批值得注意的作品的时间（1850—1854年）。1858年，病情的发作致使他第一次住进精神病院。在他的病历中，幻觉、受害妄想（"耶稣会会士"）以及其他典型的症状居于主导地位。从1866年起，他又一次住进沙朗通（Charenton）精神病院，1868年死于院中。他的创作风格并未真正地显示出某种变化来。从1852年至1854年，他的创作突然之间完全臻于成熟，攀升到了一个再也未能达到的高度，此后便失去了它的力量和优势，尽管他后来还创作出了几件高质量的作品。根据模仿之作与原创作品所列出的创作年代，可从表面上粗略地说明他的创作曲线：1849—1850年：总共有16件模仿之作和3件原创作品；1851—1854年：有25件原创作品，1件模仿之作；1855年：突然出现一片空白，没有原创作品，仍还有3件模仿之作；1857年：没有一件作品；1858年：有1件模仿之作；1859年：又一次出现没有作品的情况；1860—1861年：有10件模仿之作，5件原创作品；自此以后数年，偶有作品；1867—1868年，不再有作品。综上可见，经过两年的模仿训练，他迎来创作数量最为集中的几年，在此期间，他无疑创作出了最杰出的蚀刻版画作品（在他患病的早期），随后便出现突然衰减的趋势，而且再一次以镜像的方式复制了经由荷尔德林与凡·高转化而来的那种原初性格，即后期的作品呈现出精神分裂症的特征，如出现了飞龙以及其他各种怪物的形象，而此前这些神秘的力量只是通过形式间接地传达出来的。

（3）最后我想提及的一位艺术家是奥迪隆·雷东（Odilon Redon）。就我所知，他并没有罹患精神分裂症，但是面对他绘制于作品尚未流行之时的那些画作，一眼便可从中看出它们所透示出来的精神分裂气息。法菲尔（Pfeifer）[①]曾将常人呈现出明显反常趋势的那些作品与精神分裂者的作品作过比较。在这个例子中，考虑到雷东是一位秉有颇高天赋的艺术家，引证的结果就更具说服力，因为艺术家怀有严肃认真、新颖独到的创作意图，这些意图便在实施的过程中呈示出与精神分裂症艺术家的作品的相似性。然而，我们

---

① 同前引证文献。——原页内注

在谈及这个问题时，总是将其关联于约瑟夫森那种范型的作品以及最疯狂的人们的作品，却并未将其与凡·高或梅里翁的作品关联起来。①

第六节　精神分裂症与现代文化

今天，一个明显的事实是，大量有教养的人成为精神分裂症患者，他们以其在多年患病中创制的作品给我们留下了深刻的印象。斯特林堡的影响主要是通过他在第二次患病之后的最后时期所写的那些戏剧产生的；凡·高精神分裂期间的绘画在其一生的作品中最有影响；对荷尔德林来说，只有他起初患病的那些年所写的一些诗广为人知。然而，人们并未将这些作品归因于某些因素，现在也只是从总体上来考量它们，并且对其做出的评价也是与荷尔德林的巅峰之作相同的。今天，我们也已晓得约瑟夫森的那些画作受到了赞誉，然而在1909年的时候它们依然几乎未曾引起人们的关注。确实，我们现在业已懂得，人们要把精神病人创制的艺术视为艺术，而不能仅仅将其当作为开展精神病学研究所提供的心理方面的素材。

回顾西方的历史，我们知道，在18世纪以前，并没有精神分裂症患者能像今天这些少数引起我们关注的艺术家那样在他们的时代发挥文化上的重大影响。人们总想询问这样一个问题：是否过去那些有教养的人即便不患精神分裂症也会由于自身的状况而产生影响，除非我们对其状况一无所知。然而，我们至少可在中世纪发现类似于精神分裂症的病例，不过这只是在一些并不十分重要的人中发现的。人物的传记，即使可得到的这类材料少得可怜，仍会引起其是否精神分裂的疑问。在我所阅读的材料中，我还从未看到过有教养的人让我怀疑他患了精神分裂症。另外，我们发现那时占主导的是歇斯底里症。中世纪修道院里——尤其在女修道院里（譬如圣·特里萨）——的神

---

①　论述雷东的文献有安德烈·梅里奥（André Mellerio）的《画家与雕刻家奥迪隆·雷东》（*Odilon Redon, peintre, dessinateur et graveur*），巴黎，1923年；荷·佛洛里（H. Floury）编，圣叙尔皮斯街2号（我要感谢格鲁勒向我介绍了这位艺术家和这部著作）。——原页内文字

秘主义，如果离开歇斯底里的特征是不可想象的。与此相反，我们这个时代则产生不了可能带来歇斯底里的精神证据，而这种情况在很久之前则是居于首位的。大骗子卡里奥斯特罗（Cagliostro）和女先知普瑞沃斯特（Prevorst）都引起了杰·克纳（J. Kerner）的医学兴趣，他们是最晚出现的在其所处的时代便能赢得广泛关注的歇斯底里症患者。

这些事实应该足以能够说明问题了。一切中肯的结论均需具有真正的主观性和表层的普遍性。但是，这类主观性的反思——每个人都会不可避免地介入其中——可能尚处于尝试的阶段。人们或许试图说，正如歇斯底里症可能是弥漫于18世纪以前的精神空气中的人们的心理症状，精神分裂症从某种角度说则是我们时代的精神特征。当然，在上述两种情形中，心智必须是不受疾病控制的。埃克哈特大师、托马斯·阿奎那都不是歇斯底里症患者。但是，心智为了适合于其自身，便在心理诱因的条件下创造形式。神秘主义即便没有伴随歇斯底里也是可能存在的，不过就其传播和易于辨认的印象而言，它的表现会变得越来越贫乏、越来越有限。相比之下，与我们时代有关的精神分裂则迥然不同。我们在精神分裂症中看不到它的传播媒介，但它却为体现独一无二、无与伦比的可能性提供了肥沃的土壤。

对我们来说，什么东西可能与精神分裂的个性有关呢？人们或许认为我们这个时代的艺术热衷于那些遥远的、陌生的、异常的和原始的事物，譬如东方艺术、黑人艺术、儿童绘画等。事实上也确实如此，可是其中的原委究竟何在？不同的人对此有着不同的解释。我承认我对斯特林堡的艺术并不感兴趣，我对他的兴趣只是源自精神病学与心理学研究的原因。然而，凡·高之所以令我着迷，或许主要是因为他的整体的哲学和现实主义的道路，同时也是因为在其全部的精神分裂过程中出现的整个世界。尽管我的研究并非完全针对凡·高个人，但我在他的身上更为清晰地看到了自己与精神病人打交道时所经历的东西以及自己试图在本书中所要阐释的内容。这就好比持续涌动着的生命之源，它应该迅疾地进入人们的视线，仿佛那隐藏于全部生命中的诸多"为什么"都立即在这里找到了根据，并在此基础上得到了解答。对我们来说，这是一种无法长期忍受的情感上的创伤，我们对这种创伤则乐

第二章　斯特林堡与同等智识超群的其他精神分裂症患者的比较

于采取不予理睬的态度。虽然并不能长期忍受这种创伤，但我们毕竟可以在凡·高的某些伟大的作品中觅得片刻的放松。这种创伤并不容易使异在的东西得以同化，但它却要求转化成一种不同的形式，这种形式乃是能够为我们所接受的。他的世界是非常激动人心的，但它并不是我们的世界。疑问正是从中产生出来的，它以其有益的影响唤起我们的生存，从而使我们发生某种改变。它对别人所产生的影响与对我所产生的影响看起来是相似的。今天的问题正可从以下事实中找到答案：我们生活的根基已被动摇。时代的问题敦促我们反省终极的问题与我们即刻的体验。只要它们是真实的、生存的显示，我们文化的整体处境就会以不同寻常的方式把我们的灵魂暴露给那些最为陌生的感觉。

不过，这种处境同时也在驱策着我们很快地做出预测，假装着去模仿，使其从属于那些暗示性的有效显示，不惜代价地去从事强制性的活动、去厉声尖叫，而我们却从始至终都丧失了清醒的意识。当然，由于我们的精神风貌所导致的那种基本后果，我们面对着几乎所有的人都会遇到的这些诱惑，学会了如何保持心智的平静和在场感以及如何意识到自身对完整性、思想的纯粹性与真实性的需要，也学会了如何能够磨炼自身的耐性。1912 年，在我参观的科隆（Cologne）展览会上，来自全欧的表现主义画作以一种惊人的单调包围着凡·高这些伟丽的作品，以至让我忍不住感到，在如此之多的佯装狂人而实际上却过于正常的人中，唯有凡·高是真正伟大而且不情愿做"狂人"却疯狂了的人。我们已被高度发达的智性文化这一媒介所包围，在这种境况下，我们真的会相信自己对清晰性仍怀有无限的渴望并对那种可靠而真实的东西负有责任吗？我们会相信能够真正地解决这种深奥的问题并能够意识到上帝的内在性（这正是这些精神错乱者的特性）吗？我们正生活在一个虚假模仿的时代，在这样一个时代里，一切精神性的东西都变得喧嚣起来并被纳入了习俗之中，那纯粹的意志变成了种类颇为繁多的实存，敏锐的直觉能力则为忙于做事所取代，人们纷纷醉心于追求戏剧性的轰动效应；与此同时，我们正生活在一个人们不仅活着而且知道自己试图简单生活的时代。是的，在这样一个时代里，人们既模仿酒神经验，又创造律则，同时具有这两

· 171 ·

种特性并且都能够圆满地服务于他们的目的。在这样的时代里，精神分裂症在各个方面都可能成为真实性的条件吗？而在愈加受限的时代里，它在没有精神分裂症候的情况下甚至也会被看成是真实的吗？在舞蹈中，我们看到那种刻意表演、不自然的东西了吗？我们晓得这种东西只是在大声叫喊、纯粹的动作、粗暴的力量以及自我陶醉与蓄积的张力中表现自身的吗？我们在舞蹈中真的看到那种纯然肤浅的即时性、愚蠢乏味的原始欲或者甚至成为敌视文化的化身了吗？我们知道它仅在少数几位精神分裂症患者那里才具有真实性且富有深度了吗？尽管一切事物都处于变化与匮乏的状态之中，但是在所有那些装扮成神智学者、形式主义者或者原始主义者模样的人那里，某些通常的东西还在环绕着斯特林堡、斯威登堡、荷尔德林与凡·高而舞蹈吗？他们的共同之处是造作、贫乏和缺乏生命力吗？仅仅以"是的"来回答此类的问题乃是一种纯粹的歪曲化和愚蠢的规约化的做法。这样的回答已越过了我们知识的界限。对这些可能并非"真实"的问题的质询，会引致一种最让我们伤脑筋且并不能通过任何办法予以解决的心理学问题，事实上，我们甚至还没有清楚地说明过它们。然而，这些问题却引起了我们的兴趣。一旦能够更为清楚地理解迄今仍摇摆于纯然模糊的估计与精确的判断之间的这些概念，我们就会明白必须由自己来决定在何种程度上应该对此答以"是"或"不是"。我们接下来会意识到，即使辨认出某些伟大的作品带有精神分裂的气息，无论如何也不应该将其认定为某种低劣的东西。我们在一种真实存在的东西那里看到了深度及其显示；不过，当这种东西是一位精神分裂症患者创制的作品时，我们看到它却是以其反常与不规则的形式呈现的。可以说，只有当我们意识到这些精神分裂症患者的生存呼吁和他们的权利之所在时，他们才会成为有益于我们的人；而且，只有当我们试图在他们的作品中去寻找，就像在具有真正本源的一切事物中去寻找，我们才会意识到那总是处于隐匿状态的绝对之物只在其有限的形式中显示自身。不过，若要把他们举为某种范型来模仿，这对我们来说是很危险的。正如在先前的时代里某些人曾试图成为歇斯底里患者，人们可能会就此断言，今天也会有人要努力成为精神分裂症患者。然而，只有前者——在有限的程度上——在心理学上是可能的，而后者则是不可能的。因此,那种试图成为精神分裂症患者的努力势必会以虚假伪饰而告终。

不言而喻,我通过这些陈述只能勾勒出一种主观的联系,而且,这种联系可能仅具有无关紧要的意义。不过,为了准确地呈现本书的意义,我必须对本书做出更为清晰的重绘,这样就会使本书比它实际上所是的样子显得更为重要。读者可以借助于自身的判断,进而使本书所勾勒出来的联系能与其显示给自己的东西恰好配称起来。

附录一　原始资料[1]

　　斯特林堡的作品已由埃米尔·先灵译成德语，德语版本（除了少数一些作品外）由慕尼黑的穆勒出版社出版。这个版本是本书的基本资料来源，我对斯特林堡的那些引证就是取自这个版本。如果没有译者的出色之作，我的尝试是不可能取得进展的。因此，即使许多人对该译本质量的指责可能是合理的，我仍要对译者深表感谢。

　　斯特林堡的自传体作品是极其重要的资料，占用上述译本五卷的篇幅，依时间前后顺序，这些作品分别是：关于1886年之前的人生经历的作品有《一个女仆的儿子》（写于1886年）、《灵魂的发展》（写于1886年）；关于1875—1888年间他第一次婚姻经历的作品是《一个愚人的自白》（写于1888年）；关于1892—1894年间的人生经历特别是他第二次婚姻经历的作品是《分裂》（写于1902年）；关于1894—1897年间人生经历的作品是《地狱》（写于1897年5月至6月）；关于大约1897—1898年间人生经历的作品是《传奇》（写于1898年[2]）；关于1899—1900年间人生经历的作品是《孤独》（写于1903年）。在《一个女仆的儿子》《灵魂的发展》中，他对自己的原初个性和青少年时代的经历描述得极其清晰。在《一个愚人的自白》《地狱》和《传奇》中，他栩栩如生地勾勒了一幅当下呈现的自我画像，极其忠实而彻底地描写了其发病过程的两个主要阶段，这个过程就发生在大约1887年与

---

[1]　在德文版与英文版中，这部分内容被置于正文中的斯特林堡病志之前，这里依循汉语习惯将其置于附录部分。——中译者注

[2]　据雅斯贝斯所附的"斯特林堡著作年表"，《传奇》第一部写于1897年。——中译者注

1888 年之间。其中,《地狱》相当于一部日记条目汇编,因此,它十分真实,是一份不可多得的原始资料;《分裂》是一部迟来的追记,因此,它的人工加工成分较多,可信度较小;《孤独》几乎是苍白无色的,它宛如一部流水账记录了其发病最后阶段的某些细节。除此之外,斯特林堡的书信在其著述中也是须得查阅的,只是迄今为止已出版的这类书信仅占很小的比例,而且也很不系统。它们可以在参考书目中提及一下。

同代人的记述基于与斯特林堡的私人接触,因而具有特殊的价值。我已将这些记述列于引起我关注的每件事情的下面。我在注释中只显示作者的名字,有必要的地方同时标出页码。

为了方便读者,我已加上了年表。年表所列的内容基于斯特林堡的自传体作品、他的书信、同代人的记述以及先灵在完整的德文版译著中随机提到的东西,除此之外,在乌尔斯坦(Ullstein)版《新武器》(*New Weapons*)和其他小说(1913 年)中,也发现了由斯特林堡本人起草的年表。现在,我已无法重新核对这些细节。因此,其可靠性是有限的。尽管可利用的原始文献很丰富,不过经进一步仔细查阅后,资料仍明显地不完整。斯特林堡的疾病及其进展过程的主要症状性特征是相当明显的。终有一天,那些信件以及同代人的记述将得以出版,届时无疑会增补大量有价值的资料,哪怕并没有进一步帮助我们订正某些有舛误的细节。尽管如此,就我们基于今天的知识范畴和精神病理学领域的经验而能够做出的说明而言,这种疾病过程的类型和方式还是能够清楚地确定下来的;事实上,这个过程是非常生动鲜明的。[1]

对我用来分析斯特林堡疾病的那些阐说的系统应用感兴趣的读者,还可参阅我的另外两本书:一本是《普通精神病理学》(*Allgemeine Psychopathologie*,1948 年第 5 版),另一本是《世界观的心理学》(*Psychologie der Weltanschauungen*,1925 年第 3 版),这两本书都由柏林的尤利乌斯·斯普林格出版社出版。

---

[1] 英译者在此处没有作分段处理,德文版则分了段。本译文据德文版恢复了原貌。——中译者注

附录二　斯特林堡生平年表[1]

1849 年　1 月 22 日出生于斯德哥尔摩
1855 年　开始接受学校教育
1856 年　在克拉拉（Clara）小学读书
1861 年　先在雅各布（Jacob）中学读书，后转到一所私立学堂读书
1862 年　母亲去世
1863 年　在高级中学读书
1864 年　行坚信礼
1866 年　第一次性行为
1867 年　考入大学[2]读书
1868 年　做小学教师
1869 年　做演员
　　　　赴哥本哈根旅行
1870 年　在乌普萨拉居住、学习
1873 年　在一份保险业报刊[3]做编辑
　　　　做电报生
　　　　受雇于一家报纸[4]

---

[1]　在德文版与英文版中，这部分内容被置于正文中的斯特林堡病志之前，这里依循汉语习惯将其置于附录部分。——中译者注

[2]　乌普萨拉大学——中译者注

[3]　《瑞典保险事业报》——中译者注

[4]　《每日新闻》——中译者注

1874—1876 年　做图书管理员①

1875 年　与他的未婚妻（弗兰格尔男爵夫人锡丽·冯·埃森，Baroness Wrangel，née Siri von Essen）相识

1877 年　赴巴黎短暂旅行

　　　　结婚

1883 年　他的父亲去世

　　　　开始他的国外生活（直到 1888 年）

　　　　在巴黎

1884 年　在瑞士（洛桑），短时间在意大利，遭亵渎上帝指控，回母国接受法庭审讯，开释后回到巴黎

1885 年　在法国旅行（在法国农民中间生活了 10 个月，直到 1886 年 5 月）

1886 年　在阿尔高（Aargu）、卢塞恩湖畔（Lake of Lucerne）

1887 年　赴维也纳短暂旅行（根据 1886 年的其他原始资料）；11 月到达哥本哈根

1888 年　在丹麦的哥本哈根、霍尔特（Holte）

1889—1892 年　在瑞典

1890 年　"跑遍瑞典全境的闪电旅行"

1892 年　第一次离婚

　　　　在柏林（1892 年 11 月至 1893 年 4 月）

1893 年　第二次结婚（与费丽达·乌尔，Frida Uhl）

　　　　在赫尔戈兰岛、伦敦、塞林/吕根岛、月亮湖、柏林（潘科）、布隆、阿尔达格

1894 年　在阿尔达格；赴柏林短暂旅行

　　　　秋天在巴黎

　　　　11 月在巴黎，妻子离他而去

1896 年②　在巴黎

---

① 在斯德哥尔摩皇家图书馆做助理馆员——中译者注
② 德文版写为"1895 年"。——中译者注

第二次离婚

1896 年　在巴黎；2 月 21 日至 7 月 19 日，在奥尔菲拉旅馆；7 月，在迪耶普、瑞典（靠近隆德）；8 月，在柏林，而后在接近多瑙河的某地；12 月，在隆德。

1897 年　8 月，在巴黎

1898 年　在瑞典（隆德）

1899 年　定居斯德哥尔摩（直到去世）

1901 年　第三次结婚（与哈里特·鲍斯，Harriet Bosse）

1904 年　第三次离婚

1912 年　去世（死于恶性肿瘤）

附录三　斯特林堡著作年表[1]

（戏剧作品名称全用大写字母拼写。[2] 这里的资料并不全，细节并不完全可靠）

1870 年　《托瓦尔森在罗马》（THORWALDSEN IN ROM）

1871 年　《被放逐的人》（DER FRIEDLOSE）

1872 年　《奥洛夫老师》（MEISTER OLOF）

1879 年　《红房间》（*Das rote Zimmer*）

　　　　《行会的秘密》（DAS GEHEIMNIS DER GILDE）

　　　　《昔日的斯德哥尔摩》（*Alt – Stockholm*）[3]

1881 年　《瑞典人民》（*Das schwedische Volk*）

　　　　《幸运的斯佩特》（GLÜCKSPETER）［（*Märchenspiel*）］

1882 年　《讽刺瑞典社会》（*Satiren über schwedische Gesellschaft*）

　　　　《马尔吉特夫人》（FRAU MARGIT）［《本特先生的妻子》（*Herrn Bengts Gattin*）］

1883 年　《瑞典的遭际和冒险》（*Schwedische Schicksale und Abenteuer*）

　　　　《幸福的海岛之行》（*Die Insel der Seligen*）

---

[1] 在德文版与英文版中，这部分内容被置于正文中的斯特林堡病志之前，这里依循汉语习惯将其置于附录部分。——中译者注

[2] 汉语无法据此作出区分，译者在这里加下划线以示区别，并在作品名称后附上原文。——中译者注

[3] 拉格尔克朗斯认为，斯特林堡的第一部文明史著作《昔日的斯德哥尔摩》于 1880—1882 年分卷出版。参见拉格尔克朗斯《斯特林堡传》，高子英译，外国文学出版社 1983 年版，第 118 页。——中译者注

　　　　　《诗集》（*Gedichte*）［《伤口灼痛》（*Wundfieber*）、《梦游者》（*Schlafwandler*）］

1884 年　《结婚集》（*Heiraten*）

1885 年　《瑞士小说》（*Schweizer Novellen*）［《现实中的乌托邦》（*Utopien in der Wirklichkeit*）］

　　　　　《虚构的故事》（*Fabeln*）

1886 年　《一个女仆的儿子》（*Der Sohn einer Magd*）

　　　　　《灵魂的发展》（*Die Entwicklung einer Seele*）

　　　　　《在法国农民中间》（*Unter französischen Bauern*）

1887 年　《岛上的农民》（*Die Inselbauern*）［《海姆索岛居民》（*Die Leute auf Hemsö*）］

　　　　　《女巫》（*Eine Hexe*）

　　　　　《父亲》（DER VATER）

　　　　　《同伴》（KAMERADEN）

1888 年　《群岛》（*Das Inselmeer*）

　　　　　《花草与动物》（*Blumenmalereien und Tierstücke*）

　　　　　《一个愚人的自白》（*Die Beichte eines Toren*，1893 年首次在法国出版）

　　　　　独幕剧：《朱丽小姐》（FRäuLEIN JULIA）、《债主》（GLäuBIGER）、《贱民》（PARIA）、《热风》（SAMUM）、《强者》（DIE STÄRKERE）

1889 年　《旃陀罗》（*Tschandala*）①

1890 年　《在开阔的海边》［*Am offenen Meer*（*An offener See*）］

1892 年　《瑞典风光》（*Schwedische Natur*）（1901 年增订版中加上了第 88、91、96 节）

　　　　　独幕剧：《乐队》（DAS BAND）、《玩火》（MIT DEM FEUER

---

① 拉格尔克朗斯认为，"旃陀罗这个词本身是从尼采那里来的，意思是印度最低贱的种姓"。见拉格尔克朗斯《斯特林堡传》，高子英译，外国文学出版社 1983 年版，第 266 页。——中译者注

SPIELEN)、《死亡》（VORM TODE）、《第一次警告》（ERSTE WARNUNG）、《借方与贷方》（DEBET UND KREDIT）、《母爱》（MUTTERLIEBE）

1894 年　《反野蛮》（*Antibarbarus*）

1895 年　《木林集》（*Sylva Sylvarum*）

1897 年　《地狱》（*Inferno*）

《传奇》（*Legenden*）第一部

1898 年　《传奇》（*Legenden*）第二部［《雅各的搏斗》（*Jakob ringt*）］

《圣灵降临节》（ADVENT）

《到大马士革去》（NACH DAMASKUS）第一部、第二部

1899 年　《迷醉》（RAUSCH）

历史剧：《福尔孔家族的故事》（DIE FOLKUNGERSAGE）、《古斯塔夫·瓦萨》（GUSTAV WASA）、《埃里克十四世》（ERICH XIV）、《古斯塔夫·阿道尔夫》（GUSTAV ADOLF）

1900 年　《仲夏节》（MITTSOMMER）

《复活节》（OSTERN）

《死神之舞》（TOTENTANZ）第一部、第二部

1901 年　历史剧：《卡尔十二世》（CARL XII）、《恩格尔布列克特》（ENGELBRECHT）、《克里斯蒂娜女王》（KÖNIGIN CHRISTINE）、《古斯塔夫三世》（GUSTAV III）、《科隆布劳特》（DIE KRONBRAUT）、《天鹅白》（SCHWANENWEISS）、《一出梦的戏剧》（EIN TRAUMSPIEL）、《到大马士革去》（NACH DAMASKUS）第三部

1902 年　《分裂》（*Entzweit*）

《群岛》（*Inselmeer*）

抒情诗：《六音步诗》（*Hexameter*）

1903 年　《孤独》（*Einsam*）

《路德》（LUTHER）［《维滕堡的夜莺》（*Die Nschtigall von Wit-*

tenberg)]

《童话》(Märchen)

1904年　《哥特式的房子》(Die gotischen Zimmer)

《黑旗》(Schwarze Fahnen)

1905年　《袖珍历史》(Historische Miniaturen)

《自由的挪威》(Ein freies Norwegen)

大约1905年：《世界历史上的自由意志》(Der bewusste Wille in der Weltgeschichte)

1906年　《袖珍瑞典》(Schwedische Miniaturen)（1905年？[①]）

《三个现代故事》(Drei moderne Erzählungen)

《第一蓝皮书》(Ein Blaubuch)

1907年　《第二蓝皮书》(Ein neues Blaubuch)

假面剧：《鬼魂奏鸣曲》(GESPENSTERSONATE)、《风暴》(WETTERLEUCHTEN)、《大火之后》(BRANDSTÄTTE)、《柴堆》(SCHEITERHAUFEN)

历史剧：《最后的骑士》(DER LETZTE RITTER)、《摄政者》(DER REICHSVERWESER)、《伯爵》(DER JARL)

1908年　《爱之书》(Das Buch der Liebe)

《阿布·卡赛姆的拖鞋》(ABU CASEMS PANTOFFELN)

1909年　《第三蓝皮书》(Das dritte Blaubuch)

《欢乐的圣诞节!》(FRÖHLICHE WEIHNACHT!)

《大路》(DIE GROSSE LANDSTRASSE)

1910年　《剧作集》(Dramaturgie)

《对瑞典民族的演说》(Reden an die schwedische Nation)

《宗教与神学的背反》(Religion gegen Theologie)

1911年　《人民国家》(Der Volksstaat)

[①] 原文如此，这说明雅斯贝斯对《袖珍瑞典》的出版时间尚有存疑。——中译者注

《我们的世界语言之根》（*Die Ahnen unserer Weltsprache*）

1912 年 《其他蓝皮书》（*Das Extrablaubuch*）

《沙皇的信使》（*Der Kurier des Zaren*）

参考文献

Böhm, *Wilhelm. Hölderlin*, selected edition. Two volumes, 1904; five volumes, 1924. Halle/Saale：M. Niemeyer, 1928 – 30. Jena, Gronau, 1944.——威廉·波姆选编：《荷尔德林》，两卷本，1904 年版；五卷本，1924 年版。哈雷/萨勒：M. 尼迈耶出版社 1928—1930 年版。耶拿，格罗诺，1944 年版。

Brandes, Georg. "August Strindberg."In *Germanisch – Romanische*, *Monatsschrift* 6：321.——乔治·勃兰兑斯撰，《奥古斯特·斯特林堡》，载于《德国–罗马月刊》第 6 卷，第 321 页。

Brieger – Wasservogel, L., trans. *Theological Writings* by Imanuel Swedenborg. Jena：Eugen Diederichs, 1904.——艾曼努尔·斯威登堡著，L. 布里格–瓦瑟福格尔译，《神学著作集》，耶拿：奥伊根·迪德里希斯出版社 1904 年版。

Brusse, M. J. "Van Gogh als Buchhandlungsgehilfe." In *Kunst und Künstler*. No. 12. 1914.——M. J. 布吕斯撰，《作为书店店员的凡·高》，载于《艺术与艺术家》1914 年第 12 卷。

Dilthey, W. *Das Erlebnis und die Dichtung*. Leipzig, 1906.——威廉·狄尔泰著，《体验与诗》，莱比锡，1906 年版。

du Quesne – van Gogh, E. H. *Persönliche Erinnerungen an Vincent van Gogh*. Munich：Piper, 1911.——E. H. 凯娜–凡·高著，《回忆文森特·凡·高》，慕尼黑：皮珀出版社 1911 年版。

Friedrich, O., ed. "Der kranke Hölderlin." In *Hölderlins Leben*, *Dichtung und Wahnsinn* by W. Waiblinger. Leipzig：Xenien verlag. ——奥·弗里德里希编，《患者荷尔德林》，收入 W. 韦布林格著，《荷尔德林的生活、诗歌和疯狂》，莱比锡：克塞尼恩出版社。

Gogh, Vincent van. *Drawings*. Amsterdam：L. J. Veen. ——文森特·凡·高著，《绘画集》，阿姆斯特丹：L. J. 维恩出版社。

Gogh, Vincent van. *Letters to his brother*. Compiled by his sister – in – law J. van Gogh – Bonger. Translated into German by Leo Klein – Diepold. Two volumes. Berlin：Paul Cassirer, 1914. ——文森特·凡·高著，凡·高的弟妹乔·凡·高–邦格编，《致弟弟的信》两卷本，德译者利奥·克莱恩–迪波尔德，柏林：保罗·卡西勒尔出版社 1914 年版。

Gruhle. *Psychologische Forschungen*. Vol. 5. ——格鲁勒著，《心理学研究》第 5 卷。

Hagen, Oskar. *Einleitung zur Mappe von Zeichnungen van Goghs* aus der von Marees – Gesellschaft hg. Sammlung. Munich：Piper, 1919. ——奥斯卡·哈根著，《介绍凡·高的作品》，冯·马雷斯协会编，慕尼黑：皮珀出版社 1919 年版。

Hamburger, Michael. *Friedrich Hölderlin*：*Poems and Fragments*. Ann Arbor：University of Michigan Press, 1967. Also London：Routledge & Kegan Paul, Ltd. ——迈克尔·汉布格尔著，《弗里德里希·荷尔德林：诗歌与断片》，安娜堡：密歇根大学出版社 1967 年版；伦敦：劳特利奇和开根·保罗出版公司。

Hansson, Ola. "Ein Sünder, der Busse tut." In *Die Zukunft*. No. 19, 30. 11. 1911. p. 466. ——奥拉·汉森撰，《作为惩罚的分裂》，载于《未来》，1911 年 11 月 30 日第 19 期，第 466 页。

Hansson, Ola. "Erinnerungen an August Strindberg." In *Die Neue Rundschau*. Nov. – Dec., 1912. ——奥拉·汉森撰，《回忆奥古斯特·斯特林堡》，载于《新观察》，1912 年 11—12 月。

Hans von Marees – Gesellschaft. Collection of pictures by van Gogh. Munich：Piper, 1919. ——汉斯·冯·马雷斯协会编，《凡·高画作集》，慕尼黑：皮珀

出版社 1919 年版。

Hellingrath, Norbert v. *Pindarübertragungen von Hölderlin*. Jena, 1911. ——诺伯特·冯·海林格拉特著,《荷尔德林的品达抒情诗手抄本》,耶拿,1911 年版。

Hellingrath, Norbert v. *Hölderlins Sämtliche Werke*. 1913 – 1923. Edited by F. Seebass and L. V. Pigenot. Six vols. Berlin：3. Aufl. Propylaeen Verlag, 1943. ——诺伯特·冯·海林格拉特编,《荷尔德林全集》, 1913—1923。F. 泽巴斯、L. V. 皮根诺特编, 6 卷本, 柏林：坡皮林出版公司 1943 年第 3 版。

Kraepelin. *Lehrbuch der Psychiatrie*, 8th ed. Leipzig, 1913. ——克雷佩林著,《精神病学教科书》, 莱比锡, 1913 年第 8 版。

Lamm, Martin. *Swedenborg*. Stockholm：H. Geberm, 1915. Leipzig, 1922. ——马丁·拉姆著,《斯威登堡》, 斯德哥尔摩：H·葛博姆出版社 1915 年版。莱比锡, 1922 年版。

Lange, H. *Hölderlin*. Stuttgart：Enke, 1909. ——H·兰格著,《荷尔德林》, 斯图加特：恩克出版社 1909 年版。

Lehmann, Alfred. *Aberglaube und Zauberei*. Second edition. Stuttgart：F. Enke, 1908. ——艾尔弗雷德·莱曼著,《迷信与巫术》, 斯图加特：F·恩克出版社 1908 年第 2 版。

Lundegard, Axel. "Erinnerungen an Strindberg." esp. 'Abschiedsbrief and Testament' In *Blätter des deutschen Theaters*. Vol. 1, no. 7, Sept. 1920. Translated into German by Heinr. Goebel. ——阿克瑟尔·伦德加德撰,《回忆斯特林堡》(特别是其中的《遗书与遗嘱》), 载于《德国戏剧散叶》, 1920 年 9 月第 1 卷第 7 期, 德译者亨利·格贝尔。

Meier – Graefe, Julius. *Vincent van Gogh*. Munich：Piper, 1912. ——尤利乌斯·梅尔–格雷费著,《文森特·凡·高》, 慕尼黑：皮珀出版社 1912 年版。

Meier – Graefe, V. *Van Gogh*. Munich：Piper. ——V. 梅尔–格雷费著,《凡·高》, 慕尼黑：皮珀出版社。

Mendes da Costa. "Persönliche Erinnerungen an meinen Latein schüler Vincent van Gogh." In *Kunst und Künstler*. No. 10. 1912. ——门德斯·科斯塔撰,《回忆我的拉丁语学生文森特·凡·高》,载于《艺术与艺术家》1912 年第 10 卷。

Morgenthaler, Walter. *Ein Geisteskranker als Künstler*. Bern: E. Bircher, 1921. ——沃尔特·摩根泰勒著,《罹患精神病的艺术家》,伯尔尼:E. 伯彻出版社 1921 年版。

Nexö, Martin Andersen. *Strindberg*. 1912. ——马丁·安德森·尼克索著,《斯特林堡》,1912 年版。

Oesterling. "Neue Strindberg Dokumente." In *Frankfurter Zeitung*, March 28, 1920. ——奥斯特陵撰,《斯特林堡的新文献》,载于《法兰克福报》,1920 年 3 月 28 日。

Paul, Adolf. *Strindberg – Erinnerungen und Briefe*. Munich: Albert Langen, 1914. ——阿道夫·保罗著,《斯特林堡:回忆与书信》,慕尼黑:艾伯特·兰根出版社 1914 年版。

Pfeifer, R. A. *Der Geisteskranke und sein Werk*. Leipzig: A. Kröner, 1923. ——R. A. 法菲尔著,《精神病患者及其作品》,莱比锡:A. 克罗尼尔出版社 1923 年版。

Prager, Mathilde. (Erich Holm.) "Meine Erinnerungen an August Strindberg." In *Der Zeitgeist*, Beiblatt des Berliner Tageblattes. No. 14. April 1915. ——马蒂尔德·普拉格(埃里希·霍尔姆)撰,《我对奥古斯特·斯特林堡的回忆》,载于《时代精神》(柏林的日报副刊),1915 年 4 月第 14 期。

Prinzhorn, H. *Bildnerei der Geisteskranken*. Second edition. Berlin: Julius Springer, 1923. ——H. 普林茨霍恩著,《精神病人的艺术才能》,柏林:尤利乌斯·斯普林格出版社 1923 年第 2 版。

Schering, E. "Strindberg – Briefe." In *Vossische Zeitung*, March 1916. p. 149. Also *Badische Landeszeitung*, Nov. 1, 1915. ——E. 先灵撰,《斯特林堡书信》,载于《佛西报》,1916 年 3 月,第 149 页;亦载于《巴登报》,1915 年 11 月 1 日。

Schleich, C. L. "Strindberg – Erinnerungen." In *Vossische Zeitung*, No. 1, Jan. 1916. Reprint under the same title, Munich: G. Müller, 1917. ——C. L. 施

莱希撰，《回忆斯特林堡》，载于《佛西报》，1916 年 1 月第 1 期；以同一标题重印，慕尼黑：G. 穆勒出版社 1917 年版。

Seebass, F. "Hölderlin in Frankreich." In *Das Reich*, Vol. 3, 1919, p. 598. ——F. 泽巴斯撰，《荷尔德林在法国》，载于《帝国》1919 年第 3 卷，第 598 页。

Servaes. "Strindberg – Erinnerungen." In *Westermanns Monatshefte*, Sept. 1915. ——瑟韦斯撰，《回忆斯特林堡》，载于《维斯特曼月刊》，1915 年 9 月。

Strecker, K. "Briefwechsel zwischen Nietzsche und Strindberg." In *Frankfurter Zeitung*, Feb. 1913. ——K·斯特雷克，《尼采与斯特林堡往来书信》，载于《法兰克福报》，1913 年 2 月。

Strindberg, August. Unpublished letters. Translated into German by Emil Schering. In *Der Neue Merkur*. Vol. 1, no. 1, April – Sept. 1914, pp. 76 – 97. ——奥古斯特·斯特林堡撰，《未发表的信》，德译者埃米尔·先灵，载于《新水星》，1914 年 4—9 月，第 1 卷第 1 期，第 76—97 页。

Strindberg, August. "A letter to Björnson, 1884." In *Weserzeitung*. First morning edition. Sept. 30, 1916. ——奥古斯特·斯特林堡撰，《1844 年致比昂逊的信》，载于《维瑟报》（清晨版），1916 年 9 月 30 日。

Strindberg, August. Exchange of letters with Georg Brandes. In *Die Neue Rundschau*. Nov. 1916. ——奥古斯特·斯特林堡撰，《与乔治·勃兰兑斯的往来书信》，载于《新观察》，1916 年 11 月。

Strindberg, August. "'Scheidebrief' an Geijerstam, 1900." In *Frankfurter Zeitung*, morning edition. April 10, 1917. ——奥古斯特·斯特林堡撰，《1900 年致耶伊尔斯塔姆的告别信》，载于《法兰克福报》（上午版），1917 年 4 月 10 日。

Strindberg, August. "Letter to Gauguin of February 1, 1895." In *Künstlerbriefe aus dem* 19. *Jahrhundert*. Else Cassirer, ed. Berlin: Bruno Cassirer, 1919. ——奥古斯特·斯特林堡撰，《1895 年 2 月 1 日致高更的信》，载于《19

世纪艺术家书信》,埃尔斯·卡西勒尔编,柏林:布鲁诺·卡西勒尔出版社 1919 年版。

Taub. "Strindberg und Schopenhauer." In *Frankfurter Zeitung*, August, 1917.——陶布撰,《斯特林堡与叔本华》,载于《法兰克福报》,1917 年 8 月。

Trummler, E. *Der kranke Hölderlin.* Munich:O. C. Recht Verlag, 1921.——E. 图姆勒著,《患者荷尔德林》,慕尼黑:O. C. 雷希特出版社 1921 年版。

Waiblinger, Wilhelm F. *Hölderlins Leben, Dichtung und Wahnsinn.* Leipzig:Xenien – verlag, 1921.——威尔海姆·F. 韦布林格,《荷尔德林的生活、诗歌和疯狂》,莱比锡:克塞尼恩出版社 1921 年版。

Weininger, Otto. *Taschenbuch und Briefe an einen Freund.* Leipzig and WienL:Tal& Co., 1919. Specific reference to two letters of Strindberg about Weininger. ——奥特·魏宁格著,《给一位朋友的袖珍书与信札》,莱比锡、维也纳:塔尔出版公司 1919 年版。其中特别提及斯特林堡关于魏宁格的两封信。

译后记

这部译稿是我主持的国家社科基金一般项目"雅斯贝斯艺术家论研究"（项目编号：13BWW003）的阶段性成果。本书中的部分文字已先期发表在《河北学刊》《福建论坛》《燕赵学术》《中国语言文学研究》等刊物上，借书稿即将付梓之际，首先向那些默默付出的编辑们致以诚挚的敬意。

移译《斯特林堡与凡·高》一书的初衷，对我来说主要是为了"还债"。我在中国人民大学攻读博士学位期间（2003—2006年），有幸结缘于雅斯贝斯的生命智慧。在撰写学位论文《生存·密码·超越——祈向超越之维的雅斯贝斯生存美学》第五章"生存艺术家专论"的过程中，我第一次接触到英文版的《斯特林堡与凡·高》，被雅斯贝斯涵淹于该书中的双重视域——精神病理学视域与生存哲学视域——所迷住，便带着初恋般的羞涩翻译了其中的部分文字。由于时间有限，当时译出的文字既粗糙又零碎，我对此深感不安，觉得自己欠下了一笔文债。于是，我萌生了这样一个念头：待今后时间充裕了，我要完完整整地把该书移译成中文，以对得起我与雅斯贝斯结下的那份纯洁的精神之缘。然而，我告别人大校园走上工作岗位后才发现，可自主支配的时间变得越来越少了，期待中的那种从容的生活节奏与思维节奏时常会被教学、学术之外的某些琐事所打乱。好在我是素来主张事随心转的。这些年来，每逢暑假，我都会抽出相对集中的时间逐字逐句地移译该书中的一些段落。2013年，我申报的"雅斯贝斯艺术家论研究"获批立项，其中的一项任务就是把雅斯贝斯论艺术家——如斯特林堡、斯威登堡、荷尔德林、凡·高、歌德、莱辛等——的外文文献全部译成中文，这其中就包括《斯特林堡与凡·高》一书。转眼间六年又过去了,我终于以这部译稿兑现了当初许下的那份郑重的承诺。

译事之难,对我而言并不亚于独立撰写一部具有一定学思深度的著作。我是深悉自己浅薄的外语功底的,然而,既然冥冥之中雅斯贝斯似乎选定了我来做这件事,我也就没有任何理由推却了。这部或许并不应该由我来移译的书,很大程度上是留给我自己读的。对我来说,这已足够了。现在,它即将公之于世,就由它去吧。正如滚滚红尘中熙熙攘攘的人群,其实,每部书,都有它该有的命运。

我的挚友纪运广博士对译稿作了审慎的校阅,在此表示衷心的感谢。凡舛误之处,一概由我本人负责,恳请学界同人赐正。

中国社会科学出版社的郭晓鸿编审、王佳玉校对为本书的出版付出了大量的心血,在此一并致以诚挚的谢意。

秀昌
2019 年 4 月 3 日于石家庄悟道斋